Sandra Dünschede

NORDMORD

Sandra Dünschede

NORDMORD

Kriminalroman

Wir machen's spannend

Bibliografische Information
der Deutschen Bibliothek
Die Deutsche Bibliothek verzeichnet diese
Publikation in der Deutschen Nationalbibliografie;
detaillierte bibliografische Daten sind im Internet
über http://dnb.ddb.de abrufbar.

Besuchen Sie uns im Internet:
www.gmeiner-verlag.de

© 2007– Gmeiner-Verlag GmbH
Im Ehnried 5, 88605 Meßkirch
Telefon 0 75 75/20 95-0
info@gmeiner-verlag.de
Alle Rechte vorbehalten
1. Auflage 2007

Lektorat: Claudia Senghaas, Kirchardt
Umschlaggestaltung: U.O.R.G. Lutz Eberle, Stuttgart
unter Verwendung eines Fotos von pixelquelle.de
Gesetzt aus der 10/13 Punkt GV Garamond
Druck: Fuldaer Verlagsanstalt, Fulda
Printed in Germany
ISBN 978-3-89977-725-3

›Jetzt aber – Für Kay.
Meinem größten Fan und schärfsten Kritiker.‹

›Dieses Buch ist ein Roman. Handlungen und Personen
sind frei erfunden, basieren allerdings auf zum Teil wahren Begebenheiten. Ähnlichkeiten mit lebenden oder
toten Personen sind dennoch rein zufällig.‹

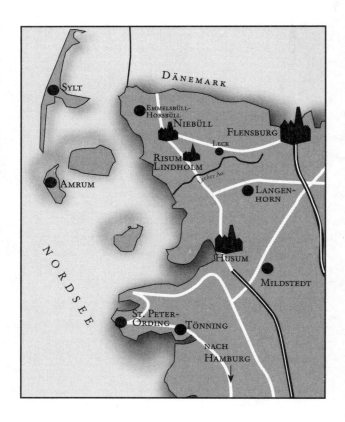

Für den interessierten Leser haben wir am Ende des Buches ein Glossar erstellt, in dem Begriffe, auf die im Text nicht eingegangen werden konnte, näher erläutert werden.

1

Als Irina den Wagen auf den Hof fahren hörte, wurde sie von einer unbeschreiblichen Angst ergriffen. Ihr Herz raste, jeder Muskel ihres Körpers spannte sich bis zum Zerreißen, sie spürte, wie es zwischen ihren Beinen plötzlich warm und feucht wurde. Sie hatte Angst.

Die beiden Männer waren vor einigen Wochen schon einmal da gewesen. Ihre Mutter hatte lange mit ihnen in der Küche gesprochen. Sie hatte versucht, das Gespräch zu belauschen. Vorsichtig war sie zu der nur angelehnten Küchentür geschlichen. Doch die Männer hatten in einer Sprache gesprochen, die Irina nicht kannte. Nach einer Weile hatte man nach ihr gerufen. Eine schwarze Ledertasche hatte auf dem Tisch gestanden, aus der einer der Männer eine Spritze hervorgeholt hatte. Ihre Mutter hatte gesagt, alle Kinder im Dorf müssten Blut spenden, aber Irina hatte an ihren Augen erkannt, dass sie log.

Als es an der Tür klopfte, versteckte sie sich unter dem Bett. Die Knie zog sie bis unter ihr Kinn, versuchte, sich klein und unsichtbar zu machen. Sie hörte Schritte.

»Irina?«

Es war die Stimme ihrer Mutter. Sie drehte sich im Raum herum, ging in die Knie und entdeckte die Tochter unter dem Bett.

»Irina, komm heraus! Wir haben Besuch.«

Sie zerrte ihre Tochter am Arm unter dem Bett hervor. Alle Gegenwehr war zwecklos. Die Mutter war stärker.

Als Irina den Kopf unter dem Bett hervorhob, sah sie den großen, dunkelhaarigen Mann in der Tür stehen. Sein Mund verzog sich zu einem schmierigen Grinsen. Ein Goldzahn blinkte in der unteren Zahnreihe.

Sie war wie gelähmt; konnte nur auf diesen Goldzahn starren. Aus dem Mund des Mannes kamen Worte in der ihr unverständlichen Sprache. Ihre Mutter jedoch nickte. Der Mann holte hinter seinem Rücken eine Spritze hervor. Irina wollte sich wieder unter das Bett flüchten, doch ihre Mutter hielt sie so fest, sie konnte sich nicht aus der Umklammerung befreien. Dann spürte sie einen Stich. Sie schlug um sich, versuchte, sich zu befreien, aber alle Kraft schien plötzlich aus ihrem Körper zu weichen. Ihre Beine gaben nach, sie sackte zusammen. Nur noch verzerrt nahm sie das Gesicht ihrer Mutter wahr.

»Mama?«

Eine unsichtbare Macht drückte mit aller Gewalt ihre Augenlider nieder, eine unergründliche Dunkelheit hüllte sie ein.

2

Es war kurz nach 18 Uhr. Marlene schlug das Buch zu, in dem sie gelesen hatte, und stand auf.

Ihre Kollegin war bereits gegangen. Marlene nahm ihre Jacke und verließ ebenfalls das Büro. In 20 Minuten war sie mit ihrer Freundin Heike im ›Ulmenhof‹ verabredet.

Vor dem Gebäude der alten Volksschule, in dem seit 1990 das ›Nordfriisk Instituut‹ untergebracht war, suchte sie in ihrer Handtasche nach dem Autoschlüssel.

Sie arbeitete seit fast einem Jahr an einem Projekt des Instituts über Theodor Storm und nebenbei als ehrenamtliche Bibliothekshelferin. Das Angebot, am Institut zu arbeiten, war damals zeitgleich mit der Frage ihres Freundes, ob sie nicht zu ihm ziehen wolle, gefallen. Sie hatte nicht lange überlegt und zugestimmt. Nun wohnte sie bei Tom in Risum-Lindholm und fuhr dreimal in der Woche nach Bredstedt ins Institut. Die Arbeit gefiel ihr sehr gut. Es machte ihr Spaß, das Leben und Werk des Heimatdichters zu erforschen. Nur in ihrem neuen Zuhause hatte sie sich noch nicht ganz eingelebt. Tom hatte das Haus von seinem Onkel geerbt. Es war alt und renovierungsbedürftig. Zwar hatte er schon viel gewerkelt, aber es blieb trotzdem noch jede Menge zu tun.

Marlene lenkte den Wagen durch das Tor, die Einfahrt zum ›Ulmenhof‹ hinauf und parkte auf dem kleinen

Vorplatz. Heikes Wagen war nicht zu sehen. Sie schien sich mal wieder zu verspäten.

Sie stieg aus und überlegte, ob sie auf dem Parkplatz auf ihre Freundin warten sollte. Das Wetter war schön, die Herbstsonne hatte den ganzen Tag kräftig geschienen und ließ sich nur langsam von der heraufziehenden Abenddämmerung vertreiben. Sie schlenderte zum Restaurant hinüber und setzte sich auf eine der Steinstufen vor der Eingangstür.

Eine schwarze Katze kam gemächlich um die Hausecke gestreunt. Schnurrend streifte sie um ihre Beine.

Inzwischen war es 19 Uhr. Marlene stand auf. Aus ihrer Jackentasche holte sie ihr Handy. Eigentlich hatte sie schon vor geraumer Zeit das Mobiltelefon wieder abmelden wollen. Es war ihr zu teuer und manchmal sogar lästig, immer und überall erreichbar zu sein. Ihre Mutter hatte es ihr zum bestandenen Examen geschenkt. ›Schließlich bist du nun eine Akademikerin. Da brauchst du so etwas‹, hatte sie zu ihr gesagt und lächelnd das hübsch verpackte, handliche Telefon überreicht. Aber die Gebühren waren hoch und Marlene hatte es schließlich nur behalten, weil Tom sie mehr oder weniger davon überzeugt hatte, dass es im Notfall einfach praktischer war, eines bei sich zu haben. Und auch Heike besaß eines, zwar nicht für die Arbeit, aber da ihre Mutter schwer krank war, wollte sie immer erreichbar sein. Normalerweise rief sie auch an, wenn sie sich sehr verspätete, doch auf dem Display war kein Anruf verzeichnet. Sie wählte die Nummer der Freundin, es meldete sich jedoch nur die Mailbox.

Merkwürdig, dachte sie, ob Heike unsere Verabredung etwa vergessen hat? Sie hinterließ eine kurze Nachricht.

Weitere 30 Minuten vergingen. Als sich beim zweiten Versuch, die Freundin telefonisch zu erreichen, wieder nur die Mailbox meldete, stieg Marlene in ihren Wagen und fuhr nach Hause.

Auf dem Küchentisch lag ein Zettel: ›Bin bei Haie. Wird sicher spät. Kuss, Tom‹.

»Das war köstlich. Ich muss sagen, Haie, du bist ein Naturtalent.«

Haie grinste. Seit er sich von seiner Frau getrennt hatte, war er gezwungen, sich selbst zu versorgen. Das war anfangs nach so vielen Jahren ehelicher Fürsorge nicht einfach gewesen. Waschen, putzen, kochen – um alles hatte Elke sich gekümmert. Es war ihm nicht leicht gefallen, sich an die neue Situation zu gewöhnen. Nur mit Mühe hatte er alles in den Griff bekommen, vor allem das Kochen war ihm zunächst schwer gefallen. Langsam hatte er jedoch Spaß daran entwickelt, neue Gerichte auszuprobieren, zu improvisieren, und Tom hatte recht: Es schien, als sei er ein Naturtalent.

»Na ja, wenn ich da so an meinen ersten Rinderbraten denke.« Haie schmunzelte.

»Ach, das lag ja wohl eindeutig an mir.«

Tom hatte an dem Abend, als Haie seinen ersten Rinderbraten zubereitete, angerufen und ihn gebeten, kurz die Bohrmaschine vorbeizubringen. Selbstverständlich hatte der Freund sich sofort auf den Weg gemacht. Sie wohnten ja nicht weit entfernt voneinander und der Braten brauchte noch gut 30 Minuten. Als er Tom jedoch umständlich mit dem Bohrer hatte herumhantieren sehen, hatte er kurzerhand mit angepackt und den Braten völlig vergessen. Als er nach Hause gekommen war, hatte er vor lauter Rauch in der Küche kaum den

Backofen gefunden. Der Braten war kohlrabenschwarz und ungenießbar gewesen.

»Sag mal, kannst du mir am Wochenende vielleicht beim Tapezieren helfen? Ich möchte Marlene eine Freude machen und das Schlafzimmer endlich renovieren. Sie hat sich, glaube ich, immer noch nicht so recht eingelebt.«

»Ich dachte, es sei besser geworden, seit ihre Freundin auch in der Nähe wohnt.«

»Schon, aber sie ist manchmal so bedrückt. Ich weiß auch nicht.«

»Macht doch lieber mal ein paar Tage Urlaub. Würde euch sicher guttun.«

Haie hatte wahrscheinlich recht. In letzter Zeit hatten sie wenig Zeit miteinander verbracht. Erst der Umzug, dann Marlenes neuer Job. Er baute sich gerade einen neuen Kundenstamm auf und jede freie Minute werkelte er am und im Haus herum. Da blieb wenig Zeit für gemeinsame Unternehmungen. Wie lange waren sie schon nicht mehr essen gegangen oder hatten einen ausgiebigen Spaziergang gemacht?

»Hast recht. Wenn ich morgen die Zusage von ›Motorola‹ bekomme, überrasche ich Marlene mit einem Kurztrip nach Amrum. Das bringt uns sicherlich mehr als neue Tapeten!«

3

Marlene wachte sehr früh auf. Sie hatte schlecht geschlafen.

Heike hatte sich gestern Abend nicht mehr gemeldet. Und als sie kurz vor dem Schlafengehen noch einmal versucht hatte, ihre Freundin zu erreichen, war wieder nur die Mailbox dran gewesen.

Sie stand leise auf. Tom schlief neben ihr noch tief und fest. Sie wollte ihn nicht aufwecken.

In der Küche fiel ihr erster Blick auf das Display ihres Handys, welches auf dem Küchentisch lag. Kein Anruf. Keine SMS.

Sie schaltete den Wasserkocher an und setzte sich. Wieder wählte sie die Nummer ihrer Freundin, wieder nur die Ansage. Langsam wurde sie unruhig. Wo war Heike? Wieso meldete sie sich nicht?

Sie brühte sich einen Tee auf und ging in das kleine Zimmer neben der Küche. Tom hatte es ihr als Büro eingerichtet. Ein Schreibtisch, ein paar Regale, jede Menge Bücher. Hier fühlte sie sich wohl. Das war ihr Reich. Mit nur wenigen und einfachen Mitteln hatte sie es sich gemütlich gemacht.

Sie setzte sich an den massiven Holzschreibtisch und schlug das Buch auf, welches zuoberst auf dem Stapel lag: ›Der Schimmelreiter. Dichtung und Wahrheit‹. Doch die Buchstaben tanzten nur so vor ihren Augen. Sie konnte sich einfach nicht konzentrieren. Was war mit Heike? Die Sorge um ihre Freundin ließ ihr keine Ruhe.

Aus dem Telefonbuch suchte sie die Nummer des Krankenhauses heraus. Nach dem vierten Klingeln wurde abgehoben.

»Ich möchte bitte gerne Frau Dr. Andresen sprechen.«

»Einen Augenblick bitte.« Sie hörte ein Knacken in der Leitung.

»Hansen?«

»Heike?«

»Tut mir leid, aber Frau Doktor ist noch nicht im Hause.«

Marlene blickte kurz auf ihre Uhr. Es war zwar früh, aber für gewöhnlich arbeitete Heike um diese Zeit bereits.

»Ab wann ist sie denn zu sprechen?«

Die Schwester teilte ihr mit, dass sie nicht wisse, ob Frau Doktor heute überhaupt noch komme. Sie sei seit zwei Tagen nicht zum Dienst erschienen. Krankgemeldet habe sie sich nicht, deswegen könne sie momentan leider auch nichts Genaueres sagen.

Marlene legte auf. Sie war beunruhigt. Da war doch etwas passiert. Es passte überhaupt nicht zu Heike, unentschuldigt der Arbeit fernzubleiben.

Kurz entschlossen stand sie auf, suchte im Regal nach dem Zweitschlüssel zu Heikes Wohnung, welchen ihr die Freundin für Notfälle gegeben hatte. Dann griff sie nach ihrer Handtasche und den Autoschlüsseln.

Im Flur stieß sie mit Tom zusammen, der gerade aufgewacht war. Noch verschlafen blickte er sie an.

»Da stimmt was nicht. Ich muss zu Heike«, antwortete sie auf seinen fragenden Blick hin.

»Warte, ich komme mit!«

Sie fuhren über die Bundesstraße nach Niebüll. Heike wohnte nicht weit entfernt vom Krankenhaus. In einer Seitenstraße der Gather Landstraße hatte sie eine kleine Einliegerwohnung eines Einfamilienhauses gemietet.

Marlene klingelte. Nichts.

Mit zittrigen Händen schloss sie die Tür auf und öffnete.

»Heike?«

Sie blieb einen kurzen Moment in der Tür stehen, zögerte einzutreten.

Tom stieß sie leicht an.

In der Wohnung sah zunächst alles aus wie immer. Das Bett war nicht gemacht, überall lagen Klamotten auf dem Fußboden zerstreut, in der Küche stapelte sich das Geschirr. Heike war nun mal ein chaotischer Mensch. Ordnung und Sauberkeit waren ihr nicht wichtig. Für sie zählte ausgehen, Spaß haben, Freunde treffen. Sie setzte ihre Prioritäten halt anders.

Sie inspizierten die ganze Wohnung, doch nichts deutete auf den Verbleib von Heike hin. Nach einer Weile ließ Tom sich auf das kleine Cordsofa fallen.

»Also, wann genau hast du denn das letzte Mal mit ihr gesprochen?«

»Am Montag.«

»Gut, heute ist Donnerstag. Vielleicht ist was mit ihrer Mutter? Hast du nicht erzählt, dass sie sehr krank sei? Vielleicht ist Heike zu ihr gefahren.«

»Aber doch nicht, ohne mir Bescheid zu geben!«

Marlene tigerte nervös im Zimmer auf und ab. Sie konnte sich einfach nicht erklären, wo ihre Freundin sein konnte. Wenn es einen Notfall gegeben hätte, hätte Heike sie doch angerufen. Kein Zweifel.

»Vielleicht hat sie einen Mann kennengelernt und sie

verbringen Tag und Nacht zusammen. Sicherlich gibt es eine ganz einfache Erklärung.«

Er stand auf und wollte Marlene umarmen, doch sie schüttelte energisch ihren Kopf.

»Nein, Tom, so ist Heike nicht. So etwas würde sie nie tun. Dafür ist ihr die Arbeit auch viel zu wichtig. Weißt du, wie viele Bewerbungen sie geschrieben hat? Sie setzt doch ihren schwer ergatterten Job nicht einfach aufs Spiel. Nicht für so etwas.«

»Was heißt denn ›nicht für so etwas‹?«

Tom kratzte sich am Kopf. Er wusste ja, dass Marlene recht hatte. Zwar hatte er Heike bisher nur flüchtig kennengelernt, aber sie hatte auf ihn nicht den Eindruck einer verantwortungslosen Person gemacht. Eher hatte er sie als sehr ehrgeizig, zumindest was ihren Job betraf, eingestuft. Dass sie nun einfach ohne Entschuldigung nicht in der Klinik erschien, passte auch nicht zu dem Bild, das er von ihr hatte.

Er ging hinüber zum Schreibtisch und nahm einige der Zettel in die Hand, die überall herumlagen. Eine Einkaufsliste, ein Rezept, eine Rechnung vom Zahnarzt.

»Schau mal hier.« Er hielt einen kleinen Notizzettel hoch. »Am Dienstag wollte Heike sich mit einem Herrn Thamsen treffen.«

»Zeig mal!« Marlene riss ihm den Zettel förmlich aus der Hand.

›Dienstag, 13 Uhr, Herr Thamsen, 401138‹.

»Wer das wohl ist? Heike hat mir gar nichts davon erzählt.«

»Rufen wir ihn doch einfach an!« Tom tippte bereits die angegebene Telefonnummer in sein Handy.

4

Professor Voronin blickte kurz auf, als Schwester Hansen sein Büro betrat.

»Hat Frau Andresen sich gemeldet?«

Die Schwester schüttelte bedauernd ihren Kopf.

»Was denkt die sich nur dabei?«

Der Professor lehnte sich in seinem Ledersessel zurück.

Schwester Hansen zuckte mit den Schultern. Sie konnte sich auch nicht erklären, warum die junge Ärztin seit gestern einfach nicht zum Dienst erschienen war. Dabei war sie doch in allem, was sie tat, so zuverlässig und verantwortungsbewusst. Bei den Patienten war sie genauso beliebt wie bei den Schwestern. Immer gut gelaunt, obwohl der Professor ihr viel Arbeit aufbürdete. Vielleicht waren dadurch die Sympathien zu erklären, die Heike Andresen nur so zuflogen. Voronin hingegen war hier nicht gerne gesehen, jedenfalls nicht beim Personal. Schon möglich, dass er auf seinem Gebiet eine Koryphäe war, aber die Art, wie er seine Mitarbeiter behandelte, kam nicht besonders gut an.

»Es ist nur so, Herr Professor, da Frau Andresen nun nicht da ist … Lisa Martens soll ja heute ihre erste Hämodialyse bekommen und es müsste noch jemand mit den Eltern sprechen.«

»Hat das nicht Zeit?«

»Leider nicht. Die Retentionswerte haben sich drastisch verschlechtert.«

»Dann sprechen Sie mit den Eltern!«

»Aber ich …«

Der Professor machte nur eine entsprechende Handbewegung und senkte seinen Blick wieder auf die vor ihm liegenden Akten.

»Nun gehen Sie schon! Gehen Sie! Ich habe für so etwas wirklich keine Zeit.«

»Thamsen.«

»Guten Tag. Mein Name ist Tom Meissner. Ich bin ein Bekannter von Heike Andresen. Mit wem spreche ich?«

»Kriminalhauptkommissar Dirk Thamsen. Kriminalpolizei-Außenstelle Niebüll.«

Tom zog überrascht seine Augenbrauen hoch. Polizei? Was hatte Heike denn mit der zu tun?

»Sagen Sie, ich habe hier einen Zettel gefunden, demzufolge wollte Frau Andresen sich am Dienstag mit Ihnen treffen.«

»Das stimmt. Aber wer sind Sie denn überhaupt?«

»Wenn Sie gerade Zeit haben, sollten wir das vielleicht lieber persönlich besprechen. Meine Freundin und ich könnten in 10 Minuten bei Ihnen sein.«

»Okay. Bis gleich.«

Tom drückte auf die rote Taste seines Handys. Marlene trat nervös von einem Fuß auf den anderen.

»Und, wer war das?«

»Polizei.«

»Polizei?« Marlene schlug erschrocken ihre Hand vor den Mund.

Er griff nach ihrem Arm.

»Komm, Herr Thamsen wartet auf uns.«

Tom zog sie aus der Wohnung. Da sie ein wenig

durcheinander wirkte, nahm er ihr die Wagenschlüssel ab und fuhr das kurze Stück zur Polizeistation.

Herr Thamsen saß in Zimmer Nr. 13. Tom schätzte ihn auf Mitte 40. Er war groß, schlank und blond. Als sie den Raum betraten, stand er auf.

»Herr Meissner?«

Tom nickte.

»Und das ist Marlene Schumann, eine Freundin von Heike Andresen.«

Herr Thamsen bat sie, Platz zu nehmen.

»Ja, wie Sie ja bereits erwähnten, wollte Frau Andresen am Dienstag zu mir kommen. Sie muss es sich aber anders überlegt haben, denn ich habe gegen 13 Uhr hier vergeblich auf sie gewartet.«

»Was hat Heike denn von Ihnen gewollt?« Marlene rutschte unruhig auf ihrem Stuhl hin und her.

Der Kommissar zuckte mit den Schultern.

»Am Telefon hatte sie mir nichts sagen wollen. Es klang aber, als sei es sehr dringend. Deshalb habe ich mich ja auch gewundert, dass sie nicht wie verabredet gekommen ist.«

»Das ist ganz und gar nicht Heikes Art. Es muss etwas passiert sein. Wir müssen eine Vermisstenanzeige aufgeben!«

Tom legte seine Hand auf Marlenes Arm, versuchte, sie zu beruhigen. Herr Thamsen erklärte, dass sie zwar Anzeige erstatten könne, aber viel ausrichten würde das zunächst einmal nicht.

»Besteht denn Suizidgefahr oder hat Frau Andresen eine schwere Krankheit?«

Marlene schüttelte den Kopf. Nein, Heike war doch ein so lebenslustiger Mensch. Gut, die Krankheit ihrer Mutter zog sie schon manchmal ganz schön runter. Aber das konnte man verstehen. Schließlich war sie gerade einmal Anfang 50 und hatte, wenn es hoch kam, nur noch ein oder zwei Jahre zu leben. Aber dass Heike sich deswegen etwas antun sollte? Undenkbar. Sie liebte ihre Mutter über alles. Niemals würde sie sie im Stich lassen.

»Dann sollten Sie vielleicht erst einmal alle Familienangehörigen und Freunde anrufen. Vielleicht gibt es eine Erklärung für das Verschwinden von Frau Andresen.«

Herr Thamsen stand auf. Marlene blickte ihn ungläubig an. Das war alles? So wenig kümmerte man sich um das Verschwinden ihrer Freundin? Es musste etwas passiert sein. Sie spürte es doch. Warum glaubte man ihr nicht? Verzweifelt blickte sie zu Tom.

»Gut, wenn Sie etwas hören, sagen Sie uns doch bitte Bescheid.«

Er holte aus seiner Jackentasche eine Visitenkarte hervor. Der Kommissar nickte.

»Wenn es Sie beruhigt, ich kann mich ja mal mit den umliegenden Krankenhäusern und Polizeistationen in Verbindung setzen. Aber glauben Sie mir, es wird sich sicher alles aufklären.«

5

Haie saß am Küchentisch und blätterte in dem Buch, das Marlene und Tom ihm zum Geburtstag geschenkt hatten.

Es war eine Art Bildband über Nordfriesland und er las gerade interessiert in dem Kapitel über die großen ›Mandränken‹, als das Telefon klingelte.

Es war Elke. Sie fragte, ob er Lust habe, sie zu einem Theaterstück im Andersen-Haus zu begleiten. ›De Plaatdütschen‹ sollten am Abend dort auftreten und Elke hatte zwei Karten für das Stück.

»Oh, heute Abend sieht es schlecht aus«, log Haie.

Seit er und Elke getrennt lebten, unternahmen sie zwar mehr zusammen als in der Zeit davor, aber er wollte ihr auf gar keinen Fall Hoffnungen machen. Schließlich waren sie erst letzte Woche zusammen in der Stadthalle bei einem Konzert gewesen. Wenn er sich zu häufig mit ihr verabredete, würde sie sicher nur denken, dass sie wieder zusammenkämen. Und das wollte er unter keinen Umständen. Für ihn war es endgültig aus. Für Elke nicht, und das wusste er.

»Das ist aber schade. Nun weiß ich gar nicht, mit wem ich hingehen soll. Was hast du denn vor?«

Haie überlegte kurz.

»Ich bin mit Tom verabredet.«

Er versicherte Elke noch, das nächste Mal käme er sicherlich mit, und legte auf. Kaum hatte er sich wieder an den Küchentisch gesetzt, klingelte das Telefon erneut. Er dachte, es sei noch einmal Elke, die ihn überreden wollte, doch mit ins Andersen-Haus zu gehen, aber als er den Hörer abhob, meldete sich Tom.

»Kannst du uns helfen?«

»Klar!«

Als Tom eine halbe Stunde später vor dem kleinen Reetdachhaus in Maasbüll hielt, stand Haie bereits vor der Haustür.

»Und, was gibts?«

Tom wendete den Wagen und fuhr die Dorfstraße entlang.

Er erzählte von Marlenes verschwundener Freundin und dem Besuch auf dem Polizeirevier.

»Merkwürdig ist das ja schon.« Haie kratzte sich an seinem linken Ohr.

»Und was habt ihr nun vor?«

»Marlene ist wieder in Heikes Wohnung gefahren. Sie will dort warten. Vielleicht kommt Heike ja nach Hause oder meldet sich. In der Zwischenzeit will sie einige Leute anrufen. Freunde, Bekannte, Familienangehörige. Eventuell weiß ja einer von denen, wo Heike steckt, oder sie hat sich gar gemeldet.«

»Und was machen wir?«

»Wir suchen Heikes Wagen. Der steht nämlich nicht vor ihrer Wohnung und demzufolge muss sie weggefahren sein.«

»Aber wo willst du denn anfangen zu suchen? Und ist das nicht eigentlich Aufgabe der Polizei?«

Tom schüttelte seinen Kopf.

»Die Polizei wird erst aktiv, wenn entweder der Verdacht einer Straftat besteht oder das Leben von Heike in Gefahr ist und da es dafür momentan keinerlei Anzeichen gibt, müssen wir das selbst in die Hand nehmen.«

»Und wie?«

»Wir fahren erst einmal nach Husum.«

»Nach Husum?«

»Da war Heike am Montagabend im ›Einstein‹ verabredet. Das ist die letzte Spur, die wir von ihr haben.«

Vorsichtig, so, als hätte sie Angst, entdeckt zu werden, schloss sie die Wohnungstür auf.

»Heike?«

Keine Antwort. Sie ging ins Wohnzimmer, sammelte ein paar der herumliegenden Sachen auf und legte sie aufs Bett. Ratlos blickte sie sich um.

Sie betrachtete das kleine Bücherregal. Neben einem Stapel Fachzeitschriften stand eine Gießkanne. Marlene füllte Wasser hinein und begann, die Blumen zu gießen.

Über dem Schreibtisch fiel ihr das Foto auf, welches sie mit Heike in Rom an der Spanischen Treppe zeigte. Es war vor sieben Jahren aufgenommen worden.

Sie hatten sich beim Sporttag an der Uni kennengelernt. Marlene hatte mit der Damenmannschaft der germanistischen Abteilung Fußball gegen die Medizinstudenten gespielt. Heike hatte sie böse gefault. Mit dem Ellenbogen hatte sie Marlene außer Gefecht gesetzt und dafür eine rote Karte kassiert. Auf der Bank am Spielrand, auf welcher Marlene saß, um sich von dem Übergriff zu erholen, saß Heike wegen des Spielverbots und da waren sie ins Gespräch gekommen und hatten sich auf Anhieb hervorragend verstanden. In den Semesterferien hatten sie dann zusammen einen Trip durch Italien unternommen. Damals waren sie noch so richtig eng befreundet gewesen. Fast jeden Tag hatten sie zusammen verbracht, nicht nur in den Ferien. Sie musste lächeln, als sie daran zurückdachte. In letzter Zeit hatten sie sich nicht mehr so häufig gesehen. Auch nicht, nachdem Heike hierher nach Niebüll gezogen war. Jede hatte ihren Job und dann gab es da ja auch noch Tom. Marlene hatte sich Hals über Kopf in ihn verliebt und natürlich jede freie Minute mit ihm verbracht. Wie sehr sie ihre Freundin eigentlich vernachlässigt hatte, fiel ihr erst jetzt auf. Sie nahm sich vor, wenn Heike wieder auftauchte, mehr Zeit mit ihr zu verbringen. Sie griff nach der Telefonliste, die neben dem Foto hing.

Freunde aus Hamburg, eine Tante, Arbeitskollegen und ein gewisser Malte Nielsen. Wer das wohl war? Heike hatte nie etwas von einem Malte erzählt. Sie zögerte kurz, ehe sie zum Telefonhörer griff.

6

Malte Nielsen wälzte sich unruhig in seinem Bett hin und her. Es war bereits hell im Zimmer, die Sonne schien durch die Lamellen der aluminiumfarbenen Jalousie.

Er hatte schlecht geschlafen. Genauer gesagt: Er hatte fast gar nicht geschlafen. Bis tief in die Nacht hatte er vor dem Fernseher gesessen, dazu das eine oder andere Bier getrunken. Als er sich schließlich auf sein Bett gelegt hatte, war er immer noch hellwach gewesen.

Er schlug die Bettdecke zur Seite, setzte sich auf und griff nach der Zigarettenschachtel, die auf dem Beistelltisch neben dem Sofa lag. Das Feuerzeug flammte kurz auf, er zog kräftig an der Zigarette, bis feine Rauchschwaden Richtung Zimmerdecke schwebten. Sein Telefon klingelte. Sicher die Klinik, dachte er. Die können mich mal!

Er arbeitete als Krankenpflegerhelfer in der Husumer Klinik. Heute hatte er erst am Nachmittag Dienst. Er hasste die Arbeit im Krankenhaus. Die Patienten gingen ihm auf die Nerven. Ihr Gejammer machte ihn aggressiv. Und dann dieser Gestank. Diese Mischung aus Urin, Kot, Erbrochenem und Tod. Sein Magen rebellierte, wenn er nur daran dachte. Und all das für einen Hungerlohn, den man ihm dafür zahlte. Lange würde er diesen Job nicht mehr machen, da war er sich ganz sicher.

25

Er stand auf, ließ die Zigarettenkippe in eine der herumstehenden Bierflaschen fallen und suchte im Kühlschrank nach etwas Essbarem, doch außer einem schimmligen Stück Käse und abgelaufener Milch gab es nichts. Er schlüpfte in ein paar dreckige Jeans, griff nach der Cordjacke, die auf dem Sofa lag, und verließ die Wohnung. Vor der Haustür zündete er sich die nächste Zigarette an.

Er hörte erneut das Telefon klingeln und machte kehrt.

»Was gibts?«

Malte wich plötzlich sämtliche Farbe aus dem Gesicht. Der Boden drehte sich unter seinen Füßen. Er tastete rückwärts nach dem Sofa und ließ sich verstört auf die Polster fallen.

Sie fuhren durch Bredstedt, als Toms Handy klingelte. Er hielt kurz am Straßenrand und nahm das Gespräch entgegen.

»Vielen Dank, Herr Günzel. Ich melde mich am Montag bei Ihnen. Wiederhören!«

Tom lächelte selbstzufrieden.

»Ich hab den Job«, beantwortete er Haies fragenden Blick.

»Glückwunsch! Wobei ich immer noch nicht verstehen kann, wie du diesen Managertypen solcher großen Unternehmen auch noch helfen kannst, ihre Taschen noch voller zu machen. Und der kleine Mann steht auf der Straße. Also, gerecht finde ich das nicht!«

Tom war Teilhaber einer Münchner Unternehmensberatung. Seit er nach Risum-Lindholm gezogen war, arbeitete er von Zuhause aus und baute sich vor Ort einen neuen Kundenstamm auf. Das Unternehmen ›Motorola‹, welches seit wenigen Jahren auch einen Standort in Flensburg hatte, war für Tom ein enormer Fortschritt hier im Norden.

»Ach was«, setzte er der Kritik des Freundes entgegen, »gerade das will ich doch alles optimieren. Und wenn das Unternehmen schwarze Zahlen schreibt, muss auch keiner auf der Straße stehen!«

»Aber die Manager füllen sich trotzdem die eigenen Taschen. Das ist wie bei ›Sesam, öffne dich!‹. Nur dass hier keiner diese habsüchtigen Geier umbringt!«

»›Sesam, öffne dich!‹? Was haben denn Ali Baba und seine Räuber mit ›Motorola‹ zu tun?«

»Nee, nicht Ali Baba! Hier in der Gegend von Husum soll es mal zwei Brüder gegeben haben. Der eine klein und arm und der andere groß und reich. Der kleinere der Brüder hatte im Wald Räuber beobachtet, die eine Klippe, in der viel Geld versteckt war, mit ›Sesam, tue dich auf!‹ öffneten. Als die Räuber wieder verschwunden waren, ging er zu der Klippe und sprach: »›Sesam, tue dich auf!‹« Drinnen füllte er seinen Sack mit Geld. Leider erzählte er seinem Bruder davon. Der ritt gleich mit sechs Eseln zu der Klippe. Den Rat seines kleinen Bruders, sich aufzuschreiben, was er zu der Klippe zu sagen hatte, missachtete er. »›Sesam, tue dich auf!‹«, sprach er, um die Klippe zu öffnen, und füllte im Inneren seine Säcke randvoll mit Geld. Als er allerdings die Klippe wieder verlassen wollte, hatte er vergessen, welchen Spruch er zum Öffnen der Klippe verwandt hatte. Als die Räuber zurückkamen, ermordeten sie ihn. Das hatte er eben von seiner Vermessenheit und Habsucht!«

»Na, übertreibst du nicht ein bisschen?«

»Ich finde, das ist ein sehr lehrreiches Märchen.«

Marlene legte enttäuscht den Hörer auf die Gabel des schwarzen Tastentelefons. Sie hatte die Liste nun schon beinahe abtelefoniert. Über die Hälfte der Leute hatte sie jedoch nicht erreicht. Selbst Heikes Exfreund hatte sie angerufen. Aber laut ihm hatten er und Heike seit der Trennung keinerlei Kontakt mehr gehabt. Die gescheiterte Beziehung war mit ein Grund für Heikes Umzug nach Niebüll gewesen. Natürlich war zunächst der Job ausschlaggebend gewesen, aber sie war auch froh darüber gewesen, dass sie eine Stelle 200 Kilometer entfernt von ihrem Ex gefunden hatte. Hier erinnerte sie wenigstens nicht die Umgebung ständig an ihn und es bestand auch nicht die Gefahr, ihm überraschend auf der Straße zu begegnen.

Marlene überlegte, ob sie nicht doch Heikes Mutter anrufen sollte. Eigentlich wollte sie diese nicht unnötig beunruhigen. Heikes Schwester hatte gesagt, dass sie gestern mit der Mutter telefoniert hatte. Von Heike sei allerdings nicht die Rede gewesen. Wenn die Tochter jedoch zu Besuch gewesen wäre, hätte ihre Mutter das ganz bestimmt während des Telefonats erwähnt. Marlene nagte nachdenklich an ihrer Unterlippe.

Plötzlich klingelte das Telefon. Eilig nahm sie den Hörer ab.

»Hallo?«

»Frau Andresen?«

»Nein, ich bin Marlene Schumann. Eine Freundin.«

»Oh.«

Der Anrufer war offensichtlich überrascht. Anscheinend hatte er nicht damit gerechnet, dass jemand abnehmen würde. Und schon gar nicht eine fremde Person.

Marlene unterbrach das überraschte Schweigen.

»Mit wem spreche ich denn?«

Der Anrufer räusperte sich.

»Ich bin Professor Voronin. Der Vorgesetzte von Frau Andresen. Ich muss sie dringend sprechen!«

»Das tut mir leid. Aber meine Freundin ist nicht da. Hat sie sich denn immer noch nicht in der Klinik gemeldet?«

»Nein, aber allmählich sollte sie das tun! Ich wollte ihr eigentlich eine Nachricht auf dem Anrufbeantworter hinterlassen, aber nun kann ich es auch Ihnen sagen. Ihre Freundin sollte schnellstens im Krankenhaus auftauchen, sonst kann sie ihren Job vergessen! Auf Wiederhören!«

Ohne eine Reaktion abzuwarten, legte der Professor auf. Sie blickte verdutzt auf den Telefonhörer. Mit dem war nicht gut Kirschen essen. Heike hatte nie etwas darüber erzählt, dass ihr Chef offenbar ein Tyrann war. Überhaupt hatte sie sehr wenig von ihrem Job erzählt. Was, wenn ihr die Arbeit doch nicht so viel Spaß gemacht hatte, wie Marlene angenommen hatte? Vielleicht war ihr die Stelle im Krankenhaus egal und sie meldete sich deswegen nicht?

Sie stand auf und trat ans Fenster.

»Wo steckst du nur?«, murmelte sie leise vor sich hin.

7

Sie parkten in einer Seitenstraße in der Nähe vom Restaurant ›Einstein‹. Haie stieg aus und reckte sich so, als ob sie mindestens eine Tagesreise hinter sich hätten.

»Und nun?«

»Jetzt schauen wir uns mal ein wenig um.«

Tom schloss den Wagen ab, zog seine Jacke an und spazierte die Straße entlang. Haie folgte ihm.

»Sag mal, was meinst du denn, was mit dieser Heike ist?«

Er hatte zu Tom aufgeschlossen. Der zuckte mit den Schultern.

»Ein bisschen merkwürdig finde ich das schon. Dass sie den Termin bei dem Kommissar nicht eingehalten hat – gut, vielleicht ist ihr etwas dazwischengekommen. Aber dass sie die Verabredung mit Marlene hat sausen lassen und sich nicht meldet, finde ich schon höchst seltsam. Also, entweder hat sie einen Supertypen kennengelernt oder es ist tatsächlich etwas passiert.«

Er blieb plötzlich stehen. »In Husum ist sie jedenfalls noch gewesen.«

Er deutete mit seiner Hand die Straße entlang. Einige Meter entfernt stand der rote Polo am Straßenrand: ›NF-HA-2307‹.

Er hatte sich das Nummernschild notiert.

»Was für ein Saustall!«

Haie blickte neugierig in den Wagen. Überall stapelten sich Klamotten, im Fußraum lagen ein Pizzakarton, angebrochene Cola- und Fantaflaschen und auf dem Beifahrersitz eine Handtasche.

»Sagtest du nicht, sie sei verabredet gewesen? Wieso liegt dann ihre Tasche im Auto?«

Tom blickte nun ebenfalls ins Wageninnere. Das war wirklich merkwürdig. Er konnte sich kaum eine Frau vorstellen, die ohne ihre Handtasche zu einer Verabredung ging. Die Tasche so offensichtlich im Auto zu deponieren, das grenzte schon an Dummheit. Da war ein Einbruch ja quasi vorprogrammiert.

»Komm, lass uns mal den Wirt befragen, ob sie überhaupt da gewesen ist.«

Sie gingen zurück zur Osterende, der Straße, an der das ›Einstein‹ lag. Das rote Backsteinhaus mit der Leuchtreklame sah verlassen aus.

»Mist!« Tom blickte auf seine Armbanduhr. »Die machen erst in einer Stunde auf!«

Er spähte durch eines der Fenster ins Innere der Kneipe. Sie war rustikal, aber sehr ansprechend eingerichtet. Haie studierte in der Zwischenzeit die Speisekarte.

»Da ist jemand!«

Tom klopfte laut gegen die Fensterscheibe.

»Hallo! Hallo?«

Die Tür wurde geöffnet. Ein kleiner, schmächtiger Mann mit Schnauzer trat heraus.

»Tut mir leid, aber wir öffnen erst in einer Stunde.«

»Ich weiß, ich weiß. Ich bin Tom Meissner und das ist mein Freund Haie Ketelsen.« Er deutete mit einem Kopfnicken auf den Freund.

»Wir haben nur ein paar Fragen. Haben Sie kurz Zeit?«

»Sind Sie etwa von der Polizei?« Der Mann runzelte seine Stirn.

Tom bemühte sich, möglichst schnell zu erklären, dass sie nichts mit der Polizei zu tun hatten. Das Gesicht des Mannes wurde freundlicher.

»Wir suchen diese Dame. Sie soll am Montagabend hier verabredet gewesen sein.«

Aus seiner Jackentasche hatte er das Foto herausgezogen, welches Marlene ihm zugesteckt hatte. Es zeigte die Freundinnen vor dem Hamburger Michel.

»Da muss ich meine Brille holen. Kommen Sie doch kurz herein.«

Sie folgten dem Mann in die Kneipe. Er bot ihnen an, an der Theke Platz zu nehmen. Hinter dem Tresen suchte er nach seiner Brille, fand sie zwischen zwei Whiskyflaschen.

»Ja, die war am Montag hier. Hübsches Ding, ist mir gleich aufgefallen.« Er lächelte.

»Da drüben hat sie mit so einem Typen gesessen.«

Mit der Hand zeigte er auf einen der Tische. Dann erzählte er, dass das Paar sich in die Haare bekommen hatte. Sie hatte ihm Papiere gezeigt und er war ziemlich laut geworden. Als er bemerkt hatte, dass die Leute um ihn herum alle zu ihnen herüberschauten, war er aufgesprungen und hatte das Lokal verlassen. Sie hatte kurze Zeit später die Rechnung gezahlt und war ebenfalls gegangen.

»Hatte sie eine Handtasche dabei?«

»Hm, ich glaube schon.«

Sie wählte zum wiederholten Male die Nummer von Malte Nielsen.

»Hallo?«

Sie erschrak.

»Ich, ich bin Marlene. Marlene Schumann.«

»Und?«

Sie räusperte sich.

»Ich bin eine Freundin von Heike. Sie, sie ist verschwunden.«

Eine panische Angst ergriff sie plötzlich bei diesen Worten. Ihr Körper verkrampfte sich, ihr wurde übel. Tausend Gedanken wirbelten durch ihren Kopf, ließen sie schwindeln. Dann löste sich plötzlich eine Träne. Und noch eine und noch eine. Sie begann, hemmungslos zu schluchzen.

»Aber, aber«, tönte es aus dem Hörer, »sie wird sich schon nicht in Luft aufgelöst haben. Am Montag jedenfalls wirkte sie noch völlig fidel.«

Sie horchte auf.

»Sie haben Heike am Montag gesehen? Dann waren Sie ihre Verabredung? Ich muss Sie treffen. Wahrscheinlich waren Sie der Letzte, der sie gesehen hat! Kann ich zu Ihnen kommen? Wann können wir uns sehen?«

Malte Nielsen holte tief Luft. Es entstand eine kurze Pause.

»Morgen um 12 Uhr in ›Fiedes Krog‹.«

8

»Soll ich nicht doch mitkommen?«

Tom beobachtete Marlene, die sich im Badezimmer schminkte.

»Besser nicht. Dieser Malte klang merkwürdig am Telefon. Nicht, dass wir ihn verschrecken, wenn wir da zu zweit auftauchen.«

Sie zog ihre Jacke an und verabschiedete sich mit einem Kuss.

An ›Fiedes Krog‹ war Marlene schon häufig vorbeigekommen, aber besucht hatte sie die Kneipe neben dem Rathaus in Bredstedt noch nie.

Sie betrat den Gastraum und blickte sich suchend um. Die Kneipe hatte gerade erst geöffnet, sie war der erste Gast. Hinter dem Tresen stand eine ältere Frau und lächelte sie freundlich an.

Sie zögerte einen kurzen Augenblick, wählte dann aber einen Tisch in der Nähe der Eingangstür. Die Frau vom Tresen trat zu ihr.

»Einen Tee bitte.«

Polizeihauptkommissar Thamsen legte langsam den Hörer auf das Telefon vor ihm auf dem Schreibtisch. Er hatte bereits seine Kollegen in Husum und Flensburg angerufen, aber Unfälle oder sonstige Vorkommnisse, an denen eine junge Frau beteiligt gewesen war, hatte es seit Montag nicht gegeben.

Er trank einen Schluck Kaffee und blickte zum Fenster hinaus. Warum war Heike Andresen am Dienstag nicht wie verabredet zu ihm gekommen? Was hatte sie mit ihm besprechen wollen? Sie hatte sehr aufgeregt geklungen. Dass sie es sich vielleicht anders überlegt oder die Sache sich erledigt hatte, das kam ja schon mal vor. Davon war er eigentlich ausgegangen. Dass sie nun aber verschwunden war und sich weder bei ihrer Arbeitsstelle noch bei ihren Freunden meldete, war merkwürdig und ließ ihm keine Ruhe. Wo war die junge Frau abgeblieben?

Das Telefon klingelte. Es war die Schule seiner Tochter. Ob er Anne abholen könne? Er wunderte sich. Seit er und seine Frau getrennt lebten, verbrachten die Kinder, sofern es sein Dienst zuließ, zwar jedes zweite Wochenende bei ihm, aber dieses Wochenende war ein Besuch der Kinder eigentlich nicht geplant gewesen.

Er griff nach seiner Jacke und verließ das Büro. Im Flur traf er seinen Kollegen von der Schutzpolizei.

»Na, Dirk, schon Wochenende? Nix los, was?«

»Nee, muss nur schnell meine Lütte von der Schule abholen. Ich komm nachher noch mal rein.«

Anne saß bei der Direktorin im Büro. Als Dirk Thamsen den Raum betrat, stürmte seine Tochter auf ihn zu. Er nahm sie auf den Arm, blickte verwundert zur Schulleiterin.

»Ich müsste mal mit Ihnen sprechen, Herr Thamsen. Anne, wartest du kurz draußen?«

Das kleine Mädchen blickte ängstlich seinen Vater an.

»Geh nur, ich komme gleich zu dir.«

Die Direktorin bat ihn, Platz zu nehmen, und kam direkt zur Sache. Seine Frau vernachlässige die Kinder. Anne und Timo würden sowieso schon sehr unter der

Trennung leiden, aber seit seine Frau einen neuen Lebensgefährten habe, würden die Kinder teilweise ungewaschen und ohne Frühstück zum Unterricht erscheinen. Ob ihm denn nichts aufgefallen sei?

Er schüttelte den Kopf. Letzte Woche war doch alles in Ordnung gewesen. Gut, er hatte sich über die kaputte Hose von Timo und die viel zu kleinen Schuhe von Anne geärgert. Schließlich zahlte er genug Unterhalt, da konnte er ja wohl erwarten, dass die Kinder anständig gekleidet waren. Aber sonst hatte er nichts bemerkt. Und die Kinder hatten auch nichts erzählt. Sie waren in letzter Zeit zwar stiller und zurückhaltender, aber das hatte er der Trennung zugeschrieben. Dass etwas bei Anne und Timo nicht in Ordnung und seine Exfrau nur mit sich und ihrem neuen Lover beschäftigt war, davon hatte er wirklich keine Ahnung gehabt.

»Ich werde mit ihr sprechen.«

Die Schulleiterin nickte. »Und bitte reden Sie auch mit Anne. Sie hat heute zum zweiten Mal auf eine Mitschülerin eingeschlagen.«

Nervös blickte Marlene auf ihre Armbanduhr. Es war bereits Viertel nach 11 und von diesem Malte war nichts zu sehen.

Außer ihr saßen inzwischen zwei ältere Herren in dem Gastraum. Sie tranken Bier und diskutierten lautstark über den Bürgermeister der Kleinstadt.

Sie nippte an ihrem Tee und blickte sich um. Warum Malte für ihr Treffen wohl diese Kneipe ausgesucht hatte? Der eigentliche Reiz des ›Krogs‹ lag vor allen in den Auftritten des Inhabers Fiede Kay. Oft trat er um die Kaffeezeit oder in den Abendstunden auf und gab seine plattdeutschen Lieder und ›Döntjes‹ zum Besten. Man nannte ihn den ›Volkssänger aus dem Norden‹, der nicht nur gut sang, sondern auch noch hervorragendes Bier zapfte. Marlene hatte in der Zeitung einen Bericht darüber gelesen. Um diese Zeit war es allerdings relativ ruhig in der Kneipe.

Ihre Gedanken wanderten zu der Freundin. Wo sie nur steckte? Das letzte Mal, dass sie sich getroffen hatten, war zwei Wochen her. Tom hatte arbeiten müssen und so war sie kurz entschlossen mit Heike nach Tondern gefahren. Sie waren durch das kleine Städtchen gebummelt und hatten anschließend in einem kleinen Restaurant zu Abend gegessen. Sie musste lächeln, als sie daran dachte, wie sie über ihre Exfreunde gelästert hatten. Wie zwei Teenager hatten sie zusammengesessen und gekichert.

Ganz in Gedanken bemerkte sie gar nicht, dass Malte die Kneipe betrat. Zielstrebig steuerte er auf ihren Tisch zu und setzte sich unaufgefordert auf den Stuhl gegenüber. Sie erschrak ein wenig. Nicht so sehr über sein plötzliches Erscheinen, sondern mehr über sein Aussehen. Unrasiert und offensichtlich ungewaschen. Jedenfalls roch er so. Er bestellte ein Bier.

»Und du bist eine Freundin von Heike?« Er musterte sie ungeniert.

Marlene setzte sich gerade auf, verschränkte die Arme vor der Brust.

»Ja, und woher kennst du sie?«

Er erzählte, dass er Heike bei der Arbeit kennengelernt hatte. Er sei als Pfleger tätig und hin und wieder helfe er auch in der Klinik in Niebüll aus. Sie seien öfters miteinander ausgegangen. Essen, Tanzen und so. Auch am Montag. Da habe er sie das letzte Mal gesehen.

Ob Heike hatte anklingen lassen, dass sie weg wolle oder dass sie etwas vorhabe? Nein, darüber hatten sie nicht gesprochen. Heike sei wie immer gewesen. Sie hatten zusammen gegessen, einen netten Abend verbracht. Anschließend habe er sie zu ihrem Wagen begleitet. Erst Marlenes Anruf hatte ihn daran erinnert, dass Heike sich am Mittwoch bei ihm hatte melden wollen. Nun sei auch er ein wenig beunruhigt.

Sie wusste, dass er log, und fragte sich, warum. Tom hatte ihr erzählt, was der Wirt im ›Einstein‹ beobachtet hatte. Sollte sie ihn damit konfrontieren?

Er zündete sich eine Zigarette an.

»Und ihr habt euch nicht gestritten? Oder ist sonst vielleicht etwas vorgefallen?«

Er schüttelte den Kopf.

»Nichts, rein gar nichts.«

Tom hatte den Frühstückstisch abgeräumt, das Geschirr abgewaschen, gestaubsaugt und gebügelt. Nun saß er am Küchentisch und versuchte, sich auf einen Zeitungsartikel im ›Nordfriesland Tageblatt‹ zu konzentrieren, als das Telefon klingelte.

Es war Haie.

»Und, habt ihr was von Heike gehört?«

»Nein, und Marlene trifft sich ja gerade mit diesem Malte. Ich bin ein wenig beunruhigt. Wer weiß, wie der drauf ist. Der Wirt gestern hat ihn nicht gerade freundlich beschrieben.«

Haie bot an, dass er in der Mittagspause vorbeischauen könne, aber Tom sagte:

»Nee, besser, ich hole dich ab und wir gehen irgendwo eine Kleinigkeit essen.«

Pünktlich um 12 Uhr parkte er den Wagen hinter der Grundschule, an der Haie als Hausmeister arbeitete. Durch einen kleinen Gang betrat er den Schulhof, auf dem der Freund gerade das Laub zusammenfegte. Als

38

er Tom sah, stellte er den Besen schnell zur Seite. Die Arbeit konnte warten. Nun war es erst einmal wichtiger, für den Freund da zu sein.

Sie hatten sich letztes Jahr kennengelernt. Tom war aufgrund eines Todesfalls nach Risum-Lindholm gekommen. Bei der Regelung des Nachlasses war er auf einige Ungereimtheiten in der Vergangenheit seines Onkels gestoßen und Haie hatte ihm geholfen, die Wahrheit ans Licht zu bringen. Dabei war es jedoch nicht nur zu mancherlei Unruhe im Dorf gekommen, sondern auch zur Trennung zwischen ihm und Elke. Allerdings hatte sich in dieser turbulenten Zeit eine Freundschaft zwischen Tom und ihm entwickelt, die nichts und niemand so schnell erschüttern konnte.

Sie fuhren nach Niebüll. Im Restaurant ›Zur alten Schmiede‹ in der Hauptstraße gab es immer ein Mittagsmenü. Sie bestellten jeweils das halbe Hähnchen mit Pommes und Salat.

»Ich mache mir wirklich Sorgen um Marlene. Ich habe ihr angeboten, sie zu begleiten, aber sie wollte unbedingt allein nach Bredstedt fahren.«

»Ach, watt.« Haie winkte ab. »Marlene ist doch eine gestandene Frau. Die wird schon wissen, warum sie allein dahin ist. Ich denke auch, dass das klüger war. Wenn du dabei wärst, würde der doch gar nichts erzählen.«

Damit lag er wahrscheinlich richtig. Trotzdem war ihm unwohl bei dem Gedanken, dass Marlene sich mit diesem Typen traf.

Das Hähnchen wurde serviert und Haie machte sich sogleich daran, das Geflügel fachgerecht zu zerlegen. Tom stocherte mit seiner Gabel lustlos im Salat herum.

»Weißt du, was ich glaube? Du kannst es wahrscheinlich nicht ertragen, dass Marlene sich mit einem anderen Mann trifft!«

Er biss genussvoll in die Hähnchenkeule.

War es das? War er eifersüchtig? Befürchtete er, Marlene könnte diesen Malte nett finden? Oder gar mehr? Eigentlich war er sich doch sicher, dass sie ihn liebte. Noch nie hatte er daran gedacht, dass sie an anderen Männern interessiert sein könnte. Eifersucht, das Gefühl hatte er bisher nicht gekannt. Er war nicht wie seine Exfreundin Monika, die hinter jedem Gespräch, welches er mit einer Frau geführt hatte, und sei es ihre beste Freundin gewesen, eine Affäre vermutet hatte. Gut, letztendlich hatte er sie betrogen, aber war sie mit ihrer ständigen Eifersucht nicht auch ein klein wenig schuld daran gewesen? Hatte sie ihn nicht sogar mit ihrer misstrauischen Art geradezu in die Arme der anderen getrieben? Vielleicht eine bequeme Erklärung seines Fremdgehens, aber so wie Monika wollte er auf gar keinen Fall enden.

Er stieß Haie in die Seite.

»Quatsch, ich bin eben nur besorgt!«

9

Professor Voronin lehnte sich in seinem Ledersessel zurück, fuhr sich mit den Händen durch sein schütteres, graues Haar. Er war müde. Der Aktenberg auf seinem Schreibtisch wurde immer höher und gerade jetzt war seine Mitarbeiterin in der Versenkung verschwunden.

Er stand auf und beschloss, einen Gang durch die Station zu machen. Es war Mittagszeit, da würde seine Anwesenheit in der Hektik der Essensausgabe kaum auffallen.

Über den mit Linoleum belegten Flur schlenderte er den Gang hinunter bis zu den Räumen des Dialysezentrums. Neun Plätze hatte das Krankenhaus. An einem lag ein kleines Mädchen. Der Schlauch, der zur künstlichen Niere führte, war dunkelrot und bildete einen extremen Gegensatz zu der weißen Bettwäsche, auf der er sich teilweise entlang schlängelte. Die Augen des Mädchens waren geschlossen. Professor Voronin vermutete, dass es schlief. Als er sich jedoch umdrehte, hörte er plötzlich ein dünnes Stimmchen.

»Onkel Doktor?«

Langsam drehte er sich um, versuchte, zu lächeln.

»Ja?«

»Muss ich sterben?«

Die Augen des Mädchens blickten ihn ängstlich an. Er hatte gerade erst die neuesten Ergebnisse der kleinen Patientin studiert. Die Niere arbeitete fast gar nicht mehr, die Werte waren bedrohlich. Die Dialyse brachte immer nur für kurze Zeit eine Besserung. Wenn sich nicht bald eine Spenderniere fand, standen ihre Chancen schlecht. Doch die Wartezeiten auf ein Spenderorgan lagen zwischen sechs und acht Jahren. So viel Zeit blieb ihr wohl kaum.

Er nahm ihre Hand in seine. Sie fühlte sich kalt und leblos an.

»Bestimmt bist du bald wieder ganz gesund.«

Als er zurück in sein Büro kam, klingelte das Telefon. Es war ein Kollege aus Husum.

»Gut, dass du anrufst, Werner. Ich habe hier eine kleine Kandidatin.«

Anne saß auf der Rücksitzbank des alten Golfs und sang ein plattdeutsches Lied.

»Dat du mien Leewsten büst, dat du woll weest!«

Dirk Thamsen ließ sich nicht beeindrucken.

»Sag mal, Anne, was war denn heute los in der Schule?«

Der Gesang verstummte abrupt.

»Wieso?«

Er erzählte ihr, was die Schulleiterin gesagt hatte. Die Verdächtigungen gegen Annes Mutter, seine Exfrau, ließ er weg. Damit hatte sie nichts zu tun.

Anne verteidigte sich, sagte, dass Mira, so hieß wohl die geschlagene Mitschülerin, schließlich angefangen habe.

»Mama sei eine Schlampe und so, hat sie gesagt.«

Im Rückspiegel sah er, wie seine Tochter beschämt nach unten schaute. Es tat ihm weh, sie so zu sehen. Er fühlte sich mitschuldig an ihrem Kummer. Obwohl es ja seine Frau gewesen war, die gegangen war. Einfach so, nach 15 Jahren Ehe. Er hätte nicht im Traum daran gedacht, sie zu verlassen. Schließlich hatte er sie geliebt. Aber sie hatte behauptet, ihn nicht mehr ertragen zu können.

»Du ekelst mich an!«

Genau das hatte sie zu ihm gesagt. Diese Worte hatte sie gebraucht, um ihm mitzuteilen, dass es aus war zwischen ihnen. Es hatte ihn hart getroffen. Wochenlang hatte er sich nach Dienstschluss bis zur Besinnungslosigkeit betrunken. Seine Kollegen hatten sich Sorgen gemacht.

Bis er herausgefunden hatte, dass sie ihn schon während ihrer Ehe betrogen hatte, und nicht nur einmal. Von dem Zeitpunkt an hatte er nur noch Hass verspürt. Hass und abgrundtiefen Ekel. Nun war er es gewesen, der sagte: »Du ekelst mich an!«

Er parkte vor dem Polizeirevier.

»Du wartest hier. Ich bin gleich wieder da.«

Als er die Dienststelle betrat, kam ihm jedoch der Kollege von der Schutzpolizei aufgeregt entgegen.

»Gut, dass du kommst! Wir haben einen Leichenfund in der Lecker Au.«

Marlene hatte auf der Rückfahrt das Gespräch mit Malte Nielsen Revue passieren lassen.

Er hatte gelogen, zumindest was den Streit betraf. Aber er hatte überhaupt nicht nervös auf sie gewirkt. Wie konnte man nur so abgebrüht sein?

Sie hielt am SPAR-Laden, um noch ein paar Besorgungen zu erledigen. Die Dame an der Kasse blickte sie mürrisch an. Zugezogene waren hier nicht gern gesehen. Und sie war nun mal eine.

Schnell packte sie Milch, Käse, Bananen und Toilettenpapier in ihren Korb. Vor der Fleischtheke traf sie Elke. Überschwänglich begrüßte sie Marlene. Seit Haie sich von ihr getrennt hatte, quetschte sie jeden im Dorf, der mit ihrem Exmann etwas zu tun hatte, geradezu nach Neuigkeiten aus. Es war nur zu offensichtlich, dass sie ihn am liebsten wieder zurück hätte.

»Schön, dich zu treffen! Wie geht es euch?«

Marlene berichtete kurz von ihrer Arbeit im Institut und dass Tom schon erste Aufträge hatte. Als Elke jedoch das Gespräch auf Haie lenken wollte, unterbrach sie es schnell. Haie war ein Freund. Er wollte nicht zu Elke zurück und das akzeptierte sie im Gegensatz zu seiner Exfrau.

»Ich muss dann mal schnell weiter. Tom wartet.«

Sie zahlte eilig und verließ den Laden.

Tom wartete wirklich und zwar sehnsüchtig. Obwohl er Haies Äußerung bezüglich seiner Eifersucht scherzhaft abgetan hatte, der Gedanke an Marlene und einen anderen Mann hatte ihm keine Ruhe gelassen. Er war froh, als er sie die Haustür öffnen hörte, und stürmte zur Begrüßung in den Flur.

»Na endlich. Das hat ja ewig gedauert. Und, was hat er gesagt?«

Sie drückte ihm die Tasche mit den Einkäufen in die Hand.

»Nichts.«

Er blickte sie fragend an.

»Und nichts hat so lange gedauert?«

Sie berichtete ihm, dass Malte Nielsen zunächst schon mal zu spät zu der Verabredung erschienen war. Und dann, dass er gelogen hatte. Mitten in ihren Ausführungen piepste ihr Handy. Sie kramte es aus ihrer Handtasche hervor.

Ungläubig starrte sie auf die Nachricht.

»Was ist?«

44

»Von Heike. Es geht ihr gut. Ich soll mir keine Sorgen machen. Sie ruft an, sobald es geht.«

Tom lächelte sie an.

»Das sind doch tolle Neuigkeiten!«

»Ja, schon, aber das ist so merkwürdig. Wieso ruft sie nicht an?«

»Vielleicht kann sie nicht. Sie wird sich schon melden. Jetzt hör mal auf, dir Gedanken zu machen!«

Er nahm sie in die Arme, küsste ihre Stirn. Marlene grübelte jedoch weiter. Es war ungewöhnlich für ihre Freundin. Normalerweise schrieb Heike keine SMS. Sie hasste das Tippen auf der Tastatur des Handys.

Tom versuchte, sie aus ihren Gedanken zu reißen.

»Ich sage nur kurz dem Kommissar Bescheid und dann unternehmen wir etwas Schönes. Überleg schon mal, worauf du Lust hast. Wir müssen schließlich auch noch meinen neuen Job bei ›Motorola‹ feiern!«

Er wählte die Nummer des Hauptkommissars, doch an dessen Stelle meldete sich ein Kollege.

»Tut mir leid, aber Herr Thamsen ist zu einem Einsatz gefahren.«

10

Irina hatte Angst. Es war dunkel, sie konnte nichts sehen. Ihre Augen waren verbunden. Sie hörte Motorengeräusch und die Stimmen zweier Männer.

Vorsichtig versuchte sie, sich zu bewegen, aber ihr ganzer Körper schmerzte. Sie stöhnte leise. Die Männer verstummten.

Kurze Zeit später hielt der Wagen. Die beiden vorderen Türen wurden geöffnet und wieder geschlossen. Es regnete. Weil der Motor nun aus war, hörte sie das Trommeln der Tropfen über sich. Sonst war es ganz still.

Sie versuchte noch einmal, sich zu bewegen. Mit dem Fuß stieß sie an etwas Hartes. Sie drehte sich leicht zur Seite. Der Geruch von Urin stieg ihr in die Nase. Ihr Magen rebellierte. Sie erbrach sich.

Eine Tür wurde aufgerissen. Sie hörte wütende Stimmen und spürte, wie jemand sie packte und aus dem Wagen zerrte. Panik stieg in ihr auf. Sie schlug wild um sich, drehte sich und trat mit den Beinen.

Der Schlag ins Gesicht traf sie völlig unerwartet. Sie wollte schreien, brachte aber keinen Ton heraus. Dann spürte sie wieder einen Stich.

Der Regen prasselte in ihr Gesicht und kitzelte ihre Nase. Das war das Letzte, was sie wahrnahm, bevor sie wieder in einen tiefen, dunklen Schlaf fiel.

Tom hatte Marlene überreden können, ein paar Sachen zu packen und übers Wochenende nach Amrum zu reisen.

Mit dem Auto waren sie nach Dagebüll gefahren. Während Marlene Fahrkarten am Schalter der ›Wyker Dampfschiffs-Reederei‹ auf der Mole besorgte, parkte Tom den Wagen.

Die Fähre sollte in 15 Minuten ablegen. Sie trafen sich am Fähranleger. Außer ihnen waren jede Menge Herbsturlauber und Leute wie sie unterwegs, die ein Wochenende auf der nordfriesischen Insel ausspannen wollten. Das goldene Herbstwetter lud dazu ein.

Nachdem Tom die Reisetasche in einem der Schließfächer verstaut hatte, gingen sie an Deck. Die Fähre hatte bereits abgelegt und sie entfernten sich vom Hafen. Über ihnen kreisten ein paar Möwen. Wenige Meter von ihnen entfernt, fütterten einige Touristen die Seevögel mit Proviantresten. Das wurde nicht gern gesehen und schon regte sich eine ältere Dame mit Hut lautstark über die Tierfreunde auf.

Marlene stand an der Reling, Tom umarmte sie von hinten. Ihr Haar roch nach Lavendel. Er liebte diesen Duft.

»Meinst du wirklich, dass es Heike gut geht?«

Sie drehte sich zu ihm um. Ihr Blick war besorgt, ein paar Falten kräuselten sich auf ihrer Stirn.

Er zog sie an sich.

»Bestimmt. Und nun genießen wir unser Wochenende. Du machst dir viel zu viele Gedanken.«

»Aber ...«

»Psst ...« Er legte seinen Zeigefinger auf ihre Lippen, beugte sich zu ihr hinunter. Sanft berührten seine Lippen ihren Mund. Sie erwiderte seinen Kuss.

Schweigend standen sie eng aneinander gekuschelt an der Reling und blickten aufs Meer hinaus. Die Sonne ließ das Wasser wie Diamanten glitzern. Die Welt erschien so weit, der Horizont unerreichbar.

Nach einem Zwischenstopp in Wyk ging es weiter mit Kurs auf Wittdün. Marlene entspannte sich langsam. Ihr Lächeln, das er so liebte, kehrte auf ihre Lippen zurück.

»Warst du überhaupt schon mal auf Amrum?«

Er schüttelte seinen Kopf.

»Und du?«

»Schon oft!«

Sie erzählte, dass sie als Kind häufig mit ihren Eltern die Ferien auf Amrum verbracht hatte, meistens in Wittdün, hin und wieder auch in Nebel. Dort hatten sie den Friedhof besucht, auf dem es eine Menge aus der Seefahrerzeit zu entdecken gab.

»Wenn du willst, zeige ich dir morgen die Insel.«

»Liebend gern!«

Als Dirk Thamsen sich der Brücke näherte, die über die Lecker Au führte, sah er bereits die ersten Schaulustigen.

Er hatte noch einen Umweg machen müssen, um Anne bei seinen Eltern abzuliefern. Die Neuigkeit hatte sich jedoch wie ein Lauffeuer verbreitet. Viele Neugierige waren bereits versammelt und versuchten, einen Blick auf die Leiche zu erhaschen. Er fragte sich immer wieder, was die Menschen an einem Unglück so faszinierte.

Er parkte den Wagen am Straßenrand und lief den kleinen Weg hinter der Bushaltestelle hinunter. Am Gatter stand ein Kollege von der Schutzpolizei. Er grüßte ihn flüchtig, als dieser ihm das Tor öffnete.

Auf der seichten Erhöhung, die die Au säumte, stand der Angler, der die Leiche entdeckt hatte. Im Schilf hatte sie gelegen. Völlig nackt und mit dem Gesicht nach unten. Der Mann, der eigentlich nur zum Fischfang an die Lecker Au gekommen war, hatte sich selbst zu Tode erschrocken. Noch nie hatte er einen toten Menschen gesehen. Er war immer noch aschfahl im Gesicht.

Kommissar Thamsen blickte zu seinen Kollegen am Ufer der Au hinüber. Einige Mitarbeiter der Spurensicherung und der Notarzt verwehrten ihm jedoch die freie Sicht. Er griff in seine Jackentasche und holte ein paar Handschuhe und Schutzüberzieher für seine Schuhe heraus.

Dann holte er tief Luft und lief hinunter zu seinen Kollegen.

Vom Fähranleger in Wittdün hatten sie ein Taxi genommen. Tom hatte auf die Schnelle noch ein Zimmer im ›Hotel Hüttmann‹ in Norddorf reserviert. Marlene hatte davon einmal geschwärmt, da es bereits seit über 100 Jahren bestand und zu einer der ersten Adressen auf der Insel gehörte.

Die Frau an der Rezeption lächelte ihnen freundlich zu.

»Willkommen in unserem Hause!«

Sie nahm flink die Personalien auf und reichte ihnen gleich darauf den Zimmerschlüssel.

»Einen angenehmen Aufenthalt. Und wenn Sie etwas zu essen wünschen – unser Restaurant öffnet in wenigen Minuten.«

Tom nahm die Reisetasche und stieg die Treppe hinauf in den ersten Stock. Das Zimmer war traumhaft. Ein riesiges Himmelbett dominierte den Raum. Die blumigen Vorhänge erinnerten Marlene an ihren letzten Aufenthalt in England.

Schwungvoll ließ sie sich auf das gigantische Bett fallen.

»Ach, ist das schön hier!«

Tom legte sich neben sie.

»Hast recht. Besser könnte es nicht sein. Zwei freie Tage, ein tolles Hotel, eine traumhafte Frau an meiner Seite und ein solides Abendessen in Aussicht. Du hast doch Hunger, oder?«

Sie rappelte sich auf, setzte sich rittlings auf ihn.

»Nur auf dich.«

11

Die Sonne schien durch das kleine Fenster. Marlene rä-
kelte sich wohlig, schlug langsam ihre Augen auf. Tom
lag neben ihr, den Kopf in seine Hand gestützt und
beobachtete sie.

»Guten Morgen, meine Hübsche!«

Er beugte sich über sie und küsste ihren Mund.

»Womit habe ich dich nur verdient? Dass du noch
zu haben warst – das grenzt ja schon an ein Wunder«,
flüsterte sie in sein Ohr.

Toms Körper versteifte sich plötzlich, er wendete
sich von ihr ab.

Ganz so war es ja nicht gewesen. Er hatte ihr nur
nie davon erzählt. Als er sie kennengelernt hatte, war
er eigentlich schon in festen Händen gewesen. Noch
vor gar nicht langer Zeit hatte er mit Monika zusam-
mengelebt. Die große Liebe war es nicht gewesen. Deshalb hatte er sich auch sofort in Marlene verliebt. Ohne
nachzudenken, hatte er sich damals in ein Abenteuer
gestürzt und seine Beziehung zu Monika völlig ausge-
blendet. Als Marlene ihm ihre Liebe gestanden hatte,
war er nicht in der Lage gewesen, ihr von seiner Beziehung in München zu erzählen. Und so war es bis
heute geblieben. Manchmal war er kurz davor gewesen,
besonders, wenn sie diese Fragen gestellt hatte. Zum
Beispiel, warum er sich eine neue Handynummer zuleg-
te und eine geheime Festnetznummer beantragt hatte.
Er hatte damit gerechnet, dass seine Exfreundin versu-

51

chen würde, ihn zurückzugewinnen. Schließlich hatte sie bei der Trennung einen riesigen Aufstand gemacht. Geradezu theatralisch hatte sie mit Selbstmord gedroht. Nachdem er ausgezogen war, hatte er allerdings nichts mehr von ihr gehört. Sicherheitshalber hatte er nach einer Woche bei ihrer Freundin angerufen, um sich zu vergewissern, dass Monika ihre Drohung nicht wahr gemacht hatte. Aber Ulla hatte nur gesagt, es sei alles in bester Ordnung.

»Was ist?«, fragte Marlene, etwas verwundert über seine Reaktion.

»Nichts. Ich habe nur Kopfschmerzen.«

Nach dem Frühstück machten sie zunächst einen kleinen Spaziergang Richtung Strand.

Scheinbar endlos lag der Kniepsand vor ihnen. Marlene erklärte ihm, dass es sich hierbei um eine riesige Sandbank handele, die vor Jahrhunderten bereits an Amrums Westküste angedockt hatte. Zwar sei er bis in die 60er-Jahre durch einen Priel vom Inselkern getrennt worden, aber zurzeit bilde er einen bis zu eineinhalb Kilometer breiten Sandstrand, welcher der gesamten Westküste vorgelagert sei und nahtlos in die Sanddünen der Insel übergehe.

»In den nächsten Jahren wird ein Weiterwandern des Kniepsands um die Amrumer Odde herum erwartet. Das wäre fantastisch, dann würde der Kniepsand die reichlich gefährdete Nordspitze auf ganz natürliche Weise schützen.«

»Also natürliche Sandvorspülungen?«

»Sozusagen!«

Kommissar Thamsen rieb sich seine brennenden Augen, als er an der Haustür seiner Eltern klingelte. Es war bereits kurz nach 9 Uhr. Er hatte eine lange Nacht hinter sich.

Tatortbesichtigung und Zeugenbefragung, anschließend hatte er auf den Leichenwagen gewartet. In der Dienststelle hatte er mit Staatsanwalt Niemeyer telefoniert und eine Obduktion beantragt, da ein Tötungsdelikt nicht ausgeschlossen werden konnte.

Bis tief in die Nacht hinein hatte er den Tatortbefundbericht angefertigt, bis er an seinem Schreibtisch eingeschlafen war.

Anne öffnete die Haustür.

»Guten Morgen, Papa. Komm, Oma und ich machen gerade Rührei!«

Sie stürmte vor ihm in die Küche, aus der es nach Kaffee und frischem Toast duftete. Als er den vorwurfsvollen Blick seiner Mutter auffing, versuchte er, sich zu verteidigen.

»Tut mir leid. Wir hatten einen Leichenfund. Ich …«

»Nicht vor der Kleinen«, unterbrach sie ihn. »Nimm dir eine Tasse Kaffee und setz dich hin. Du siehst furchtbar aus.«

Sie erzählte, dass sie gestern Abend noch versucht hatte, ihre Exschwiegertochter zu erreichen. Es sei aber nur Timo da gewesen und der hatte daheim bleiben wollen.

Während sie redete und redete und Spekulationen über den Verbleib der Exschwiegertochter äußerte, hatte er jedoch immer nur das Bild dieses blassen, schmutzigblauen Gesichts vor Augen.

»Moin!«, begrüßte Haie die Kassiererin vom SPAR-Laden. Er nahm sich einen Einkaufswagen und schob ihn Richtung Fleischtheke.

»Häst all hört? Die haben eine Leiche in der Lecker

Au gefunden!«, flüsterte die Verkäuferin ihm über den Glastresen zu.

»Das ist doch schon Jahre her, Lorchen«, versuchte er, die kleine, ältere, offensichtlich sehr aufgeregte Dame zu beruhigen. »Und den Täter haben sie auch schon lang!«

In den 50er-Jahren hatte es einmal einen Mordfall in der Nähe des Dorfes gegeben. Damals war eine junge Frau verschwunden. Mit Suchmannschaften hatte man die Umgebung nach ihr durchkämmt. Auch der Mörder hatte sich an den Aktionen beteiligt. Er hatte wohl gedacht, dass das am unauffälligsten war. Er musste sich sicher gewesen sein, dass man die Leiche, die er mit einem Selbstbinder beschwert in der Lecker Au versenkt hatte, nicht finden würde.

»Nee, die mein ich doch nich! Gestern Nachmittag haben sie eine aus'm Wasser geholt. Gleich hier die Straße in Herrenkoog raus, bei Norderwaygaard. Soll böse zugerichtet gewesen sein!«

Haie wurde es mit einem Mal ganz heiß.

»Woher weißt du das denn?«

»Hett Max vertellt. Der war ja da.«

»Und weiß man auch, wer das war?«

Die Verkäuferin zuckte mit den Schultern.

»Irgend so ein junges Ding. Watt weiß ich.«

Nach dem Mittagessen hatten sie sich Fahrräder ausgeliehen. Marlene wollte gerne eine Tour nach Nebel machen und Tom hatte sich überreden lassen, was er allerdings bereits bereute. Er war schon ewig nicht mehr Fahrrad gefahren und der Wind war stärker, als er anfangs gedacht hatte.

Marlene radelte jedoch wie ein Radrennprofi und er

hatte Schwierigkeiten, einigermaßen mit ihr mitzuhalten. Völlig außer Atem erreichte er das Friesendorf.

Sie besichtigten zunächst die alte Mühle. Begeistert erzählte Marlene von dem 1771 erbauten, reetgedeckten Erdholländer. Sie erwies sich wie immer als hervorragende Fremdenführerin. Er fand es schön, wenn sie ihm die Geschichten rund um Nordfriesland erzählte, und er bewunderte sie. Er kannte kaum einen Menschen, der so mitreißend über ein Thema erzählen konnte wie Marlene. Sie schien ein Bestandteil dieses Landes zu sein und durch sie lernte er, es immer mehr zu lieben.

Gegenüber der Mühle lag der Friedhof der Heimatlosen. Durch die weiße Holzpforte betraten sie die kleine Anlage. Schweigend gingen sie die Reihen der Gräber entlang, von Holzkreuz zu Holzkreuz.

»Was ist denn das immer für ein Datum auf den Kreuzen?«

»Der Tag, an dem der unbekannte Tote am Strand angeschwemmt, gefunden und geborgen wurde. Alles ungeklärte Schicksale. Opfer der See.«

Sie hatte sich auf die Bank am Rand der Anlage gesetzt. Aus ihrer Jackentasche holte sie ihr Handy. Sie hatte es, als sie gestern losgefahren waren, abgeschaltet. Nun drückte sie auf die Powertaste.

›Ein Anruf in Abwesenheit‹ zeigte das Display an.

»Bestimmt Heike«, sagte Marlene aufgeregt. Doch die Nummer des Anrufers wurde nicht angezeigt, auf der Mailbox war keine Nachricht verzeichnet.

Enttäuscht schaltete sie das Handy wieder aus.

»Sie wird sich schon melden«, versuchte er sie aufzumuntern. »Erzähl mir lieber eine Geschichte über Amrum!«

Sie lehnte sich zurück und schloss kurz die Augen.
»Also gut.«

Sie holte tief Luft und erzählte ihm von den Seeräubern, die einst zur Winterzeit von Pellworm nach Amrum gekommen waren. Jedenfalls gäbe es so eine Sage, versicherte sie ihm. Der zufolge hatten die Räuber sich weiße Hemden über ihre Kleidung gezogen, da sie sich einen Sonntag für ihren Überfall ausgewählt hatten.

Während ein Teil der Räuber die Häuser plünderte, bewachte ein anderer Teil die Kirchgänger.

»Höchstwahrscheinlich gehörte die Bande dem Seeräuber Cord Widderich, der lange Zeit auf Pellworm gehaust haben soll.«

»Meinst du, einer von denen liegt hier?«

Sie blickte hinüber zu den Gräbern.

»Warum nicht? Durchaus möglich.«

Nach dem Frühstück hatte Dirk Thamsen zunächst kurz bei seiner Exfrau vorbeigeschaut. Doch wie bereits seine Mutter berichtet hatte, war nur Timo da gewesen und der hatte keine Ahnung gehabt, wo seine Mutter steckte.

»Ich möchte, dass du zum Mittagessen zu Oma gehst.«

Der Junge hatte murmelnde Widerworte gegeben.

»Da gibt es nichts zu diskutieren. Und morgen besprechen wir, wie das weiter geht mit Mutti und euch.«

Er war wütend gewesen. Wütend auf seine Exfrau, dass sie die Kinder so vernachlässigte, und wütend auf sich selbst, weil er davon bisher nichts bemerkt hatte.

Dr. Becker von der Gerichtsmedizin aus Kiel erwartete ihn schon. Eigentlich hatte Dirk Thamsen absichtlich getrödelt und gehofft, dass die Obduktion schon beendet war.

Die äußere Besichtigung war auch bereits abgeschlossen, die Bauchhöhle war geöffnet. Dr. Becker entnahm gerade eine Gewebeprobe.

»Können Sie schon Genaueres über die Todesursache sagen?«

Der Arzt zuckte leicht mit den Schultern.

»Nur so viel: Einen natürlichen Tod oder Selbstmord können wir mit hundertprozentiger Sicherheit ausschließen.«

»Wieso?«

»Schauen Sie hier.« Er deutete dem Kommissar, näher an den Sektionstisch zu treten. »Diese Flecken am Hals sind eindeutig Würgemale. Außerdem ist das Zungenbein gebrochen.«

»Und diese Verletzungen könnte sie sich nicht selbst zugefügt haben?«

Der Gerichtsmediziner schüttelte seinen Kopf.

»Jedenfalls nicht bis zum Tod. Oder haben Sie schon mal von einem Suizidfall durch eigenhändiges Erwürgen gehört? Das ist praktisch unmöglich.«

»Und der Todeszeitpunkt?«

»Schwer zu sagen. Vermutlich vor drei bis fünf Tagen.«

Malte schob langsam den Wagen der Essensausgabe über den Gang. Er hatte es nicht eilig. Sein Dienst würde schließlich nicht schneller vorbei sein, wenn er sich beim Austeilen des Mittagessens beeilte. Außerdem war es ihm egal, ob die Patienten ein warmes Essen serviert bekamen. Nörgeln würden sie so oder so.

Er öffnete die nächste Zimmertür und nahm ein Tablett vom Wagen.

»So, Frau Kleine, hier ist Ihr Mittagessen.«

Die hagere, alte Frau saß mit verkniffenem Gesichtsausdruck in ihrem Bett. Sie war schon einige Wochen hier und er konnte sie nicht ausstehen.

»Wurde ja auch langsam Zeit oder soll ich verhungern?«

Er stellte das Tablett auf den Tisch am Fenster. Frau Kleine begann sofort, zu nörgeln. Sie könne nicht aufstehen, wolle das Essen ans Bett serviert haben. Außerdem sei ihre Teetasse leer, sie verlange auf der Stelle neuen.

In aller Ruhe nahm Malte die Abdeckhaube vom Menüteller und freute sich diebisch, als er sah, dass Frau Kleine immer noch Schonkost bekam. Pampigen Haferbrei.

»Den Brei können Sie sofort wieder mitnehmen. Das esse ich nicht. Bringen Sie mir gefälligst etwas Anständiges!«

Ohne ein Wort deckte er das Essen wieder ab und verließ das Zimmer. Frau Kleine klingelte wie wild, das Lämpchen über der Tür blinkte.

»Was ist denn mit Frau Kleine?«, fragte seine Kollegin, die ihm im Gang entgegenkam.

Er winkte ab, deutete auf das Tablett und erzählte, dass die Patientin sich schon wieder über das Essen beschwert hatte.

»Wir sind doch kein Fünf-Sterne-Restaurant«, pflichtete ihm die Kollegin bei. »Sollst dich übrigens beim Chef melden. Klang dringend.«

Das Büro von Professor Werner Heimkens befand sich in der dritten Etage. Malte klopfte kurz an die Tür, bevor er eintrat.

»Sie wollten mich sprechen?«

Der kleine, dunkelhaarige Mann hinter dem Schreibtisch sah auf und blickte ihn mit verschwörerischem Blick durch die dunkle Hornbrille an.

»Nächste Woche brauche ich Sie für einen Krankentransport.«

»Wie immer?«

Professor Heimkens nickte.

»Wie immer!«

Haie lehnte sein neongelbes Fahrrad an den Zaun der kleinen Gastwirtschaft, die auf einem kleinen Hügel an der Dorfstraße gelegen war.

Als er den Gastraum betrat, sah er Max, den Wirt, an der Theke Gläser spülen.

Er begrüßte kurz die zwei anderen Gäste und setzte sich an den Tresen.

»Machst du mir ein Bier?«

Max schaute ihn misstrauisch an.

»Was verschlägt dich denn um diese Zeit in meine bescheidene Wirtschaft?«

Er nahm eines der frisch gespülten Gläser und hielt es unter den Zapfhahn. Haie versuchte, möglichst belanglos zu wirken, erzählte zunächst von einigen Begebenheiten aus der Grundschule und fragte anschließend, was es denn so Neues im Dorf gäbe.

Der Wirt stellte das Bier vor ihn auf den Tresen.

»Nun tu bloß nich so. Hast doch bestimmt schon gehört, dass sie gestern die tote Frau aus der Lecker Au gefischt haben!«

Haie bestätigte ihm, dass die alte Kaufmannsfrau ihm so etwas erzählt hatte. Ob man denn schon wisse, wer die Tote sei.

Max schüttelte den Kopf.

»Ich hab die nicht gekannt.«

Er erzählte, dass man die Tote in der Nähe von Norderwaygaard gefunden hatte.

»An der Bushaltestelle kurz vor der Brücke.«

Die Brücke sei abgesperrt worden, aber er sei vorher schon da gewesen. Habe den nackten Körper kopfüber im Schilf gesehen. Gruselig hatte das ausgesehen. Er goss sich einen Klaren ein.

»Woher wusstest du denn davon?«

»Bernd rief mich an. Der hat sie ja gefunden.«

12

Tom und Marlene schoben die Fahrräder durch den kleinen Ort.

»Guck dir mal die Straßennamen hier an. Hö-ö-w-ja-at«, versuchte er, zu buchstabieren. »Was bedeutet das?«

»Kirchgasse. Das ist Friesisch.«

Sie lächelte ihn an und erzählte, dass hier in Nebel die Straßen, Wege und Gassen friesische Namen trugen. Ganz amtlich und ausschließlich. Der Ort sei halt sehr traditionsbewusst.

»Komm, ich zeig dir noch etwas Interessantes.«

Sie stellten ihre Fahrräder ab und betraten den Friedhof, der neben der weißen Kirche mit dem spitzen Turm lag.

Während sie auf die Gräber zuliefen, erklärte Marlene, dass die Amrumer früher hauptsächlich Seeleute waren. Insbesondere im 17. und 18. Jahrhundert hatten sie auf Walfischfängern angeheuert. Harpunierer, Steuerer, Bootsmänner und Trankocher seien sie gewesen, manche sogar Schiffsoffiziere oder Kommandeure, wie man die Kapitäne auf den Walfangschiffen genannt hatte.

»Schau hier, die Steine auf den Seemannsgräbern erzählen teilweise ganze Lebensgeschichten.«

Sie wanderten zwischen den steinernen Grabplatten hindurch, die vom Leben und Sterben der Seemannsleute berichteten. Viele Steine waren mit einem plastisch aus dem Stein herausgearbeiteten Segelschiff verziert.

»Nicht alle kehrten zurück.«

Marlene strich mit ihrer Hand über einen der Steine.

»Viele blieben auf See, starben am Gelben Fieber, ertranken, wurden gefangen genommen, gingen an Skorbut zugrunde.«

»Apropos Skorbut. Bevor wir irgendeinen Ernährungsmangel erleiden. Meinst du, es gibt hier in der Nähe vielleicht auch ein kleines Restaurant oder Ähnliches?«

Sie grinste.

»Aber sicher.«

Kommissar Thamsen saß an seinem Schreibtisch und starrte auf die Fotos vor ihm. Je länger er das tat, umso zweifelloser wurde seine Vermutung, dass die Tote auf den Bildern wahrscheinlich Heike Andresen war. Die junge Frau, die ihn so dringend hatte sprechen wollen, aber nicht zu dem vereinbarten Termin erschienen war.

Was hatte sie ihm erzählen wollen? Und wer hatte sie nun für immer zum Schweigen gebracht?

Die Tür zu seinem Büro wurde schwungvoll geöffnet. Die beiden Kollegen aus Flensburg, die mit ihm eine SoKo bilden sollten, betraten den Raum.

»Moin, Dirk. Und, was gibt es?«

Er bot ihnen an, Platz zu nehmen, und überreichte die Akte. Der ältere der beiden Männer blätterte bereits darin herum, während er kurz und knapp über den Stand der Ermittlungen berichtete.

»Ich würde sagen«, schloss er seine Ausführungen, »ihr fahrt zusammen mit Dr. Becker noch einmal zum

Tatort raus und ich kümmere mich mal um die Identifizierung der Leiche.«

»Es ist noch gar nicht bestätigt, dass das Opfer wirklich Heike Andresen ist?«

Dirk Thamsen stand schnell auf. Er wusste ja selbst, dass er gezögert hatte.

»Ist aber nur eine Formsache.«

Sie hatte ein kleines Restaurant im Uasterstigh ausgewählt.

Tom studierte eingehend die Speisekarte.

»Ich glaube, ich nehme den Matjes. Das hört sich doch gut an.«

Er war hungrig von der frischen Luft und der körperlichen Ertüchtigung, außerdem liebte er Matjes. Marlenes Hunger hingegen hielt sich in Grenzen. Sie wählte lediglich einen Salat.

Er wusste, dass sie sich immer noch Sorgen um Heike machte, und versuchte, sie abzulenken.

»Wie kommst du eigentlich im Institut voran?«

Sie erkannte sofort seine Absicht, lächelte ihn jedoch dankbar an.

»Sehr gut.«

Das Projekt über Theodor Storm sei äußerst interessant. Momentan sei sie mit der Namensgebung im ›Schimmelreiter‹ beschäftigt. Ob er wüsste, dass Hauke Haien nach der patronymischen Namensgebung eigentlich Hauke Tedsen, nach seinem Vater Tede Haien, hätte heißen müssen?

Interessiert folgte er ihren begeisterten Ausführungen.

»Außerdem war Hauke gar kein typisch nordfriesischer Name. Abgeleitet von dem Namen Hugo, findet

63

man ihn zur damaligen Zeit nur in ost- und westfriesischen Namensregistern.«

Das Essen wurde serviert und er aß mit großem Appetit. Marlenes Sorgen waren plötzlich wie weggeblasen. Nach dem Salat bestellte sie noch eine Fischterrine und anschließend zum Nachtisch Vanilleeis mit heißen Kirschen.

Gut gestärkt traten sie den Rückweg an. Der Wind hatte gedreht und wieder hieß es, gegen die heftige Brise an zu radeln. Diesmal konnte er jedoch einigermaßen mit ihr mithalten, denn sie fuhr wesentlich langsamer als auf dem Hinweg.

»Sieh mal dort den Vogelschwarm!«

Er hielt an und wies mit seiner Hand auf die unzähligen Vögel am Himmel.

»Es wird Abend. Sie verlassen die Insel.«

Sie hatte ebenfalls angehalten und blickte den Vögeln am Himmel nach. »Angeblich ein Zeichen der Ungnade Wodans.«

»War das nicht der mit den beiden Raben?«

Sie nickte. »Hugin und Munin – das Gedächtnis und das Gewissen.«

»Und wieso verlassen nun die Vögel die Insel?«

Er blickte fragend dem immer kleiner werdenden Vogelschwarm hinterher.

Sie erklärte, dass es wohl eine Legende gab, der zufolge die Vögel Amrum am Abend verließen als Zeichen für Gottes Missfallen.

»Was sollte Gott denn an dieser wundervollen Insel missfallen?«

Sie zuckte mit den Schultern.

»Ich glaube, das hing mit den Strandräubern zusammen, aber so genau erinnere ich mich nicht mehr.«

Marlene stieg wieder auf ihr Fahrrad. Er warf einen letzten Blick zum Himmel, ehe er ihr folgte.

Als sie Norddorf und schließlich das Hotel erreichten, war es bereits dunkel. Sie hatten das Licht an den Fahrrädern anschalten müssen.

Die freundliche Dame an der Rezeption lächelte, als sie nach dem Zimmerschlüssel verlangten.

»Einen Moment, Herr Meissner, hier ist eine Nachricht für Sie. Herr Haie Ketelsen hat dringend um einen Rückruf gebeten.«

Haie hatte zunächst versucht, Tom auf seinem Handy zu erreichen. Aber es war nur die Mailbox angesprungen.

Da er seinen Freund nicht hatte beunruhigen wollen und ja auch eigentlich nichts Konkretes wusste, hatte er aufgelegt.

Aber die Angelegenheit hatte ihm keine Ruhe gelassen. Wie ein eingesperrtes Tier war er durch seine kleine Wohnung getigert. Schließlich hatte er versucht, bei der Polizei Genaueres zu erfahren, aber der freundliche Polizist am anderen Ende der Leitung hatte keine Auskünfte erteilen dürfen. Das hatte seine Unruhe noch verstärkt. Letzten Endes hatte er im Hotel angerufen.

»Herr Meissner ist leider nicht im Hause. Möchten Sie vielleicht eine Nachricht hinterlassen?«

Er saß in seinem Wohnzimmer und versuchte, sich durch ein wenig Fernsehen abzulenken. Immer wieder zuckte sein Finger auf der Fernbedienung hin und her.

Endlich klingelte das Telefon.

»Tom? Na endlich!«

Er wartete seine Antwort gar nicht ab, sondern berichtete sofort aufgeregt über die Neuigkeiten aus dem Dorf.

»Ich weiß ja nicht, ich meine, aber vielleicht …«

Er hörte, wie Tom am anderen Ende tief Luft holte und im Hintergrund Marlenes besorgte Stimme: »Was ist?«

Er wusste nicht, was er noch sagen sollte. Am liebsten wollte er jetzt bei seinen Freunden sein. Wenn die Tote aus der Lecker Au wirklich Marlenes Freundin war – er wollte sich das gar nicht vorstellen – aber wenn es wirklich so sein sollte, dann wollte er für sie da sein. Sie kannten sich zwar noch nicht lange, aber die Freundschaft, welche sie verband, war von ganz besonderer Art, beinahe so etwas wie eine Seelenverwandtschaft, ganz besonders zwischen ihm und Tom. Sie hatten sich vom ersten Tag an so gut verstanden, als kannten sie sich bereits seit Jahren. So etwas hatte Haie noch nie erlebt.

Durch den Hörer klang ein Räuspern zu ihm.

»Dank dir. Ich werde mit Marlene sprechen. Wir kommen, so schnell es geht, zurück.«

Nachdem Tom aufgelegt hatte, ließ auch er den Hörer langsam auf das Telefon zurückgleiten. Unschlüssig darüber, was er nun tun sollte, ging er in die Küche, holte eine Kornflasche aus dem Kühlschrank. Nachdem er das erste Glas mit einem Schluck hinuntergestürzt hatte, goss er sich eilig noch ein zweites ein.

Marlene blickte ihn mit ängstlichem Blick an.

»Nun sag schon! Was ist los? Warum wollte Haie dich so dringend sprechen?«

Er hatte keine Ahnung, was er ihr sagen sollte. Theoretisch konnte die Tote aus der Au jede x-beliebige Frau sein. Praktisch wusste er, dass dem nicht so war. Ähnlich wie bei Haie hatte seine innere Stimme ihm

sofort gesagt, dass es sich bei der toten Frau höchstwahrscheinlich um Heike handelte.

»Sie haben eine tote Frau in der Lecker Au gefunden.«

Sie starrte ihn wie versteinert an.

»Man weiß natürlich nicht ...«, stammelte er etwas
hilflos.

»Wir müssen sofort zurück!«

Sie wurde auf einmal völlig hektisch, eilte zum
Schrank und riss ihre Reisetasche aus dem untersten
Fach. Panik hatte sie ergriffen.

Tom stand nur da und schaute ihrem verzweifelten
Versuch zu, der Angst und der aufkeimenden Furcht,
dass die Tote Heike sein könnte, durch beschäftigtes Packen zu entkommen. Sie rannte an ihm vorbei ins Bad.
Er hörte, wie sie die Badesachen einpackte. Es schep-
perte, Glas zersprang.

Er ging ins Bad. Marlene saß auf dem Wannenrand,
ihr Blick war starr auf das zerbrochene Parfumfläsch-
chen auf dem Fliesenfußboden gerichtet.

»Es ist nicht Heike. Es kann nicht Heike sein!«, flüsterte sie immer wieder vor sich hin. Als er sie an der
Schulter leicht berührte, zuckte sie zusammen und begann, heftig zu weinen.

Er ließ sich neben ihr auf dem Wannenrand nieder,
legte seinen Arm um sie. Ihr Körper wurde durch unkon-
trolliertes Schluchzen geschüttelt. Eine Weile saßen sie so
nebeneinander, als plötzlich sein Handy klingelte.

»Meissner?«

Es war Kommissar Thamsen. Er fragte nach Marlene.

»Wir sind auf Amrum«, erklärte Tom.

Wann sie denn wiederkämen? Er bräuchte sie für

eine Identifizierung. Man habe nämlich eine junge Frau gefunden.

»Ich weiß.«

Was er nicht wusste, war, ob heute überhaupt noch eine Fähre zurückfuhr. Es war schon nach 20 Uhr.

»Ich melde mich, wenn wir wissen, wann wir bei Ihnen sein können.«

Er erhob sich. Marlene blickte ihn fragend an.

»Bin gleich wieder bei dir.«

Er küsste sie auf die Stirn.

Die freundliche Dame von der Rezeption schüttelte allerdings den Kopf, als er nach einer Möglichkeit fragte, noch heute aufs Festland zu gelangen. Ob es ihnen denn nicht gefiele? Er erklärte den plötzlichen Abreisewunsch mit einem Notfall in der Familie.

Marlene stand bereits in Jacke und mit gepackter Tasche im Zimmer, als er zurückkehrte. Er nahm sie in die Arme.

»Die nächste Fähre geht erst morgen früh um 6.15 Uhr.«

Sie wirkte völlig apathisch. Er führte sie zum Bett, half ihr, Jacke und Schuhe auszuziehen, deckte sie zu. Beim Zimmerservice orderte er einen Kamillentee.

»Es ist bestimmt nicht Heike«, versuchte er, auf sie einzureden, doch sie schien wie von dicken Mauern umgeben. Seine Worte erreichten sie nicht. Pausenlos rannen Tränen über ihr Gesicht. Er legte sich neben sie und streichelte ihr übers Haar.

Irgendwann musste er eingeschlafen sein, als er wach wurde, stand sie am Fenster und blickte hinaus.

»Weißt du«, begann sie unvermittelt, »Heike und ich, das ist so ähnlich wie bei Zwillingen. Ich habe von Anfang an gespürt, dass etwas passiert ist.«

»Aber nun warte doch ab. Man weiß doch gar nicht, wer die junge Frau ist, die sie gefunden haben.«

Sie drehte sich zu ihm um.

»Ich weiß, dass es Heike ist!«

13

Sie waren beinahe die einzigen Fahrgäste auf der Fähre. So früh am Sonntagmorgen war kaum jemand auf den Beinen. Nur ein paar Frühaufsteher bevölkerten die Cafeteria und versuchten, bei einer Tasse Kaffee richtig wach zu werden.

Sie standen auf dem Deck an der Reling und beobachteten stillschweigend, wie Amrum sich immer mehr entfernte. Die Sonne war inzwischen aufgegangen, aber der böige Wind wehte kalt. Marlene hatte sich ihre Mütze aufgesetzt.

Sie war immer noch ganz ruhig. Tom vermutete, dass die Angst um ihre Freundin sie lähmte, ansonsten konnte er sich den Umschwung ihres panischen Verhaltens in diesen stillen Zustand nicht erklären.

»Hast du schon einmal einen toten Menschen gesehen?«

Sie schien sich gedanklich auf die Begegnung in der Leichenhalle vorzubereiten. Er schüttelte den Kopf.

Die Fähre legte in Dagebüll an. Hand in Hand verließen sie die ›Nordfriesland‹ und gingen zum Parkplatz. Vom Hafen fuhren sie direkt nach Niebüll zum Krankenhaus.

Auch Kommissar Thamsen war an diesem Sonntagmorgen früh aufgestanden. Er hatte sich seine Sportschuhe angezogen und war losgejoggt. Gleich hinter dem Häuserblock, in welchem sich seine kleine Wohnung befand, führte eine schmale Straße hinaus in den Gotteskoog. Den Blick starr auf den Weg gerichtet, die Gedanken allerdings in alle Richtungen zerstreut.

Zunächst einmal musste er sich überlegen, was mit seinen Kindern werden sollte. Seine geschiedene Frau war augenscheinlich nicht in der Lage, die Kinder anständig zu versorgen. Aber wo sollten die Kinder bleiben? Er selbst konnte sich bei seinem unregelmäßigen Dienst auch nicht um Timo und Anne kümmern. Und seine Mutter? Vielleicht, wenn sie ihm hin und wieder half? Er war sich nicht sicher. Konnte er ihr das zumuten?

Er verdrängte seine Probleme, indem er die Entscheidung, was mit den Kindern passieren sollte, auf den Zeitpunkt nach Auflösung des aktuellen Falls verschob. Seine Arbeit erschien ihm zunächst einmal wieder wichtiger. Schließlich war eine junge Frau ermordet worden und der Mörder lief noch frei herum.

Erst einmal musste jedoch die Leiche identifiziert werden. Marlene Schumann würde in ungefähr einer Stunde im Krankenhaus sein. Auch wenn er sich wünschte, dass die Tote nicht die junge Frau war, die ihn vor wenigen Tagen um Hilfe gebeten hatte, die Wahrscheinlichkeit war eher gering. Flüchtig hatte er die Vermisstenmeldungen der letzten Tage durchgesehen, aber eine verschwundene Frau, auf welche die Beschreibung der Toten zutraf, hatte eigentlich nur die Freundin von Heike Andresen abgegeben. Außerdem passte leider alles wie die besagte Faust aufs Auge. Sie hatte sich an ihn gewandt, weil sie etwas wusste. Etwas Illegales, Verbotenes, Ungereimtheiten, hinter denen sie vielleicht ein Verbrechen vermutete. Sie hatte es ihm, der Polizei, melden wollen. Und nun war sie tot.

71

Aber was genau hatte sie mit ihm besprechen wollen und wer hatte sie deshalb umgebracht?

Er blickte auf seine Armbanduhr. Es war Zeit, sich auf den Rückweg zu machen. In einer halben Stunde musste er im Krankenhaus sein.

Tom und Marlene betraten die Eingangshalle. In etwa 15 Minuten waren sie mit Kommissar Thamsen hier verabredet.

»Möchtest du vielleicht einen Kaffee?«

Sie schüttelte ihren Kopf. Kaffee brauchte sie nicht, ihr Herz raste auch so schon wie verrückt. Unruhig ging sie in dem kleinen Aufenthaltsraum auf und ab.

Tom setzte sich und beobachtete sie.

Er konnte ihre Nervosität und Angst gut nachvollziehen. Wie es wohl war, einen toten Menschen zu sehen? Und was, wenn es tatsächlich Heike war? Er war sich unsicher, wie Marlene reagieren würde.

Durchs Fenster sah er den Kommissar auf den Eingang zukommen. Sie hatte ihn auch gesehen. Zum Gruß hob sie kurz die Hand, eilte in Richtung Eingang.

»Möchten Sie Ihre Freundin begleiten?«

Er nickte.

Zusammen gingen sie die Treppe hinunter in den Keller. Vor einer großen Flügeltür blieb der Kommissar kurz stehen. Dahinter befand sich der Raum, in dem die Toten lagen, bis sie vom Bestattungsunternehmen abgeholt wurden. Ursprünglich hatte man die Leiche nach Kiel in die Gerichtsmedizin überführen wollen, dann aber war Dr. Becker persönlich hierher gekommen, da er sich auch ein Bild vom Tatort hatte machen wollen.

»Ich weiß ja nicht …«, begann Dirk Thamsen umständlich.

Er sah Marlenes starren Blick. Tom nickte ihm zu, der Kommissar stieß die Tür auf.

Sie lag unter einem grünen Tuch. Neben dem Tisch stand ein junger Mann in einem weißen Kittel.

Zögernd traten sie näher. Marlene griff nach Toms Hand. Er fühlte die kalte, feuchte Innenseite und betrachtete sie von der Seite. Ihr Gesicht war bleich, die Augen starr auf den Tisch gerichtet.

Auf ein Nicken des Kommissars hin, hob der junge Mann behutsam das grüne Tuch.

»Heike«, entfuhr es ihr.

Das Wort schien in dem gekachelten Raum widerzuhallen und war so über jeden Zweifel bezüglich der Identität der Toten erhaben.

Sie entzog ihm ihre Hand, strich der toten Freundin vorsichtig übers Gesicht.

»Sie sieht aus, als ob sie schläft«, flüsterte sie dabei.

Tom lief ein Schauer über den Nacken. Er hatte noch nie einen toten Menschen gesehen und er hatte es auch tunlichst vermieden, sich vorzustellen, jemals in eine Situation wie diese zu kommen. Er war erschrocken und erleichtert zugleich. Erleichtert, weil es eigentlich gar nicht schlimm war. Heike lag auf dem Tisch vor ihnen, so wie Marlene sagte, als schliefe sie nur.

Trotzdem verspürte er ein beklemmendes Gefühl in seiner Magengegend. Er war wie gefangen von diesem Anblick: das grau-blaue Gesicht, die blutleeren Lippen, die strähnigen Haare. Er hatte Angst, wenn er auch nur eine Sekunde seinen Blick von ihr wenden würde, dass sich die bleichen Augenlider plötzlich heben und sich das Gesicht zu einer Grimasse verzerren würde, die ihn zu Tode erschreckte. Obgleich er wahrscheinlich erleichtert wäre und sich nichts sehnlicher für Marlene wünschte, als dass ihre Freundin lebte und ihr Lachen plötzlich den Raum erfüllte.

Er suchte, ohne seinen Blick von dem toten Gesicht zu wenden, Marlenes Hand und griff ins Leere. Erst jetzt blickte er zur Seite und bemerkte, dass sie am Boden lag. Der Kommissar kniete neben ihr.

»Hallo, Frau Schumann? Hallo?«

Tom ging ebenfalls in die Hocke.

»Marlene?«

Er klopfte ihr leicht mit der flachen Hand ins Gesicht. Ihre Augenlider flimmerten, sie kam zu sich. Zusammen mit Dirk Thamsen half er ihr auf.

»Geht es?«

Sie nickte schwach.

»Kann ich jetzt gehen?«

»Ich brauche noch Ihre Aussage für das Protokoll.«

Die wenigen Meter zur Polizeidienststelle gingen sie zu Fuß. Die frische Luft tat allen gut. Langsam kehrte etwas Farbe in ihre Gesichter zurück.

Die Neuigkeit von der Leiche in der Lecker Au hatte sich wie ein Lauffeuer im gesamten Dorf ausgebreitet. Als Haie am Morgen im Garten das Laub zusammenfegte, sprach sein Nachbar ihn an.

Ob er denn auch schon von der ermordeten Frau bei Norderwaygaard gehört habe? Schrecklich sei das, fast wie damals. Da hatte man ja auch eine junge Frau aus der Lecker Au gefischt. Irgendwann in den 50er-Jahren sei das gewesen. Und der Mörder hatte damals noch geholfen, die verschwundene Frau zu suchen.

»Kannst du dich noch erinnern?«

Haie erinnerte sich. Es war zwar schon etliche Jahre her, aber damals hatte man die Leiche der Frau auch in der Lecker Au gefunden. Gleich hinterm Dorf, den Üülendik - Alter Deich - raus. Der Mörder hatte sich tatsächlich an den Suchaktionen beteiligt. Hatte vermutlich gedacht, dass man die Leiche nicht finden würde, schließlich hatte er sie mit einem Wagenrad beschwert, oder war es ein alter Selbstbinder gewesen? So genau wusste er das nicht, denn seine Erinnerungen beruhten zum größten Teil auf Erzählungen. Er selbst war damals noch sehr jung gewesen – beinahe ein Kind. Aber dass im ganzen Dorf von nichts anderem die Rede gewesen war, daran konnte er sich noch gut erinnern. War ja auch unheimlich, so ein Mord im Dorf, vor allem, wenn der Mörder frei herumlief.

Aber woher wusste sein Nachbar, dass die Frau ermordet worden war?

»Na, von allein ist die bestimmt nicht da baden gegangen!«

Sie saßen im Büro des Kommissars.

»Hatte Ihre Freundin denn vielleicht Feinde? Gab es jemanden, mit dem sie Ärger hatte oder Ähnliches?«

Marlene hielt sich schweigend an einem Wasserglas fest und schüttelte nur ihren Kopf.

»Und dieser Malte?«, warf Tom ein.

Der Kommissar blickte ihn fragend an.

Er berichtete über seinen und Haies Besuch im ›Einstein‹ und darüber, was der Wirt ihnen erzählt hatte. Von dem Streit der beiden, dass Heike irgendwelche Unterlagen dabei gehabt hatte und Malte erbost aufgesprungen war und das Restaurant verlassen hatte. Er erzählte von ihrem Auto, das immer noch in einer Seitenstraße beim ›Einstein‹ stand, von der Handtasche auf dem Beifahrersitz und Marlenes Treffen mit Malte.

»Sie haben sich mit ihm getroffen?«

Sie nickte und Tränen rannen über ihr Gesicht.

»Ich dachte doch, es ginge ihr gut. Wegen der SMS …«

Sie konnte nicht weiter sprechen. Ein stechender Schmerz durchfuhr sie plötzlich. Bis in die letzte Faser ihres Körpers schoss er, dehnte sich aus, nahm Besitz von ihr. Sie zuckte und schluchzte. Der Schmerz war kaum zu ertragen. Sie schloss ihre Augen, riss sie wieder auf. Das Bild der toten Freundin, sie konnte es nicht ertragen.

Tom stand auf und nahm sie in die Arme.

»Ich denke, wir machen vielleicht besser morgen weiter«, sagte er zum Kommissar gewandt, als er Marlene aus dem Raum führte.

Zu Hause rief er Dr. Esmarch an, den Diensthabenden Arzt. Er schilderte kurz, was geschehen war. Der Doktor war innerhalb kürzester Zeit bei ihnen. Er spritzte Marlene ein Beruhigungsmittel und stellte ein Rezept für Diazepam-Tropfen aus.

Tom deckte sie sorgsam zu. Als sie eingeschlafen war, ging er in die Küche. Er stellte den Wasserkocher an und suchte im Küchenschrank nach Teebeuteln, als es an der Haustür klingelte.

Es war Haie.

»Hab dein Auto vor der Tür gesehen.«

Sie setzten sich an den Küchentisch und Tom erzählte, was passiert war.

»Also doch. Wie geht es ihr?«

Er zuckte mit den Schultern. Wie sollte es ihr schon gehen? Ihre beste Freundin war tot, ermordet. Er selbst fühlte sich eigenartig. Das Bild der toten Frau schob sich immer wieder vor sein inneres Auge, jagte ihm Schauer über den Rücken. In seiner Magengegend spürte er eine riesige Wut. Wie konnte jemand nur einen Menschen töten? Wieso und wofür?

»Meinst du, es war dieser Malte?«

»Keine Ahnung.«

Er wusste wirklich nicht, was er von der ganzen Sache halten sollte. Wieso brachte jemand Heike um? Hatte man sie zum Schweigen bringen wollen? Aber wer und warum? Was könnte sie gewusst haben? Irgendein Verbrechen oder eine Straftat musste es gewesen sein. Oder wieso hatte sie sonst mit der Polizei sprechen wollen?

Er schaute Haie an.

»Was meinst du, welche Papiere das gewesen sind, die sie Malte gezeigt hat?«

Der Freund blickte ihn herausfordernd an.

»Das könnte man vielleicht rauskriegen.«

14

Kommissar Thamsen hatte zunächst die Kollegen in Husum wegen des Wagens der Ermordeten informiert und sich dann auf den Weg zur Wohnung von Heike Andresen gemacht. Die Kollegen von der Spurensicherung hatten bereits mit ihrer Arbeit begonnen.

Auf den ersten Blick war da nichts Auffälliges. Die Zimmer waren zweckmäßig eingerichtet. Es herrschte eine gewisse Unordnung, von welcher er aber nicht sagen konnte, dass sie ihn störte. Das Badezimmer wirkte sauber. Keine zweite Zahnbürste, keine Bartstoppeln im Waschbecken, kein Aftershave. Heike Andresen schien Single gewesen zu sein.

Die Bücherregale waren hauptsächlich mit Fachliteratur gefüllt, daneben ein paar Romane von Martin Walser, Henning Mankell und Paul Auster. An der Pinnwand über dem Schreibtisch eine private Telefonliste, ein paar Fotos, darunter auch etliche, auf denen Marlene Schumann zu sehen war. Sein Blick fiel auf eine Landkarte, die neben dem Foto eines kleinen Jungen hing.

Wahrscheinlich eine Patenschaft, dachte er.

Er drehte sich um, als ein Kollege den Raum betrat.

»Herr Thamsen, die Vermieter warten auf Sie.«

Er ging hinüber ins Haupthaus. Ein Mann Ende 50 öffnete die Tür. Man hatte ihn erwartet. Er stellte die üblichen Fragen. Wie lange Heike Andresen bei ihnen gewohnt habe? Seit etwas länger als neun Monaten. Ob ihnen etwas besonders aufgefallen sei? Nein, die Mieterin sei sehr ruhig und äußerst anständig gewesen. Sonst noch was?

Das Ehepaar schüttelte gleichzeitig die Köpfe.

»So ein junges, hübsches Ding. Wer macht denn so was?«, fragte der Mann.

Dirk Thamsen entging der gehässige Blick nicht, den die Ehefrau ihrem Mann zuwarf.

»Wir wissen es leider nicht. Noch nicht.«

»So ein Mist!«

Haie und Tom saßen geduckt hinter einem Gartenzaun und beobachteten, wie Heikes Wagen gerade auf einen Abschleppwagen geladen wurde. Ein Polizist in Uniform überwachte den Vorgang.

»Aber selbst wenn wir vor der Polizei da gewesen wären, wie hättest du den Wagen öffnen wollen?« fragte Tom flüsternd den Freund.

Haie grinste.

»Das hätte ich schon hingekriegt.«

Er hatte schließlich Übung. Eine junge Lehrerin hatte bereits mehrere Male ihren Schlüssel verlegt. Da sie den Ersatzschlüssel immer im Handschuhfach aufbewahrte, hatte er ihr schon mehrere Male ausgeholfen.

»Im Handschuhfach? Wie dämlich ist das denn?«

Haie zuckte mit den Schultern, während er den Abschleppvorgang weiter beobachtete. Plötzlich hörten sie hinter sich ein Räuspern.

»Dürfte ich wohl erfahren, was die Herrschaften in meinem Vorgarten verloren haben?«

Ein älterer Mann war unbemerkt hinter sie getreten. Die Hände in die Hüften gestemmt, wartete er auf eine Erklärung von den beiden. Tom, dem die Situation äußerst peinlich war, schoss das Blut ins Gesicht, aber sein Freund antwortete wie selbstverständlich:

»Oh, entschuldigen Sie bitte. Wir haben da drüben einen alten Bekannten gesehen, dem wir nicht begegnen wollten, wenn Sie verstehen?«

Er zwinkerte mit seinem rechten Auge.

»Deshalb haben wir hinter Ihrem wunderschönen Zaun kurz Schutz gesucht.«

Der Mann blickte nicht besonders überzeugt, nickte aber, als die beiden sich erhoben und auf den Gehsteig traten. Haie blickte nach rechts und links, tat als vergewissere er sich, dass der angebliche Bekannte nicht mehr in Sichtweite war. Dann drehte er sich um.

»Danke und nichts für ungut!«

Schnell gingen sie die Straße entlang zurück zu ihrem Wagen.

»Hoffentlich ist Marlene nicht aufgewacht.«

Haie hatte vorgeschlagen, Elke zu bitten, bei Marlene zu bleiben. Tom hatte zugestimmt. Er wusste, dass es dem Freund nicht leicht fiel, seine Exfrau um einen solchen Gefallen zu bitten. Allerdings fragte er sich, ob Elke nicht doch ein wenig überfordert war mit der Situation, besonders wenn Marlene aufwachte und wieder einen Weinkrampf bekam.

»Ist die Apotheke am Markt?«

Sie hatten das Ortsschild Bredstedts passiert. Eine Apotheke hatte hier Notdienst, er hatte sich erkundigt.

Sein Beifahrer nickte kaum merklich. Während der Freund das Rezept einlöste, blieb Haie im Wagen sitzen.

»Echt schade, dass die Polizei vor uns da war. Wer weiß, was wir in Heikes Wagen gefunden hätten? Warum musstest du denn auch dem Kommissar bloß davon erzählen?«

Haie war sichtbar enttäuscht.

»Nu hör aber mal auf«, entgegnete Tom, während er den Wagen auf die B 5 lenkte. »Wir sind schließlich nicht die Polizei. Immerhin geht es hier um Mord.«

Er bereute es, dem Vorschlag des Freundes gefolgt zu sein, und hoffte nur, dass Marlene noch tief und fest schlief und seine Abwesenheit nicht bemerkt hatte. Nicht auszudenken, wenn sie aufgewacht und er nicht für sie da gewesen war. Marlene brauchte ihn jetzt, nur das war momentan wichtig. Er trat das Gaspedal bis zum Anschlag durch.

Kommissar Thamsen zögerte das Gespräch, welches er mit seiner Exfrau führen musste, absichtlich lange hinaus.

Er hatte den Bericht der Spurensicherung gelesen, an einer Lagebesprechung teilgenommen und dann beschlossen, noch einmal zur Lecker Au rauszufahren.

Die bisherigen Untersuchungen hatten zwar ergeben, dass der Fundort der Leiche mit hoher Wahrscheinlichkeit nicht der Tatort war, aber vielleicht hatten sie ja doch etwas übersehen.

Er parkte den Wagen an der Bushaltestelle und ging auf die Brücke. Ans Geländer gelehnt, blickte er hinunter in das leicht gekräuselte, dunkle Wasser der Au, das beharrlich Richtung Meer floss. Das Schilf raschelte leicht vom Wind bewegt. Kaum vorstellbar, dass sich hier vor gar nicht langer Zeit ein Mensch einer Leiche entledigt hatte. Warum hatte er ausgerechnet diesen Ort gewählt? Er blickte sich um. Die Straße war verhältnismäßig gut einsehbar. Das konnte ein Vor- und gleichzeitig ein Nachteil sein. Obwohl, hier im Koog fuhren eigentlich sowieso sehr wenige Autos. Das war also wahrscheinlich nicht das Hauptargument gewesen. Ein weiterer Nachteil war natürlich der Hof, der sich ganz in der Nähe befand. Allerdings waren die hohen Bäume rings um das Haus noch recht stark belaubt, sodass man wahrscheinlich keine Einsicht von dort aus auf das Treiben hier auf der Straße hatte. Außerdem würden die Besitzer wohl kaum die ganze Nacht am Fenster stehen und nach einem Mörder Ausschau halten.

Den Hauptgrund für die Wahl dieses Ortes sah er in der kleinen Zufahrt zur Au. Mit dem Auto konnte man beinahe bis ans Ufer heranfahren. Und dass die Leiche von dort aus in den Fluss befördert worden war, davon ging er aus. Die Spurensicherung hatte jede Menge Reifenspuren gefunden. Und wenn er versuchte, sich in die Situation des Täters zu versetzen, er hätte wohl den gleichen Weg gewählt. Hier hatte er unbemerkt die Leiche aus dem Kofferraum heben, die kleine Anhebung hinauftragen und dann vorsichtig ins Wasser rollen können.

Und dort hatte sie dieser Angler gefunden. Von ihrem Mörder jedoch nicht wirklich eine Spur. Die Auswertung der Reifenspuren würde noch dauern und selbst dann hatten sie noch keinen wirklichen Hinweis. Er ging hinunter zum Gatter und öffnete es. Prinzipiell konnte hier jeder hereinfahren. Die Metallpforte war nicht verschlossen.

Den Blick fest auf den Boden gerichtet, stieg er die Böschung hinauf, welche die Au begrenzte. Die Spurensicherung hatte ganze Arbeit geleistet. Nicht ein Schnipsel Papier, Müll oder eine Zigarettenkippe waren auf dem Boden zu finden.

Er hörte ein Motorengeräusch, ein Auto näherte sich. Auf der Brücke hielt es an, ein Mann und eine Frau stiegen aus. Er zeigte mit der ausgestreckten Hand hinunter in den Fluss. Als sie ihn am Ufer stehen sahen, stiegen sie schnell wieder in den dunkelblauen Kombi und fuhren weiter. Schaulustige. Die Vorstellung, dass hier unten eine Leiche gelegen hatte, zog sie magisch an. Wieder fragte er sich, was genau die Menschen an solch einen Ort zog? War es der Hauch des Todes, der noch in der Luft hing?

Er drehte sich um und ging zurück zu seinem Wagen. Für ihn war es einfach nur ein Ort, an dem ein grausames Verbrechen geschehen war. Ein Verbrechen, das dringend nach Aufklärung verlangte.

Marlene hatte immer noch geschlafen, als sie wieder heimgekommen waren. Sie hatten zusammen mit Elke einen Tee getrunken, sich bei ihr bedankt und sie dann verabschiedet. Haie blieb zum Abendessen.

Da sie fast nichts im Haus hatten und Tom auch keinen Hunger verspürte, schlug er lediglich ein paar Spiegeleier in die Bratpfanne. Der Freund deckte den Tisch.

Sie sprachen eine Weile über Elke. Tom war der Meinung, sie käme wohl langsam über die Trennung hinweg, aber Haie widersprach ihm. Beinahe täglich rufe sie ihn an, wolle etwas zusammen mit ihm unternehmen. Er wusste ja, dass es schwer für sie war, aber er hatte seine Entscheidung nun einmal gefällt und daran gab es nichts mehr zu rütteln.

Tom verstand das.

»Meinst du, die Polizei hat etwas in Heikes Wagen gefunden?«, versuchte er, das Thema zu wechseln.

»Was ist mit Heikes Wagen?«

Marlene stand in der Küchentür. Er sprang auf, warf Haie einen warnenden Blick zu. Der verstand sofort.

»Setz dich doch!«

Er rückte ein Stück auf der Küchenbank zur Seite, während Tom einen Becher Tee eingoss.

Sie schüttelte den Kopf.

»Ich möchte lieber ein wenig an die frische Luft.«

Schweigend gingen sie den Weg vorbei an der Wehle entlang. Es wurde bereits dunkel. Sie hatte sich bei Tom eingehakt, Haie lief nebenher.

Sie liefen bis zur Grundschule. Hier hatte auch Tom als Kind den Unterricht besucht. Als sie über den Schulhof liefen, klingelte Marlenes Handy. Umständlich holte sie es aus ihrer Jackentasche hervor und blickte aufs Display. Sämtliche Farbe wich aus ihrem Gesicht, sie taumelte.

Auf dem Display stand Heikes Name.

15

Ein Mann trug sie eine Treppe hinauf. Er roch abscheulich nach Schweiß und kaltem Zigarettenrauch. Die Augenbinde hatte er ihr abgenommen, aber Irina presste die Augenlider trotzdem ganz fest zu. Sie wollte nicht sehen, wer dieser Mann war und wohin er sie brachte.

Der Mann blieb stehen, sie hörte eine Türglocke, dann Schritte und wieder diese Sprache, die sie nicht verstand. Sie öffnete die Augen und sah in das Gesicht einer jungen Frau. Die lächelte, nahm sie bei der Hand und führte sie in ein Zimmer voller Matratzen. Sie deutete Irina an, sich hinzulegen, brachte ihr ein Stück Brot und ein Glas Wasser.

Als die Frau den Raum wieder verlassen hatte, blickte sie sich um. Auf einer Matratze neben dem Fenster lag ebenfalls ein Mädchen. Es schlief. Sie stand auf und ging hinüber zum Fenster. Es war dunkel draußen, nur die Lichter aus dem Haus von gegenüber waren zu sehen. Es musste ein großes Haus sein, denn es waren sehr viele. Sie beugte sich hinunter zu dem anderen Mädchen. Es war vielleicht ein wenig älter als sie. Schwarze, lange Haare, blasser Teint. Im Schlaf drehte es sich plötzlich zur Seite. Irina erschrak, als sie den Blutfleck auf dem Laken sah.

Haie saß neben Marlene auf einer Bank in der Turnhalle und hielt ihre Hand. Tom war sofort nach Hause gelaufen, um den Wagen und die Diazepam-Tropfen zu holen.

»Sie ist doch tot. Wie kann sie da anrufen?«

Sie blickte Haie fragend an. Der wusste allerdings auch keine Antwort darauf. Tote telefonieren nicht mehr, soweit er wusste.

»Vielleicht ist das ein Fehler bei der Handygesellschaft«, versuchte er, sie zu beruhigen.

Doch Marlene war ganz ruhig, geradezu gelähmt. Wie durch einen dicken Schleier nahm sie wahr, dass plötzlich Tom vor ihr kniete. Seine Lippen bewegten sich, doch sie konnte nicht verstehen, was er sagte.

Ohne Gegenwehr ließ sie sich einen Würfelzucker in den Mund schieben, kaute mechanisch und schluckte. Sie bemerkte nicht den bitteren Geschmack, nur dass sie plötzlich sehr müde wurde.

Tom hob sie auf seine Arme und trug sie zum Wagen. Sein Freund half ihm. Zu Hause brachte er sie ins Bett. Kurz öffnete sie ihre Augen, als er ihre Stirn küsste.

»Schlaf erst einmal. Du musst jetzt schlafen«, flüsterte er und deckte sie zu.

Haie hatte in der Zwischenzeit die Küche aufgeräumt. Als Tom den Raum betrat, saß er am Tisch, Marlenes Handy am Ohr.

»Das kann nur ein Fehler gewesen sein. Ist abgeschaltet.«

Er legte das Mobiltelefon auf den Tisch.

»Also, Heike ist definitiv tot. Sie hat auf jeden Fall nicht angerufen.« Vor Toms innerem Auge tauchte wieder das Bild aus der Leichenhalle auf.

»Vielleicht hat die Polizei Heikes Handy im Wagen gefunden und überprüft nun die gespeicherten Nummern.«

»Und wenn nicht?«

Er blickte seinen Freund über den Tisch hinweg an und wusste, dass dieser im gleichen Augenblick denselben Gedanken hatte: Dann konnte es nur der Mörder sein!

Dirk Thamsen drückte zum wiederholten Male den schwarzen Klingelknopf. Seine Exfrau musste zu Hause sein. Es brannte Licht.

Endlich hörte er Schritte.

»Wer ist da?«, hörte er undeutlich ihre Stimme. Es klang, als habe sie getrunken.

»Ich bin es. Mach auf!«

Er hörte, wie der Schlüssel umgedreht wurde, die Tür öffnete sich. Sie sah fürchterlich aus. Ihre Haare waren fettig und strähnig, das Make-up verwischt. Sie trug einen Bademantel, der mehr Flecken als saubere Stellen aufwies, in der Hand hielt sie eine Zigarette. Wo war nur die Frau geblieben, die er so sehr geliebt hatte? Mit der er zwei Kinder gezeugt und sein Leben hatte verbringen wollen?

»Wir müssen reden!«, sagte er und lief an ihr vorbei ins Wohnzimmer. Die Luft darin war zum Schneiden, er riss das Fenster auf. Auf dem kleinen Couchtisch standen mehrere Bier- und Schnapsflaschen, der Aschenbecher quoll über. Ohne lange nachzudenken, fasste er den Entschluss, seine Kinder auf der Stelle zu sich zu holen.

»Ich wollte nur ein paar Sachen für Anne und Timo abholen.«

Er ging in Annes Kinderzimmer. Sie folgte ihm.

»Anne und Timo sind nicht da.«

Zumindest das ist ihr aufgefallen, dachte er, während er ein paar Kleidungsstücke in Annes rosa Rucksack packte.

Den Mondbären stopfte er in die Seitentasche, dann eilte er in Timos Zimmer. Aus dem Schrank griff er wahllos einige Kleider, klemmte sie sich unter seinen Arm.

»Den Rest hole ich morgen!«

»Bist du verrückt? Die Kinder bleiben hier! Du kannst sie nicht mitnehmen! Sie gehören mir! Mir, verstehst du?«, schrie sie ihn an.

In der Tür tauchte plötzlich ein Mann auf. Anscheinend hatte ihr Geschrei ihn geweckt. Nur mit Boxershorts bekleidet, stand er da und blickte ihn feindselig an. Dirk Thamsen kannte ihn aus Polizeiakten. Körperverletzung, Trunkenheit am Steuer, Sachbeschädigung waren nur einige der Delikte, wegen derer die Polizei gegen Mario Wetzel bereits ermittelt hatte. Er hatte zwar gewusst, dass seine Exfrau einen neuen Freund hatte, dass es allerdings dieser Mario war, das war ihm nicht bekannt gewesen. Ihm wurde zum ersten Mal bewusst, wie tief sie gesunken war.

Er drängte sich an ihnen vorbei in den Flur. Kurz machte es den Anschein, als wolle Mario Wetzel sich ihm in den Weg stellen, doch wider Erwarten trat er zur Seite. Sie folgten ihm bis zur Haustür.

»Lass dich hier bloß nicht wieder blicken!«, zischte der andere, tat, als ob es sein Haus wäre, aus welchem er ihn wie einen Eindringling verwies.

Er wollte sich umdrehen, etwas erwidern, als sein Pieper Alarm schlug. Er griff nach dem kleinen Gerät in seiner Hosentasche und hörte, wie die Tür hinter ihm ins Schloss geschlagen wurde. Als er zu seinem Wagen ging, sah er aus dem Augenwinkel Mario Wetzel am Fenster stehen und grinsen.

Im Auto griff er zum Funkgerät und meldete sich in der Dienststelle.

Maltes Dienst war endlich zu Ende. Er hatte jedoch keine Lust, nach Hause zu gehen, und überlegte, noch irgendwo ein Bier zu trinken. Sonntagabends war das Brauhaus zwar nicht ganz so gut besucht, aber das Bier schmeckte ihm und deshalb entschied er sich für die Brauerei mit Gasthaus in der Neustadt.

Er setzte sich direkt an den Tresen und orderte ein Bier. Nach dem ersten kräftigen Schluck ließ er seinen Blick umherschweifen. Gleich an der Ecke des Tresens, beinahe neben ihm, saßen zwei junge Frauen. Er versuchte, den Blick der Kleineren aufzufangen und lächelte ihr zu. Schnell schaute sie zur Seite, flüsterte ihrer Freundin etwas ins Ohr. Die blickte sich um, verdrehte nur abwertend die Augen. Bei denen würde er wohl kaum landen können.

Er überlegte, wann er das letzte Mal ein Mädchen mit nach Hause genommen hatte, aber seine Erinnerungen daran waren so schwach, es musste wohl schon länger her sein. Seit er sich von seiner letzten festen Freundin getrennt hatte, war er nur selten morgens neben einer Frau aufgewacht. Eigentlich störte ihn das nicht weiter. Er war nun mal kein Beziehungsmensch. Das war ihm viel zu anstrengend. Hin und wieder ein One-Night-Stand reichte ihm völlig. Nur konnte man dieses ›Hin und Wieder‹ momentan besser mit den Worten ›alle Jubeljahre mal‹ beschreiben.

In Gedanken ging er die Frauen durch, mit denen er in der letzten Zeit zu tun gehabt hatte. Die Blondine, die er neulich bei ›Fiede Kay‹ getroffen hatte, hatte ihm gefallen. Echt niedlich, die Kleine. Ob er sie anrufen sollte?

Noch bevor Kommissar Thamsen den Klingelknopf gedrückt hatte, wurde die Tür geöffnet.

»Bitte leise, meine Freundin hat sich hingelegt.«

Sie hatten den Kommissar erwartet. Nachdem die Gedanken über den Anrufer ausgesprochen waren, hatte Tom die Nummer von Dirk Thamsen gewählt.

Zwar hatte sich nur ein Kollege gemeldet, der allerdings hatte versprochen, den Kommissar umgehend über Funk zu verständigen und zu ihnen zu schicken.

»Also, was genau ist passiert?«

Tom erzählte kurz von dem gemeinsamen Spaziergang und dem mysteriösen Anruf.

»Wann war das?«

»So gegen 19.30 Uhr.«

»Und hat der Anrufer etwas gesagt?«

Die Freunde schüttelten die Köpfe. Marlene sei gar nicht rangegangen. Sie habe sich beinahe zu Tode erschrocken, als sie plötzlich den Namen der Freundin auf dem Display gesehen hatte.

»Und wie kommen Sie nun darauf, dass es der Mörder war, der angerufen hat?«

»Hat die Polizei Heikes Handy gefunden?«

Dirk Thamsen wusste es nicht. Er hatte die Ergebnisse von der Untersuchung des Wagens noch nicht erhalten und eigentlich rechnete er auch nicht vor dem nächsten Morgen damit.

»Wenn das Handy nicht bei den Sachen im Auto ist, dann kann es nur der Mörder haben«, erklärte Haie eifrig ihren Verdacht. »Vielleicht hat er es einfach mitgenommen.«

»Wieso sollte er das getan haben?«

Die Freunde zuckten mit den Schultern. Dirk Thamsen sah die Männer an. Ideen hatten sie, das musste er zugeben. Ausschließen konnte man ja nicht, dass der Täter die Sachen des Opfers mitgenommen hatte. Immerhin fehlte auch noch die Kleidung der Ermordeten.

»Mal angenommen, der Täter hätte das Handy tatsächlich mitgenommen. Warum ruft er dann an?«

Ein erneutes Schulterzucken war die Antwort auf seine Frage.

»Aber wenn der Mörder das Handy hat, könnte man es doch orten, oder?«

Haies Wangen glühten förmlich. Innerlich zog er seinen Hut vor dem Spürsinn und Enthusiasmus, mit welchem sie an die ganze Sache herangingen. Sie hatten den Fall schon beinahe besser rekonstruiert als die Polizei.

»Natürlich besteht die Möglichkeit, den Standort zu lokalisieren. Vorausgesetzt, der Mörder, wenn er denn wirklich das Handy mitgenommen und angerufen hat, hat es eingeschaltet.«

»Könnte mir durchaus vorstellen, dass er das Handy benutzt«, warf Tom ein.

Kommissar Thamsen hob fragend den Blick.

»Vorgestern kam auch eine SMS. Und da war Heike nach Ihren Angaben ja bereits tot, oder?«

16

Das ›Nordfriesland Tageblatt‹ berichtete ausführlich über die gefundene Leiche und den Mord. Als Tom beim Bäcker Brötchen holte, sprang ihm Heikes Bild auf dem Titelblatt förmlich entgegen. Daneben die provokative Schlagzeile: ›Schon wieder Mord in Risum-Lindholm‹.

Und auch für die Kunden des kleinen Bäckerladens in Lindholm schien es kein anderes Thema als die Tote aus der Lecker Au zu geben. Die ältere Dame vor ihm am Tresen spekulierte ausgiebig und laut über den möglichen Mörder.

»Wer weiß, ob das nicht einer von der Kommune da im Koog war. Du weißt doch, die da so alternativ auf dem einen Hof hausen.«

Die Wörter ›Kommune‹ und ›alternativ‹ sprach sie betont und in die Länge gezogen aus. Die Bäckersfrau zuckte mit den Schultern.

Endlich war er an der Reihe. Die Frau hinter dem Tresen schaute ihn bedauernd an.

»Moin, drei Vollkorn, drei Normale?«

Er nickte und nahm eine Zeitung vom Stapel.

»Schrecklich, nicht?«

Sie packte die Brötchen in eine Tüte, erzählte dabei, dass ihr Cousin die Leiche gefunden hatte. Sie kannte Tom, wusste, dass er vor einiger Zeit das Rätsel um das Verschwinden von Britta Johannsen gelöst hatte.

»Was meinst du, ob der Mörder einer aus dem Dorf ist?«

Er zuckte mit den Schultern, obwohl er das eher für unwahrscheinlich hielt. Wer aus dem Dorf hatte Heike denn gekannt? Und einen Raubmord oder ein Sexualdelikt schloss ja selbst die Polizei aus. Eine Vergewaltigung, so habe die Obduktion ergeben, habe nicht stattgefunden, hatte der Kommissar gestern erzählt. Es musste also etwas mit diesen Unterlagen und diesem Malte zu tun haben.

Er zahlte und verließ den Laden. Draußen schien die Sonne und für die Jahreszeit war es schon wieder ungewöhnlich warm. Im Wagen las er zunächst die Zeitung. Die Presse berichtete ausführlich über den Leichenfund, es gab sogar ein Interview mit dem Cousin der Bäckersfrau. Allerdings wurde beim Lesen des Artikels sehr schnell deutlich, dass die Polizei keine konkrete Spur hatte und nach wie vor im Dunkeln tappte, was das Motiv und den Täter betraf. Im Lokalteil gab es einen weiteren Artikel, der über den Mord an einer Frau in den 50er-Jahren berichtete. Haie hatte ihm davon erzählt. Der Titel des Artikels lautete: ›Geht der Frauenmörder wieder um?‹

Er legte die Zeitung auf den Beifahrersitz und startete den Motor. Langsam fuhr er die Dorfstraße entlang, vorbei an der Raiffeisenbank, der alten Post und hielt kurz am SPAR-Laden an. Das Dorf schien so friedlich, doch als er den Laden betrat, spürte er erneut, dass die Leute in Aufruhr waren.

»Ich hab gehört, das soll eine Prostituierte gewesen sein!«

Er hoffte nur, dass Marlene von all dem nichts mitbekommen würde.

Dirk Thamsen fuhr mit dem Aufzug in den fünften Stock des Krankenhauses. Die Befragung der Kollegen und des Vorgesetzten von Heike Andresen standen heute an.

Die Schwestern zeigten sich alle sehr betroffen. Eine von ihnen konnte ihre Tränen nicht unterdrücken und schluchzte: »Aber wieso denn Frau Doktor? Sie war doch immer zu allen so lieb!«

Die Kolleginnen bestätigten das. Frau Andresen sei immer gut gelaunt, nett und freundlich gewesen. Alle hatten sie sehr gemocht und waren tief bestürzt.

Ihr Vorgesetzter, Professor Voronin, schilderte den Fall jedoch ganz anders. Unzuverlässig, unpünktlich und vorlaut sei Frau Andresen gewesen. Ihre schlampige Arbeitsweise habe ihn schon mehrere Gespräche mit ihr führen lassen. Die Übernahme nach der Probezeit hatte er schon lange bereut und bereits über eine Kündigung nachgedacht. Sicherlich seien die miserablen Verhältnisse an den Hochschulen nicht ganz schuldlos daran, aber mit ein wenig Fleiß und Eigeninitiative hätte auch Frau Andresen sicherlich eine Chance gehabt. Das hatte sie sich selbst zuzuschreiben gehabt.

Kommissar Thamsen verließ das Krankenhaus mit gemischten Gefühlen. Wie konnte ein Mensch so komplett gegensätzlich beschrieben werden? Das war ihm wirklich ein Rätsel. Hatte Heike Andresen womöglich zwei Gesichter gehabt?

Er hatte sich die Nummer vom Krankenhaus in Husum geben lassen. Dieser Malte sollte dort als Pfleger arbeiten, hatte Tom Meissner ihm erzählt.

»Klinikum Nordfriesland in Husum. Sievers. Guten Tag?«

»Thamsen. Guten Tag. Sagen Sie, ich suche einen Pfleger namens Malte. Können Sie mir weiterhelfen?«

Marlene saß bereits angezogen am Frühstückstisch. Sie blätterte in ihrem Kalender.

»Ich muss im Institut Bescheid geben und Heikes Mutter anrufen. Hast du mein Adressbuch gesehen?«, fragte sie, als Tom die Küche betrat.

Es schien ihr besser zu gehen. Ihre Wangen waren nicht mehr ganz so blass, sie hatte sich gekämmt und ein wenig Make-up aufgelegt, dennoch bemerkte er, dass sie emotional sehr angespannt war. Er goss ihr eine Tasse Tee ein und setzte sich zu ihr.

»Das kann doch warten. Du solltest erst einmal etwas essen.«

»Ich weiß auch gar nicht, was ich sagen soll.«

Sie seufzte leicht und lehnte sich an seine Schulter. Was sagte man einer Mutter, deren Tochter ermordet worden war? Frau Andresen war sehr krank, sie vertrug keinerlei Aufregung. Marlene hatte Herrn Thamsen zwar darum gebeten, den Anruf tätigen zu dürfen, nun aber wünschte sie sich, dieses Gespräch doch lieber der Polizei überlassen zu können. Sie kaute gedankenverloren an ihrem Brötchen.

Nach dem Frühstück ging Tom in den Garten. Er musste noch das Kaminholz stapeln, welches letzte Woche geliefert worden war. Marlene rief zunächst im Institut an. Eine Kollegin verband sie mit dem Leiter.

Er hatte bereits von dem Vorfall gehört und sprach ihr sein Beileid aus. Sie solle sich so viel Zeit nehmen, wie sie benötige. Das Projekt könne warten, es sei wichtiger, dass sie sich jetzt genügend Zeit für ihre Trauer nehme. Sie bedankte sich bei ihm für sein Verständnis und legte auf.

Kurz zögerte sie, bevor sie erneut zum Telefonhörer griff.

»Andresen«, hörte sie eine schwache Stimme.

Sie schluckte. Tausend Gedanken wirbelten durch ihren Kopf. Sie sah Heikes Mutter vor sich, blass, mit dunklen Augenringen. Der Körper gebeugt unter der Last der Schmerzen.

»Hallo?«

Sie räusperte sich.

»Frau Andresen? Hier ist Marlene. Es ist etwas Furchtbares passiert.«

Malte saß im Schwesternzimmer und rauchte. Sein Dienst hatte zwar gerade erst begonnen, aber das störte ihn nicht. Die Patienten konnten warten.

Über den Flur hörte er Schritte näherkommen, seine Kollegin erschien in der Tür, dahinter ein Mann.

»Hier steckst du, Malte. Kommissar Thamsen möchte dich sprechen.«

Sie blickte ihn fragend an. Er drückte eilig seine Zigarette aus, stand auf und wischte seine Hände an den Hosenbeinen ab.

»Herr Nielsen?«

Dirk Thamsen betrat den Raum, der vor lauter Zigarettenrauch ganz neblig war. Malte Nielsen streckte ihm die Hand entgegen. Er wirkte nervös.

Sie setzten sich an den Tisch, die Schwester bot ihm eine Tasse Kaffee an und zog sich dann diskret zurück. Der Pfleger griff nach einer Zigarette.

»Sie kannten Heike Andresen?«

»Wieso kannten?«

Kommissar Thamsen deutete auf die Zeitung, welche auf dem Tisch lag. Sein Gegenüber blickte ihn fragend an. Entweder konnte er sich gut verstellen oder er hatte die Zeitung heute wirklich noch nicht gelesen. Er erzählte mit kurzen und knappen Worten, was passiert war. Malte Nielsen wurde immer bleicher. Gierig zog er an der Zigarette, verschluckte sich am Rauch, begann zu husten. Als er wieder zu Atem kam, sagte er, dass er Heike zuletzt am Montagabend getroffen habe. Seitdem habe er nichts von ihr gehört. Dass sie ermordet worden war, habe er nicht gewusst.

Er zündete sich erneut eine Zigarette an, obwohl er die letzte erst wenige Sekunden zuvor ausgedrückt hatte.

»Und worüber haben Sie sich mit Frau Andresen im ›Einstein‹ gestritten?«

Malte verschlug es den Atem. Woher wusste die Polizei von dem Streit? Er begann, zu schwitzen.

Er habe ein paar Dienstpläne gefälscht. Stunden aufgeschrieben, die er gar nicht gearbeitet hatte. Er habe Geld gebraucht. Heike sei dahintergekommen und habe ihn zur Rede gestellt. Er blickte zu Boden.

Dirk Thamsen betrachtete ihn skeptisch. Der fleckige Kittel, die zerschlissenen Turnschuhe, eine Armbanduhr wie aus dem Kaugummiautomaten. Wofür hatte er angeblich das Geld gebraucht? Seine innere Stimme sagte ihm, dass der Pfleger log.

Er legte gerade das letzte Holzscheit auf den Stapel, als Haie um die Hausecke bog.

»Was machst du denn hier? Arbeitest du nicht?«

Der Freund schüttelte den Kopf.

»Wie geht es ihr?«

Tom wusste es nicht genau. Körperlich etwas besser, aber er hatte das Gefühl, dass sie lieber ein wenig für sich alleine sein wollte. Deshalb war er auch in den Garten gegangen.

»Wollen wir zur Au raus fahren?«

Haie nickte.

Sie fuhren durch den Herrenkoog Richtung Bottschlotter See. An der Brücke bei Norderwaygaard hielten sie an.

»Komisches Gefühl«, sagte Haie.

Sie standen am Brückengeländer und blickten den Fluss entlang. Jeder hing seinen Gedanken nach.

»Hoffentlich wird Heike kein Gonger, soll ja viele hier geben.«

Tom blickte seinen Freund fragend an. Der erklärte ihm, dass es in Nordfriesland viele Wiedergänger und Gongers geben sollte; denn wer unschuldig ermordet worden ist oder Grundsteine versetzt und Land abgetragen hat, findet keine Ruhe im Grabe.

Tom, der eigentlich fasziniert von solchen Sagen und Spukgeschichten war, schaute skeptisch.

»Glaubst du an so etwas?«

»Meinst du etwa, das sei alles Tüddelkram?«

Ihr Gespräch wurde durch ein vorüberfahrendes Auto unterbrochen, das in den kleinen Weg zum Störtewerker Koog abbog und dort am Straßenrand stoppte. Ein Mann in Wathose stieg aus, holte aus dem Kofferraum eine Angelrute.

»Moin, Bernd«, begrüßte Haie den Mann.

Es war der Angler, der Heikes Leiche gefunden hatte.

»Moin. Na, auch mal zum Tatort?«

Er hatte sich sichtlich von seinem Schock über die

98

gefundene Leiche erholt. Unaufgefordert erzählte er von seinem Fund. Tom kam es beinahe so vor, als prahle er geradezu damit, dass er die ermordete Heike gefunden hatte. Und in den letzten Tagen habe er immer ein rotes Auto hier vorbeifahren sehen. So eine ausländische Marke.

»Hast du das denn der Polizei gemeldet?«

Der Mann winkte ab. Er wolle schließlich niemanden verdächtigen. Könnten ja auch nur Schaulustige sein. Obwohl merkwürdig sei schon, dass der Wagen bereits mehrere Male hier vorbeigefahren sei.

»Angelst wohl immerzu hier, wat? Is nicht eigentlich Schonzeit?«

»Ja, aber die Aale beißen gerade so gut!«

Noch schlaftrunken ging Marlene in die Küche und goss sich ein Glas Wasser ein. Sie hatte nach dem Telefonat mit Heikes Mutter ein paar der verschriebenen Tropfen genommen und sich hingelegt.

Auf dem Küchentisch lag ein Zettel: ›Bin bald wieder da. Kuss, Tom‹.

Wo er sich wohl wieder herumtrieb? Sie blickte durch das Küchenfenster nach draußen. Die Sonne schien. Sie nahm einen Kugelschreiber und schrieb neben seine Worte: ›Ich auch‹.

Zunächst ging sie die kleine Straße hinterm Haus entlang. Der Wind wehte kräftig, sie knöpfte ihren Mantel zu. Ein Mädchen kam ihr auf einem Fahrrad entgegen und grüßte.

›Jew åcht aw da bjarne‹ – ›Achtet auf Kinder‹. Ihr fiel das Schild heute zum allerersten Mal auf. Sie sprach die Worte laut aus, denn sie liebte den Klang der friesischen Sprache. Leider sprach sie nur wenige Worte Friesisch, aber sie wollte es lernen. Das Institut war sehr um den Erhalt der friesischen Sprache bemüht. In einigen Kindergärten versuchte man, schon den Kleinsten die eigentliche Muttersprache wieder näher zu bringen. So gab es inzwischen sogar eine friesische Ausgabe von Storms ›Häwelmann‹. Sie hatte Heike das Buch zum Geburtstag geschenkt. Die hatte solche Bücher geliebt.

Es fiel ihr schwer, an die Freundin in der Vergangenheitsform zu denken. Heike hatte, Heike wollte, Heike liebte. Ihr Verstand sagte ihr zwar, dass die Freundin tot war, aber ihre Gedanken und Gefühle waren noch so fest mit ihr verbunden. Es war nicht leicht, zu begreifen, dass es keine Zukunft mit der Freundin mehr gab. Alles, was ihr blieb, waren ihre Erinnerungen.

Ohne es bemerkt zu haben, war sie bis zum Bahnhof der Kleinbahn gelaufen. Eine Nachbarin von Haie, die sie flüchtig kannte, stand am Bahnsteig und wartete auf den nächsten Zug.

»Hab das gehört mit Ihrer Freundin. Mein Beileid. Wann ist denn die Beerdigung?«

Heikes Mutter wollte, dass die Tochter in Hamburg begraben wurde. Ob Marlene ihr dabei helfen könnte, hatte sie gefragt. Natürlich hatte sie eingewilligt. Ihr wurde bewusst, dass es eine Menge zu organisieren gab, und sie machte sich eilig auf den Heimweg.

17

Dirk Thamsen setzte sich an seinen Schreibtisch und wollte gerade mit dem Bericht über die Befragung von Malte Nielsen beginnen, als ein Kollege sein Büro betrat.

»Man hat vermutlich die Sachen der Ermordeten gefunden.«

Die Kollegen aus Flensburg inspizierten bereits die durchsichtige Plastiktüte. Sie warteten auf die Spurensicherung.

»Wo hat man das gefunden?«

»In der Soholmer Au. Ganz in der Nähe der B 5.«

Er ging zurück in sein Büro. Bis die Sachen von der Spurensicherung untersucht waren, würde es noch etwas dauern. Außerdem mussten die Kleidungsstücke noch identifiziert werden. Noch stand ja gar nicht fest, dass sie wirklich Heike Andresen gehört hatten. Ein Handy war jedenfalls nicht dabei gewesen. Wenn sich allerdings herausstellte, dass die Kleidung der Ermordeten gehört hatte, kam natürlich auch die Fundstelle an der Soholmer Au als Tatort in Frage. Obwohl ihm das eher unwahrscheinlich erschien. Vermutlich hatte der Täter die Sachen dort nur weggeworfen, entweder auf seinem Hin- oder Rückweg. Zumindest darüber konnte also die Fundstelle der Kleidungsstücke Aufschluss geben. Mit etwas Glück ließen sich ja vielleicht auch noch ein paar andere Spuren finden. Er hoffte, dass die Kollegen das Gebiet weiträumig abgesperrt hatten.

Sein Telefon klingelte. Es war Marlene. Ob die Leiche ihrer Freundin bereits freigegeben sei, wollte sie wissen.

»Das trifft sich gut, Frau Schumann. Könnten Sie heute vielleicht noch in der Dienststelle vorbeikommen?«

Sie schwieg. Er hörte, wie sie tief Luft holte. Schon tat es ihm leid, sie so überrumpelt zu haben. Er hatte einen Moment vergessen, dass sie gestern erst die Leiche ihrer besten Freundin identifiziert und danach einen leichten Zusammenbruch erlitten hatte.

»Natürlich nur, wenn es Ihnen wieder besser geht«, fügte er deshalb schnell hinzu.

Sie hatten unterwegs eine Kleinigkeit gegessen. Tom setzte Haie auf dem Rückweg an der Schule ab. Der Freund wollte noch die Heizungsanlage überprüfen und anschließend einen Verdauungsspaziergang nach Hause machen.

Marlene hatte in der Küche auf ihn gewartet.

»Kannst du mich zu Kommissar Thamsen begleiten?«

Über die B 5 fuhren sie nach Niebüll. Sie saß auf dem Beifahrersitz und drehte nervös eine blonde Locke um ihren Finger. Nebenbei erzählte sie, dass sie sich bereits um eine Grabstelle für Heike auf dem Friedhof Hamburg-Ohlsdorf gekümmert hatte. Tom fragte sich, woher sie die Kraft dafür nahm. Sie wirkte so zerbrechlich. Er nahm ihre Hand. Sie war eiskalt.

Der Kommissar saß in seinem Büro und telefonierte. Als er die beiden in der Tür stehen sah, winkte er sie zu sich hinein. Er beendete das Telefonat und begrüßte sie.

»Schön, dass Sie es so schnell einrichten konnten.«

Er verließ das Büro und kam nach einer Weile mit mehreren Plastiktüten zurück. Die Spurensicherung hatte ihre Arbeit noch nicht abgeschlossen, aber die Kleidungsstücke bereits einzeln verpackt. Er reichte Marlene eine Tüte nach der anderen. Sie betrachtete den jeweiligen Inhalt genau. Nach der letzten Tüte hob sie den Blick und nickte.

»Ja, das sind Heikes Sachen. Bis auf die Lederhandschuhe. Die kenne ich nicht. Sind ja wohl auch ein paar Nummern zu groß.«

Er hatte schon vermutet, dass die Handschuhe wohl eher dem Täter gehörten. Mit etwas Glück würden sie Hautpartikel oder andere Fasern daran finden. Die Spurensicherung machte heutzutage viel möglich. Er teilte ihr noch mit, dass Staatsanwalt Niemeyer die Leiche freigegeben hatte.

»Das Handy können Sie übrigens auch wieder mitnehmen. Meine Kollegen haben versucht, das Telefon von Frau Andresen zu orten, aber momentan ist es ausgeschaltet.«

Draußen fragte sie ihn, wie der Kommissar an ihr Handy gekommen war. Tom erzählte von Thamsens Besuch und der Vermutung, dass der Mörder im Besitz von Heikes Handy war.

»Ich hatte ihn gestern angerufen, nachdem der Anruf gekommen war. Die Polizei versucht nun, das Handy zu orten.«

»Hast du ihm auch von der SMS erzählt?«

Er nickte.

»Deshalb hatte er ja dein Telefon mitgenommen.«

Von der Polizeidienststelle fuhren sie Richtung Innenstadt. Marlene wollte gerne nach einem schwarzen Hosenanzug für die Beerdigung schauen. In einer kleinen Boutique in der Hauptstraße wurde sie fündig. Anschließend lud er sie ins Rathauscafé ein.

»Meinst du, die Lederhandschuhe haben dem Mörder gehört?«

»Kann schon sein.«

»Aber dieser Malte hatte so schmale Hände.«

»Glaubst du denn, dass er es war?«

Sie zuckte mit den Schultern. Unheimlich war er ihr schon vorgekommen. Obwohl, unheimlich war nicht das richtige Wort. Unangenehm. Wie er sie angeguckt und auf ihre Brüste gestarrt hatte. Allerdings, dieses Motiv war ja abgehakt nach der Obduktion. Aber trotzdem, merkwürdig war er schon gewesen. Und gelogen hatte er auch, schließlich hatte er den Streit verschwiegen, indirekt sogar abgestritten. Doch traute sie ihm einen Mord zu? Bisher hatte sie immer gedacht, sie hätte eine gute Menschenkenntnis, hingegen diesmal schien ihre Intuition sie im Stich zu lassen.

»Ich brauche übrigens noch ein paar Unterlagen aus Heikes Wohnung wegen der Beerdigung. Können wir da gleich noch einmal vorbeifahren?«

Er griff nach ihrer Hand.

»Wird das nicht alles ein wenig zu viel für dich? Außerdem glaube ich nicht, dass wir so einfach in die Wohnung können. Sicherlich ist sie versiegelt. Hat der Kommissar nichts gesagt?«

Sie schüttelte den Kopf. Daran hatte sie gar nicht gedacht, dass die Polizei natürlich auch Heikes Wohnung durchsuchen würde. Ein merkwürdiges Gefühl ergriff sie bei dem Gedanken, dass wildfremde Menschen in den Privatsachen der Freundin herumwühlen würden.

104

»Ich rufe ihn schnell an«, sagte Tom, dem Marlenes verzweifelter Blick nicht entgangen war.

Dirk Thamsen war jedoch nicht erreichbar. Er zuckte mit den Schultern.

»Dann fahren wir halt auf ›Gut Glück‹ hin. Vielleicht ist ja auch gerade jemand von der Polizei da.«

Schon von weitem erkannten sie das amtliche Siegel an der Eingangstür. Marlene betrachtete es eingehend und zuckte mit den Schultern.

»Kann man nichts machen«, seufzte sie.

Er nickte und legte tröstend den Arm um sie. Als sie sich umdrehten, stand plötzlich der Vermieter hinter ihnen.

»Ach, Sie sinds, Fräulein Schumann.«

Er habe sich gefragt, wer denn schon wieder hier herumschleichen würde.

»Wieso schon wieder?«

»Na ja, vorhin war schon ein älterer Herr hier.«

Dirk Thamsen parkte seinen Wagen vor dem Haus seiner Eltern. Anne winkte ihm vom Küchenfenster aus zu.

Gestern Abend hatte er nur noch flüchtig mit seiner Mutter gesprochen. Es war an der Zeit, ihr die Situation und seinen Entschluss, die Kinder zu sich zu holen, zu erklären.

Sie bereitete in der Küche bereits das Abendessen vor und schickte Anne ins Wohnzimmer zum Fernsehen. Noch ehe er sich seinen ersten Satz auch nur gedanklich formuliert hatte, sagte sie:

»Dirk, so kann es nicht weitergehen. Anne hat mir alles erzählt. Du kannst die Kinder nicht bei ihr lassen.«

Er blickte sie erstaunt an. Sie berichtete, was seine

Tochter ihr erzählt hatte und er schämte sich dafür, dass ihm so lange nichts aufgefallen war. Sein Vater betrat die Küche, sah den Sohn am Küchentisch und seine Frau am Herd stehen.

»Wir unterhalten uns«, antwortete sie auf seine Frage und warf Dirk einen Blick zu, der ihm sagte, dass sein Vater noch nichts von der ganzen Sache wusste.

Er war zwar gerne Großvater, hatte die Kinder aber ungern zu oft in seiner Nähe. Er brauchte seine Ruhe. Deshalb war er immer froh, wenn Dirk die Enkel wieder abholte.

»Und was macht die Arbeit, Junge?«

Er wusste, dass sein Vater sich nicht wirklich dafür interessierte, was er tat, sondern nur der Höflichkeit wegen fragte. Deshalb antwortete er auch nur ganz knapp, dass er viel zu tun und wenig Zeit für die Kinder habe.

»Und genau deswegen ist Dirk ja hier. Iris ist ganz plötzlich zur Kur und er hat gefragt, ob die Kinder so lange bei uns bleiben können.«

Sie sah, dass er tief Luft holte. Gleich würde er Dirk eine Strafpredigt darüber halten, dass man ihnen, und ganz besonders seiner Mutter, diese Belastung nun wirklich nicht zumuten konnte. Besser, sie kam ihm zuvor.

»Ich habe gesagt, das sei überhaupt kein Problem, stimmts, Hans?«

18

Professor Voronin eilte über den Flur. Es sah aus, als ob er schwebte – wie ein Halbgott in Weiß. Schwester Hansen hatte nach ihm gerufen. Der Zustand des kleinen Mädchens hatte sich drastisch verschlechtert. Es hatte zunächst gekrampft und war dann bewusstlos geworden. Aufgeregt stand die Schwester neben dem Bett und hantierte an einigen Apparaturen herum.

Professor Voronin warf nur einen flüchtigen Blick auf einen der Monitore und verlangte sofort nach dem Defibrillator. Aufgrund des viel zu hohen Kaliumgehaltes im Blut der kleinen Patientin war es zunächst zum Kammerflimmern gekommen. Jetzt stand das Herz allerdings ganz still. Die horizontale Linie auf dem Monitor und der durchgängig schrille Ton ließen keinen Zweifel aufkommen.

Nicht schon wieder, dachte Voronin und schrie der Schwester zu, sie solle 1 mg Supra aufziehen. Der Defibrillator war geladen und er presste die Elektroden auf den Brustkorb der kleinen Patientin.

Der Monitor zeigte keinen Erfolg. Die waagerechte Linie zog unbeirrt von links nach rechts über den kleinen Bildschirm. Erneut verabreichte er das Adrenalin und begann mit der Herzmassage. Schwester Hansen beatmete die Patientin mithilfe eines Beutels.

Der zweite Schock war erfolgreich. Das kleine Herz begann, wieder zu schlagen, die Linie auf dem Monitor zeigte erste unregelmäßige Kurven. Er verordnete noch

30mg Lidocain und einen Glucose-Tropf und überließ die kleine Patientin anschließend einem Assistenzarzt.

Als er am Schwesternzimmer vorbeikam, sah er, wie sich eine Mitarbeiterin am Spind von Heike Andresen zu schaffen machte.

»Was tun Sie da?«

Die Schwester drehte sich erschrocken zu ihm um. In der Hand hielt sie ein Deospray.

»Ich wollte, ich dachte …«, stotterte sie.

Er trat ins Zimmer, warf einen Blick in den Schrank. Die Schwester stand immer noch wie versteinert neben ihm.

»Gehen Sie. Darum werde ich mich kümmern.«

Marlene saß an ihrem Schreibtisch und blätterte in einem alten Fotoalbum. New York. Central Park. Empire State Building. Twin Towers. Vor ein paar Jahren hatte sie in den Semesterferien einige Wochen mit Heike in den USA verbracht. Sie hatten sich einen alten Wagen gekauft und waren einfach so herumgefahren. Jeden Tag Sonne, Burger, endlose Weite, riesige Gebäude und das Gefühl dieser grenzenlosen Freiheit. Sie schlug gedankenverloren eine Seite nach der anderen um. Eine Träne tropfte auf eines der Fotos.

»Was machst du?«

Sie klappte eilig das Album zu, fuhr sich mit der Hand über ihr Gesicht und drehte sich zu Tom um.

»Ich möchte bei der Beerdigung ein paar Worte sagen.«

Er hockte sich neben sie. Ihr Gesicht war blass, ihre Augen gerötet. Er wusste, wie sehr sie der Verlust der Freundin schmerzte. Und mehr noch quälte sie wohl die Tatsache, dass Heikes Mörder immer noch frei herumlief. In der Nacht hatte sie sich im Traum neben ihm unruhig hin und her geworfen. Ungern ließ er sie jetzt allein, aber er hatte einen Termin in Flensburg. Als er sie zum Abschied küsste, fragte sie mit verzweifeltem Blick:

»Meinst du, sie kriegen das Schwein?«

Er nickte.

»Da bin ich mir ganz sicher.«

Nachdem er gegangen war, schlug sie eines ihrer Bücher zum ›Schimmelreiter‹ auf. Die Arbeit würde sie ablenken. Schon bald war sie in die Schilderungen des Autors über den Ursprung der Novelle vertieft. Storm hatte den ›gespenstigen Reiter‹ gar nicht erfunden, sondern es konnte davon ausgegangen werden, dass er eine Vorlage aus ›Pappes Hamburger Lesefrüchten‹ genutzt hatte. Interessiert las sie die Geschichte, die den Untertitel ›Ein Reiseabentheuer‹ trug, als es plötzlich klingelte.

Ein grelles Licht blendete sie beim Öffnen der Haustür. Sie hob schützend ihre Hand vors Gesicht, sah zwei Männer.

»Sind Sie die Freundin der Ermordeten? Wir würden gern ein Interview mit Ihnen führen!«

Das Telefon läutete und Dirk Thamsen nahm nach dem vierten Klingeln ab.

Hoffentlich nicht wieder so ein Gestörter, dachte er.

Seitdem die Zeitungen voll waren mit Berichten über den Mord, stand das Telefon in der Dienststelle kaum noch still. Jeder hatte etwas Verdächtiges gesehen, kannte den angeblichen Mörder oder seine Komplizen. Einer hatte sogar steif und fest behauptet, gestern mit dem

Geist von Heike Andresen gesprochen zu haben. Er habe ihm höchstpersönlich erzählt, wer sie umgebracht hatte. Er hatte sich nicht verkneifen können, zu fragen, wo genau er den Geist denn getroffen hatte.

»Polizeihauptkommissar Thamsen.«

Der Anrufer räusperte sich. Er vernahm ein seltsames Rascheln.

»Hallo?«

»Ich habe Frau Andresen am Montagabend mit einem Mann gesehen«, hörte er eine gedämpfte Stimme sagen.

»Wir wissen bereits, mit wem sich Frau Andresen am Montag im ›Einstein‹ getroffen hat.«

Er wollte sich schon für den Hinweis bedanken, als er wieder dieses merkwürdige Rascheln hörte:

»Nein, nicht im ›Einstein‹. Sondern später.«

Dirk Thamsen rutschte auf seinem Stuhl nach vorne.

»Mit wem spreche ich denn überhaupt?«

Der Mann sagte, das täte nichts zur Sache. Er wolle ja nur melden, dass er die Ermordete noch am Montagabend mit einem Mann an ihrem Auto gesehen hatte. Gut beschreiben könne er diesen Mann jedoch nicht. Es war wohl schon ziemlich dunkel gewesen. Er sei aber ungefähr so groß wie Heike, vielleicht etwas kleiner, Mitte 50, dunkle Haare, Brille.

Kommissar Thamsen fand die Beschreibung schon sehr genau. Er fragte, was der Anrufer noch beobachtet hatte, aber dieser sagte, das sei alles.

»Wo kann ich Sie erreichen?«

Er hörte nur ein Knacken am anderen Ende, dann war die Verbindung unterbrochen.

Haie schloss die Türen des kleinen Reisebusses und gab Gas. Die dritte Klasse der Grundschule machte heute einen Ausflug nach Husum und er war für den kranken Busfahrer eingesprungen.

Er hatte zunächst einige Schwierigkeiten, sich mit dem Fahrzeug zurechtzufinden. Schließlich war es schon einige Zeit her, dass er das letzte Mal einen Bus gefahren hatte. Und dann mit einer Meute von Kindern. Er konnte sich gar nicht erinnern, wie lange das schon her war. Aber schon, als er von der Dorfstraße auf die B 5 Richtung Husum abbog, hatte er sich ein wenig eingewöhnt und fühlte sich sicherer.

Es herrschte ungewöhnlich dichter Verkehr auf der Bundesstraße und sie kamen nur langsam voran. Gleich hinter Sande mussten sie auf dem Parkplatz halten, da einem der Kinder schlecht geworden war, und so benötigten sie über eine Stunde, um ihr Ziel zu erreichen.

Haie parkte am Wasserturm und folgte der Lehrerin mit ihrer Klasse durch den Schlosspark. Er wollte die Kinder in das ›Pole-Poppenspäler-Museum‹ begleiten, welches in der Nähe des Parks lag.

Die Lehrerin steuerte jedoch zunächst einmal auf das Storm-Denkmal zu.

»Wer kann mir sagen, wer das ist und was dieser Mann gemacht hat?«

Etliche Kinderhände schnellten in die Höhe. Ein Mädchen mit geflochtenem Zopf durfte die Frage beantworten. Eifrig zählte sie einige Werke des Husumer Dichters auf. Haie war beeindruckt, wie viel das neunjährige Kind über Storm wusste.

»Und nach einer seiner Figuren ist sogar ein Koog hier in der Nähe benannt worden. Den wird Herr Ketelsen uns später zeigen. Aber nun ab mit euch ins Museum!«

Die Gruppe setzte sich wieder in Bewegung.

Im Museum gab es verschiedene Themen. Rund um den Kasper, Märchen, Puppenspielerromantik. Die Kinder fanden natürlich die Puppen zum Selbstspielen am besten, während Haie auch die Schaukästen mit den Kuriositäten interessant fand.

Zum Schluss durften die Schüler ein eigenes Theaterstück inszenieren und er amüsierte sich köstlich. Besonders lachen musste er, als das Krokodil angeblich die Frau Lehrerin fressen wollte.

Nach dem Besuch im Museum machte Haie sich auf den Weg in die Innenstadt. Die Kinder hingegen unternahmen noch einen Rundgang.

Er schlenderte durch die Einkaufsstraße, vorbei am Marktplatz mit der ›Tine‹, dem Wahrzeichen der Stadt, bis zu einem kleinen Ledergeschäft. Er wollte sich neue Handschuhe kaufen. Seine alten hatte er im letzten Winter leider verloren.

Die Verkäuferin zeigte ihm die unterschiedlichen Modelle und er entschied sich für ein Paar schwarze, schlichte Handschuhe aus Nappaleder.

Die Dame lobte seinen guten Geschmack.

»Dieses Modell ist momentan sehr gefragt.«

19

Malte saß am Schreibtisch und surfte im Internet. Neben ihm stand eine halb leere Bierflasche, im Aschenbecher glimmte noch die letzte Zigarette vor sich hin. Er hatte sich krankgemeldet, keine Lust zum Arbeiten gehabt.

Die können mich alle mal. Lange mache ich das sowieso nicht mehr mit, dachte er.

Er rief ein paar Sexseiten auf, betrachtete die nackten Frauen mit den prallen Brüsten. In verschiedenen Posen lockten sie zum gemeinsamen Liebesspiel, doch Malte hatte keine Lust auf Telefonerotik oder darauf, sich von irgendwelchen Videoclips oder Bildern heiß machen zu lassen. Er brauchte echten Sex mit einer richtigen Frau.

Er stand auf und fischte aus einem Stapel von Zeitungen und Zeitschriften das lokale Anzeigenblättchen heraus. Nach kurzem Suchen hatte er gefunden, wonach er Ausschau gehalten hatte:

›Liane – jung und willig. Trau dich jetzt und wähle 04841/6666‹.

Er zögerte kurz, bevor er wählte.

»Hallo? Kommst du auch nach Hause? Jetzt gleich?«

Notdürftig schüttelte er das Bettzeug auf, räumte ein paar Wäschestücke zur Seite. Wenig später klingelte es bereits an der Tür.

Das Mädchen war wirklich blutjung. Unter ihrem Mantel trug sie eine schwarze Korsage, dazu knappe Hotpants. Ihre Füße steckten in lacklederenen High

Heels, auf denen sie kaum laufen konnte. Unsicher betrat sie die Wohnung.

Malte fiel förmlich über das Mädchen her, riss ihr die Kleider vom Körper und warf sie aufs Bett. Er zog seine Boxershorts nur bis in die Kniekehlen, bevor er in sie eindrang. Wie im Rausch befriedigte er seine Lust, nahm nur am Rande wahr, dass sie sagte: »Ohne Gummi kostet das aber doppelt.«

Immer schneller wurden seine rhythmischen Bewegungen, sein Atem ging stoßweise. Kurz vor dem Höhepunkt zwang er sich, einen Augenblick innezuhalten. Er wollte den Moment hinauszögern, das warme Gefühl, der Rausch sollten anhalten. Langsamer und tiefer stieß er in ihren Körper, der unter seinem lag, versuchte, dem Druck standzuhalten, um ihm dann wie in einem großen Finale explosionsartig nachgeben zu können. Dass seine Hände sich dabei immer fester um den Hals des Mädchens schlossen, bemerkte er erst, als ihre Nägel sich tief in sein Fleisch gruben und den gesamten Rücken hinab tiefe Furchen zogen.

Röchelnd lag sie unter ihm.

»Spinnst du, Alter? Du bist ja gemeingefährlich!«, schrie sie ihn an, als sie wieder zu Atem gekommen war und panisch ihre Kleidungsstücke zusammensammelte.

»Ich krieg noch meine Kohle!«

Malte fingerte aus seinem Portemonnaie die vereinbarten 100 Mark.

Das Mädchen blitzte ihn wütend an. Als sie ihm den Geldschein aus der Hand riss, zischte sie:

»So was wie dich müsste man anzeigen!«

Dirk Thamsen verließ die Polizeistelle und machte sich zu Fuß auf den Weg zu Heike Andresens Wohnung.

Er wollte noch einmal alles gründlich untersuchen. Er dachte nicht, dass die Kollegen schlampig gearbeitet hatten. Aber hin und wieder machte es Sinn, sich bestimmte Sachen noch einmal mit den neuesten Erkenntnissen anzusehen. Manchmal fielen einem dann Dinge auf, denen man vorher überhaupt keine Beachtung geschenkt hatte. Das konnte sehr hilfreich sein.

Vor der Wohnungstür spannte sich jedoch plötzlich jeder Muskel seines Körpers an. Das Siegel war zerstört. Er hörte ein Geräusch. Vorsichtig öffnete er die nur angelehnte Tür und betrat leise die Wohnung. Sein Blick fiel zunächst in die Küche. Nichts. Lautlos bewegte er sich den Gang hinunter zum Wohnbereich, öffnete mit Schwung die Tür.

Zwei erschrockene Augen blickten ihn weit aufgerissen an. Vor ihm auf dem Boden hockte der Vermieter zwischen Kleidungsstücken und zerstreuten Papieren.

Thamsens Schultern senkten sich, die Anspannung fiel von ihm ab.

»Was machen Sie da?«

»Ich suche nur, was mir gehört!«

Der Kommissar blickte ihn fragend an. Ob er denn nicht das Siegel an der Tür gesehen habe? Das zu durchbrechen sei strafbar.

»Doch, das Siegel habe ich gesehen«, antwortete der ältere Mann kleinlaut. Er blickte dabei zu Boden.

Es sei nur so, erzählte er, seine Mieterin habe ihn erpresst.

»Erpresst? Womit?«

Nun ja, sie hatte ihn fotografiert, bei einem Treffen mit einer Bekannten, wenn er verstünde. Und sie hatte gedroht, diese Bilder seiner Frau zu zeigen. Und nun, da das Fräulein Heike tot war, hatte er gedacht, sei es sicherlich besser, wenn er die Bilder an sich nahm.

»Wie viel Geld haben Sie ihr denn zahlen müssen?«

Kommissar Thamsen konnte sich Heike Andresen nicht wirklich als abgebrühte Erpresserin vorstellen.

Geld? Nein um Geld sei es nicht gegangen.

»Worum dann?«

Der Vermieter blickte wieder zu Boden und murmelte:

»Sie hat mich erwischt, wie ich in ihrer Unterwäsche gewühlt habe.«

Haie hatte die Schüler nach einem Abstecher in den Hauke-Haien-Koog wieder wohlbehalten an der Schule abgeliefert. Die Lehrerin bedankte sich noch einmal, dass er so spontan für den kranken Busfahrer eingesprungen war.

»Dank Ihnen brauchte der Ausflug zum Glück nicht ins Wasser zu fallen!«

Er stieg auf sein Fahrrad und machte sich auf den Heimweg. Unterwegs hielt er kurz bei Tom und Marlene an.

»Möchtest du auch ein Stück Apfelkuchen? Tom hat welchen aus Flensburg mitgebracht!«

Er aß mit großem Appetit. Zum Mittag hatte er sich nur ein Fischbrötchen gegönnt. Dankbar ließ er sich noch ein zweites Stück servieren. Er erzählte von dem Ausflug nach Husum und den neuen Handschuhen.

»Von wegen, ich hätte keinen Geschmack.«

Stolz holte er das Paar aus der bunten Plastiktüte.

»Die Verkäuferin hat mir bestätigt, dass ich ein beliebtes Modell ausgewählt habe. Das sei momentan sehr gefragt.«

Er blickte die Freunde über den Tisch hinweg an,

die beim Anblick der Handschuhe plötzlich sprachlos geworden waren.

»Da seid ihr baff, was?«

Tom schüttelte seinen Kopf und erzählte von den Lederhandschuhen aus der Soholmer Au, welche vermutlich der Mörder von Heike getragen hatte und welche exakt haargenau so aussahen wie die, welche Haie sich heute gekauft hatte.

»Wir müssen das Kommissar Thamsen melden. Vielleicht hat der Täter seine Handschuhe in dem gleichen Geschäft gekauft und die Verkäuferin kann ihn beschreiben.«

Der Kommissar war jedoch nicht zu erreichen und auch sein Kollege meldete sich diesmal nicht. Sie mussten wohl oder übel warten.

Um sich die Zeit zu vertreiben, schlug Marlene vor, einen Spaziergang zu machen.

»Das tut uns bestimmt allen ganz gut.«

Die Männer stimmten zu. Schnell hatten sie sich angezogen und machten sich auf in den Langenberger Forst.

Sie parkten an der B 199 zwischen Leck und Stadum und schlugen den Weg Richtung Rantzau-Höhe ein. Haie erzählte stolz, dass dies der höchste Berg Nordfrieslands sei.

»45 Meter, das ist doch was!«

Tom und Marlene, die Arm in Arm neben ihm liefen, konnten sich ein Lachen nicht verkneifen.

Sie gingen immer tiefer in den Wald hinein, bis Haie plötzlich stehen blieb, den Zeigefinger auf seine Lippen legte.

»Guckt mal da«, flüsterte er. »Da gräbt doch einer.«

Sie folgten seinem ausgestreckten Arm und sahen nun

ebenfalls in einiger Entfernung einen Mann mit einem Spaten graben. Zügig schippte er Schaufel um Schaufel ein Loch von nicht unbeachtlichem Ausmaß. Hin und wieder blickte er sich um.

Sie flüchteten sich hinter eine kleine Baumgruppe. Von hier aus konnten sie zwar den Mann beim Graben beobachten, aber er konnte sie nicht sehen.

Nach einer Weile schien das Loch tief genug und der Mann verschwand im Unterholz. Kurz darauf kam er zurück. Er zog heftig an einem großen Plastiksack. Den Freunden verschlug es die Sprache. Haie wollte bereits aufspringen, doch Tom hielt ihn am Ärmel zurück. Geduckt beobachteten sie das weitere Geschehen.

Der Plastiksack verschwand vollständig in dem tiefen Loch, kurze Zeit später hatte der Mann es wieder zugeschaufelt und machte sich durchs Unterholz davon.

»Das müssen wir der Polizei melden. Der hat doch da jemanden verscharrt!«, mutmaßte Haie.

Sie traten hinter der Baumgruppe hervor. Marlene griff nach Toms Hand und blickte ihn ängstlich an. Haie entging das nicht.

»Ihr wartet hier!«

Er ging allein zu der Stelle, an welcher der Mann gegraben hatte. Schnell hatte er den Platz gefunden. Zunächst schob er die frische Erde mit den Füßen zur Seite, dann ging er in die Hocke und grub mit den Händen. Die Freunde beobachteten ihn.

Ein mulmiges Gefühl überkam ihn, als er unter seinen Fingern endlich den Plastiksack fühlte. Kurz blickte er in die Richtung, in der Tom und Marlene warteten, holte tief Luft und riss ein kleines Loch in den Sack.

Haare quollen ihm entgegen. Viele Haare. Ein Fell. Er lachte befreit. Die Freunde kamen näher und blickten nun ebenfalls in das Loch hinunter. Tom starrte zunächst ungläubig in die kleine Grube, doch Marlene fing sofort zu kichern an.

Jemand hatte seinen Hund heimlich vergraben. Und sie hatten gedacht, der Mann hätte eine Leiche verscharrt. Die Erleichterung stand ihnen allen ins Gesicht geschrieben.

Dirk Thamsen war früh dran. Er hatte sich mit seiner Exfrau zum Essen beim Griechen verabredet, wollte in aller Ruhe mit ihr über die Kinder sprechen.

Er wählte einen Tisch in der Nähe der Tür, bestellte ein Bier und blickte sich um. Das Lokal war bereits gut besucht.

Kurze Zeit später erschien Iris. Zum Glück war sie allein. Er hatte befürchtet, sie könnte ihren neuen Freund mitbringen, als Verstärkung sozusagen. Doch als er ihren leicht glasigen Blick wahrnahm, wusste er, dass sie eine Verstärkung nicht benötigte. Sie hatte sich lieber reichlich Mut angetrunken. Kaum hatte sie sich hingesetzt, begann sie bereits, zu streiten.

»Du hast kein Recht, mir die Kinder wegzunehmen!«

Er blieb ruhig, wusste er Timo und Anne momentan doch in sehr guter Obhut. Dass er sich jedoch so wenig beeindruckt zeigte, machte sie rasend. Wütend schleuderte sie ihm eine Gemeinheit nach der anderen an den Kopf. Als sie lauthals über seine nach ihrer Ansicht jämmerlichen Bettkünste lästerte, wäre er am liebsten im Erdboden versunken. Die Gäste von den Nachbartischen verfolgten interessiert ihre Ausführungen über seine angebliche Impotenz.

Er spürte Wut in sich aufsteigen. Ihm wurde heiß. Das Blut rauschte in seinen Ohren.

»Schluss jetzt!«, schrie er plötzlich und sprang auf.

Er packte sie am Arm, zerrte sie aus der Gaststätte. Sie war völlig überrascht, wehrte sich nicht.

»Ich will dich nicht mehr sehen!«, zischte er ihr zu. »Und wenn du deine Kinder treffen willst, wende dich ans Jugendamt!«

Ohne ein weiteres Wort drehte er sich um und ging zurück in den Gastraum.

»Einen Ouzo, bitte!«

Er setzte sich an den Tresen und beobachtete den Wirt dabei, wie er die klare Flüssigkeit in das Glas eingoss.

Der Schnaps rann wohlig warm seine Kehle hinab. Er holte tief Luft. Jetzt ging es ihm besser. Er nickte dem Besitzer der Taverne zu und ließ sich bereitwillig ein weiteres Glas einschenken.

Als Marlene und Tom das griechische Restaurant in der Uhlebüller Straße betraten, saß Kommissar Thamsen immer noch am Tresen. Sie hatten keine Lust zum Kochen gehabt und waren spontan in die Taverne gefahren. Marlene hatte zuerst der Sinn nicht so sehr danach gestanden, aber Tom hatte sie überreden können.

»Ist das nicht der Kommissar?«, fragte sie, als sie durch den Gastraum gingen und nach einem freien Tisch Ausschau hielten.

Er nickte und grüßte flüchtig den Mann, der sich an einem Bierglas festhielt, welches ganz offensichtlich nicht sein erstes war.

Sie wählten einen Platz in einer gemütlichen Nische. Der Wirt kam, brachte die Speisekarten und zündete die Kerze auf dem Tisch an. Marlene blätterte unschlüssig in der Karte, ihr Blick wanderte immer wieder zu dem

Kommissar, der mit zusammengesackten Schultern am Tresen saß.

»Was meinst du, ob er auch Kummer hat oder ob ihn der Fall so mitnimmt?«

Er drehte sich leicht um. Eigentlich müsste ein Polizist ja daran gewöhnt sein, obwohl – konnte man sich an Mord und Verbrechen überhaupt jemals gewöhnen? Und wie häufig kam es hier in der Gegend schon vor, dass jemand ermordet wurde? Sicherlich nicht allzu oft. Verständlich, wenn ihn das mitnahm. Die Gegend und die Leute waren hier ziemlich friedlich. In einer Kleinstadt oder auf einem Dorf ging man eben doch anders miteinander um als in einer Großstadt. Hier kannte jeder jeden und man achtete aufeinander, verspürte so etwas wie Verantwortung gegenüber dem Nachbarn. Da passierten halt auch weniger Verbrechen.

Er zuckte mit den Schultern.

»Keine Ahnung. Vielleicht geht es ihm nicht gut.«

Geradezu in derselben Sekunde, in welcher er den Satz ausgesprochen hatte, gab es ein lautes Gepolter.

Erschrocken blickten die Gäste hinüber zum Tresen.

Der Kommissar war einfach vom Barhocker gefallen.

Tom stand sofort auf und half ihm, während alle anderen das peinliche Schauspiel nur neugierig verfolgten. Mühsam zog er den Mann auf die Beine, lehnte ihn gegen den Tresen. An seinem Blick erkannte er, dass Dirk Thamsen großen Kummer hatte. Er war total betrunken und kaum in der Lage, sich auf den Beinen zu halten. Gefährlich schwankte er hin und her, schaute ihn mit ausdruckslosem Blick an.

Marlene stand plötzlich neben dem Kommissar, fasste ihn am linken Arm.

»Kommen Sie, wir bringen Sie nach Hause.«

Tom wollte bezahlen, doch der Wirt winkte ab.

»Das kann Dirk nächstes Mal tun!«

Er nannte noch die Adresse, während sie krampfhaft versuchten, ihn zwischen sich aufrecht zu halten. Langsam zerrten sie ihn in Richtung Ausgang.

Draußen atmete Marlene tief durch und auch dem Kommissar schien die frische Luft gutzutun. Langsam kam er wieder zu sich.

»Geht schon, geht schon. Sie brauchen mir nicht mehr zu helfen«, murmelte er einigermaßen deutlich, doch als sie ihn losließen, stolperte er und fiel der Länge nach auf die Straße.

Sie beeilten sich, ihn aufzuheben, benutzten die Hauswand als Stütze. Tom rannte los und holte den Wagen. Mit vereinten Kräften schafften sie es, den Betrunkenen ins Auto zu befördern.

In einem der Wohnblöcke unweit der Badewehle lag Thamsens Wohnung. In seiner Jackentasche fanden sie den Haustürschlüssel.

Fürsorglich deckte Marlene ihn mit einer Wolldecke auf dem Sofa zu.

»Schlafen Sie gut.«

Der Kommissar grunzte leicht im Schlaf, als sie die Wohnungstür hinter sich zuzogen.

20

Sein Kopf dröhnte. Stöhnend griff er sich an die Stirn, öffnete langsam die Augen. Das grelle Licht schmerzte. Mühsam stand er auf, sein Magen rebellierte, in seiner Mundhöhle breitete sich ein säuerlicher Geschmack aus.

Im Badezimmer lehnte er sich an das Waschbecken, betrachtete sein Gesicht im Spiegel. Er sah entsetzlich aus. Gerötete Augen, blass und ausgemergelt. Er fühlte sich alt und schrecklich müde. Aus dem Spiegelschrank nahm er eine Kopfschmerztablette, spülte sie mit etwas Wasser hinunter.

Was war geschehen? Er versuchte, den gestrigen Abend zu rekonstruieren, und erinnerte sich an den Streit mit seiner Exfrau, die vielen Gläser Bier und Ouzo und an das junge Paar, das ihn nach Hause gebracht hatte. Ihm wurde plötzlich ganz warm und er begann, zu schwitzen. Es war ihm furchtbar unangenehm, dass man ihn in diesem Zustand gesehen hatte. Was mussten sie jetzt nur über ihn denken? Gescheiterte Existenz? Völlig überfordert? Unqualifiziert, einen solchen Fall zu lösen? Es drängte ihn, das Bild möglichst schnell wieder zurechtzurücken.

Er duschte und zog sich frische Sachen an. Als er vor die Haustür trat, fiel ihm ein, dass sein Auto noch vor dem Restaurant stehen musste. Kurz überlegte er, einen ausgedehnten Spaziergang zu machen. Die frische Luft würde ihm sicher guttun. Nach einem Blick auf die Uhr bestellte er sich allerdings ein Taxi.

123

Marlene öffnete die Tür. Überrascht blickte sie ihn an. Er schaute schnell zu Boden, wusste nicht, was er sagen sollte.

»Ich wollte mich bei Ihnen bedanken«, stammelte er.

Ihr Mund verzog sich zu einem winzigen Lächeln.

»Möchten Sie vielleicht mit uns frühstücken?«

Er folgte ihr den Flur entlang in die Küche. Tom saß am Frühstückstisch und blätterte in der Zeitung. Als er ihn jedoch sah, stand er auf, begrüßte ihn freundlich und holte wie selbstverständlich einen weiteren Kaffeebecher aus dem Schrank.

Die schwarze Flüssigkeit roch herrlich. Er liebte diesen Geruch, der so geheimnisvoll nach fernen Ländern und anderen exotischen Aromen duftete. Kaffee war für ihn wie eine Droge. Er brauchte ihn, gierte morgens geradezu danach. Ohne Kaffee konnte er nicht denken, nicht reden, nicht sein. Er nippte an seinem Becher.

»Ich wollte mich übrigens für gestern Abend bedanken. Und entschuldigen. Nicht, dass Sie denken …«

Tom winkte bereits ab.

»Jeder hat mal Kummer. Solange Sie nicht im Dienst sind.«

Kommissar Thamsen lächelte etwas verkniffen, obwohl er erleichtert war. Marlene blickte Tom vorwurfsvoll an und versuchte, das Thema zu wechseln.

»Gibt es denn schon neue Erkenntnisse? Haben Sie etwas herausgefunden?«

Er schüttelte bedauernd seinen Kopf. Er war noch nicht wirklich weitergekommen mit seinen Ermittlungen und er hatte auch das Gefühl, als würde er auf der Stelle treten oder sich im Kreis bewegen. Ein mysteriöser Anruf, die Sachen der Ermordeten, ein Paar

Handschuhe, ein durchbrochenes Siegel. Immer wieder landete er jedoch bei einer toten Frau in der Lecker Au, von der er nicht wusste, wie und warum sie dahin gekommen war und vor allem nicht, wer ihr Mörder war.

Tom erzählte von Haies neuen Handschuhen und dessen Erlebnis beim Einkaufen.

»Ich kann ihn gerne mal anrufen, dass er eben vorbeikommt. Und die Handschuhe kann er auch gleich mitbringen.«

Der Kommissar nickte.

Kaum eine halbe Stunde später saß Haie bei ihnen am Tisch und zeigte stolz seine neuen Lederhandschuhe.

»Und die haben Sie aus dem Geschäft in der Norderstraße?«

Haie bestätigte das und fügte noch hinzu, dass er die Vermutung habe, dass der Mörder ebenfalls seine Handschuhe dort gekauft hatte. Richtig gute Qualität bekäme man halt nur in Fachgeschäften und davon gäbe es ja nur eine Handvoll. Außerdem habe er so ein Gefühl, er könne es nicht wirklich beschreiben, aber eine innere Stimme sage ihm, dass er recht habe. Heike war in Husum gewesen und ihren Mörder hatte sie wahrscheinlich dort getroffen. Wie wollte man sonst erklären, dass ihr Auto immer noch in der Nähe vom ›Einstein‹ gestanden hatte? Ihre Sachen in der Soholmer Au gleich an der B 5 hatte der Täter wohl eher auf dem Rückweg dort weggeworfen. Er war nicht zu stoppen und fuhr fort, dass es also möglich wäre, dass der Mörder nach der Tat zurück nach Husum gefahren war oder zumindest in die nähere Umgebung. Warum er allerdings das Handy behalten hatte, könne er sich nicht erklären. Wenn seine Nummer in dem Handy gespeichert gewesen war oder zumindest als

Nummer des letzten Anrufers, weil er Heike irgendwohin bestellt hatte, hätte er ja einfach nur die SIM-Karte zu entsorgen brauchen. Oder reichte das nicht aus, um die Spuren eines Anrufs zu verwischen? Und warum hatte er es dann nicht später verschwinden lassen, sondern sogar noch Marlene eine SMS geschrieben und sie angerufen? Gut, sie hatte ständig versucht, ihre Freundin zu erreichen. Vielleicht hatte er sie in Sicherheit wiegen und möglichst lange herauszögern wollen, dass man nach der Toten suchte. Aber warum?

Der Kommissar meinte, dass es bisher den Anschein hatte, als seien alle Spuren gut verwischt worden und er sich vielleicht zusätzlich ein Alibi verschaffen wollte. Je länger die Leiche im Wasser lag, umso schwieriger war es, den Todeszeitpunkt festzustellen. Der Gerichtsmediziner hatte inzwischen angegeben, dass der Mord zwischen Montag 23 Uhr und Dienstag 12 Uhr passiert sein musste. So jedenfalls stand es im Bericht. Hundertprozentig konnte der Zeitpunkt nicht festgelegt werden, da die Wassertemperatur eine entscheidende Rolle spielte. Diese war durch das warme Herbstwetter der letzten Tage wahrscheinlich höher als üblich und hatte den Verwesungsprozess begünstigt. Thamsen nahm den Hinweis mit den Handschuhen ernst und erzählte, dass vor etlichen Jahren tatsächlich mal ein Verbrechen aufgeklärt worden sei, weil eine Verkäuferin einen Bankräuber, der seine Handschuhe bei ihr gekauft hatte, erkannt und identifiziert hatte. Er würde gleich im Anschluss in das Geschäft fahren und sie ihr vorlegen.

»Aber wir dürfen uns auch nicht zu viel davon versprechen«, fügte er an, als er Marlenes hoffnungsvollen Blick auffing.

»Oft kommen solche Fälle, dass man den Täter durch

den Kauf bestimmter Dinge überführen kann, nicht vor. Und zurzeit haben wir ja noch nicht einmal einen Verdächtigen, den wir der Dame gegenüberstellen könnten.«

Tom griff nach Marlenes Hand und drückte sie. Er wusste, dass sie sich nichts sehnlicher wünschte, als dass der Mörder von Heike gefasst wurde. Und auch er wollte das. Er erinnerte sich, wie sie ihm immer wieder Mut gemacht hatte, als er vor einiger Zeit die Vergangenheit seines Onkels aufgeklärt hatte. Häufig hatte er gedacht, er würde niemals erfahren, was damals geschehen war, aber sie hatte ihn immer wieder aufgemuntert und angespornt, nicht aufzugeben und weiterzumachen.

Kommissar Thamsen stand auf, bedankte sich für den Kaffee und auch Haie erhob sich von der Küchenbank. Er musste zur Arbeit.

»Vielen Dank auch noch mal für Ihre gestrige Hilfe! Ich melde mich, sobald es Neuigkeiten in dem Fall gibt.«

Haie warf Tom einen fragenden Blick zu, doch der reagierte nicht, sondern brachte den Kommissar zur Tür.

»Was war denn gestern?«, fragte er deshalb Marlene, die den Tisch abräumte.

»Ach, nichts weiter. Wir haben ihn nur nach Hause gebracht.«

Sie hatte keine Lust, darüber zu sprechen. Eine Welle der Traurigkeit überkam sie gerade. Alles schien so sinnlos. Warum hatte Heike sterben müssen? Wieso ausgerechnet sie? Was hatte sie denn getan? Eine Träne rann über ihr Gesicht. Sie setzte sich, das Besteck, welches sie noch in den Händen hielt, glitt einfach zu Boden. Haie beeilte sich, es aufzuheben.

»Sie werden das Schwein sicherlich kriegen«, ver-

127

suchte er, sie zu trösten, und legte seine Hand auf ihren Arm. Doch sie wies ihn zurück, wollte sich einfach nur verkriechen. Sie war angespannt, denn morgen sollte die Beerdigung sein und sie hatte keine Ahnung, wie sie diese überstehen sollte.

»Ich muss noch meine Sachen packen«, sagte sie und sprang auf. Er zog verlegen seine Hand zurück, stand etwas hilflos in der Küche.

»Ich muss auch los.«

Er wusste nicht, wie er ihr helfen konnte. Natürlich schmerzte der Verlust einer lieben Freundin. Er wäre genauso traurig, wenn Marlene so etwas passiert wäre. Aber er kam nicht an sie ran, konnte sie nicht trösten. Ehrlich gesagt, hatte er auch keinen blassen Schimmer davon, wie. Was half in so einer Situation wirklich? Gab es überhaupt einen Trost? Er dachte zurück an den Zeitpunkt, als er sich von Elke getrennt hatte. Es hatte ihn hart getroffen. Er hatte sogar geweint. Aber hatte ihn damals wirklich etwas trösten können? War es nicht auch so gewesen, dass er sich verkrochen hatte, ganz alleine mit sich und seinem Kummer hatte sein wollen? Das Einzige, was ihr wahrscheinlich wirklich helfen würde, die Sache besser zu verarbeiten, wäre, wenn der Mörder endlich gefasst wurde.

Er stieg auf sein Fahrrad und fuhr die Dorfstraße bis zu dem schmalen Weg, der zur Schule führte. Etliche Kinder waren unterwegs zum Unterricht. Mit schweren Schultaschen beladen radelten sie an ihm vorbei. Normalerweise fuhr er ein schnelleres Tempo, aber heute war er noch in seine Grübeleien vertieft und radelte langsam vor sich hin.

Als er die Schule erreichte und sein Fahrrad anschloss, begegnete ihm Mira Martens. An der Hand hielt sie Sebastian, ihren achtjährigen Sohn.

»Moin, Mira«, grüßte Haie sie. »Wie geht es Lisa?«

Miras Tochter litt an chronischem Nierenversagen. Haie kannte das Mädchen aus der Grundschule. In letzter Zeit hatte er sie jedoch nicht gesehen und vorige Woche erfahren, dass Lisa im Krankenhaus lag.

Die Mutter seufzte laut und erzählte, dass sich der Zustand leider verschlechtert hatte. Die Niere arbeitete fast gar nicht mehr. Aus der Familie kam außer Sebastian niemand als Spender in Frage, aber er litt an Diabetes und durfte deshalb seiner Schwester keine Niere spenden. Sie legte den Arm um ihren Sohn und zog ihn fester an sich.

»Wenn sich nicht bald eine Spenderniere findet«, sie holte tief Luft, »sieht es leider gar nicht gut aus.«

Haie trug ihr Grüße für Lisa auf und machte sich an die Arbeit. Ein paar Glühlampen mussten dringend ausgetauscht werden, der Rasen gemäht und auf dem Lehrerklo war der Spülkasten defekt. Als er die Aufgaben erledigt hatte, war es bereits früher Nachmittag und er beschloss, für heute Feierabend zu machen. Elke hatte ihn gebeten, wegen ein paar handwerklichen Angelegenheiten zu ihr zu kommen. Das wollte er gerne tun, schließlich gehörte ihm das Haus noch zur Hälfte und sie war nun wirklich nicht in der Lage, größere Instandsetzungen selbst vorzunehmen. Er hoffte jedoch, dass die angeblichen Arbeiten nicht wieder nur ein Vorwand waren, um ihn zu sehen.

Aber es gab tatsächlich wichtige Reparaturen am Haus. Einige Dachpfannen hatten sich gelöst und es tropfte bereits auf den Dachboden durch. Elke hatte einen Eimer hingestellt.

»Doch besser, dass du mir Bescheid gegeben hast!«, beantwortete er ihren leicht fragenden Blick und machte sich daran, die defekten Dachziegel auszutauschen und das Dach regensicher zu machen. Elke schaute ihm von unten ängstlich dabei zu.

Anschließend lud sie ihn zum Essen ein. Haie wollte nicht unhöflich sein, außerdem gab es Birnen, Bohnen und Speck. Er liebte dieses Gericht und sie konnte es wirklich vorzüglich zubereiten.

Während des Essens fragte sie, wie es denn Marlene ginge. Er zuckte mit den Schultern. Wie sollte es ihr schon gehen? Ihre beste Freundin war ermordet worden. Elke hatte gehört, dass die Polizei befürchtete, dass vielleicht sogar ein Serienmörder im Dorf umging. Die Frauen hatten Angst, trauten sich nicht mehr auf die Straße.

»Mir ist es auch etwas mulmig hier. So ganz allein in dem großen Haus.«

Aha, dachte er, daher weht der Wind!

Woher sie denn das mit dem Serienmörder wüsste. Bisher sei doch noch nichts weiter passiert und vorher auch nicht. Sie erzählte, dass das ganze Dorf schon wieder Spekulationen anstellte. Ihre Freundinnen aus dem Landfrauenverein wollten sogar einen Selbstverteidigungskurs organisieren. Damit man sich als Frau im Notfall auch wehren konnte.

»Also, ich habe heute Morgen mit dem Kommissar gesprochen. Da war aber nicht die Rede von einem Serienmörder.«

Sie blickte ihn überrascht an. Was er denn mit der Polizei zu tun habe. Und ob er denn etwas Neues wüsste?

Er schüttelte seinen Kopf. Auf die erste Frage ging er gar nicht ein.

»Dann ist es eventuell jemand aus dem Krankenhaus gewesen!«, mutmaßte Elke. »Vielleicht hatte sie mit jemandem Streit. Oder es ist ein Kunstfehler passiert. Es könnte doch jemand sein, der sich rächen wollte!«

Sie redete sich richtig in Rage. Eine wilde Spekulation folgte der anderen. Er legte sein Besteck zur Seite und stand auf. Sie schaute ihn verwundert an.

»Ihr werdet den Fall schon lösen«, sagte er nur, bevor er sich verabschiedete und sich für den Eintopf bedankte.

Marlene zog den Reißverschluss der blauen Reisetasche zu und setzte sich aufs Bett. In Gedanken ging sie noch einmal die Punkte für die morgige Beerdigung durch. Hatte sie wirklich an alles gedacht? Es wäre ihr unangenehm, wenn ihre Freundin keine angemessene Beerdigung bekommen würde. Nicht, dass es ihr besonders wichtig war, dass alles perfekt ablief, aber sie war es Heikes Mutter schuldig.

Aus ihrer Handtasche holte sie den Zettel mit den Stichwörtern für ihre Rede. Lange hatte sie überlegt, was sie über Heike sagen sollte. Natürlich wie sie gewesen war. Spontan, fröhlich, manchmal übermütig, aber immer auf Gerechtigkeit bedacht und für die Rechte und das Wohlbefinden anderer Menschen kämpfend. Aber sie wollte auch erklären, was Heike für sie gewesen war. Nicht nur die Freundin, die man vom Studium her kannte und mit der man mal in den Urlaub gefahren und in die Disco gegangen war. Nein, sie wollte vor allem etwas über Heikes liebevolle Art sagen: wie sie sie zum Nachdenken, zum Hinterfragen der eigenen Person und dessen, was man tat, bewegt hatte. Manchmal hatte sie sehr direkt ihre Kritik geäußert. Unter Umständen war sie auch mal laut geworden. Aber sie hatte es immer geschafft, einem die Augen zu öffnen, den Horizont zu erweitern, damit man die Dinge auch mal von ihrer anderen Seite her betrachtete. Dafür war Marlene ihr oft dankbar gewesen. Tom öffnete leise die Tür.

»Bist du so weit?«

Sie nickte. Schnell faltete sie den Zettel wieder zusammen, steckte ihn in die Handtasche zurück und griff nach der Reisetasche.

Sie fuhren zunächst schweigend Richtung Flensburg. Marlene war immer noch in Gedanken bei der Beerdigung. Als sie den Grenzstein des Landkreises Schleswig-Flensburg passierten, entdeckte Tom das nordfriesische Pendant im Rückspiegel.

»Ist da eigentlich auch der Grütztopf drauf?«

Marlene schaute ihn verwirrt an. Sie hatte keine Ahnung, was er meinte.

»Na, das Wappen von Nordfriesland.«

»Weiß nicht.«

Sie wollte nicht reden. Und schon gar nicht war sie in der Stimmung, irgendwelche Erklärungen über das nordfriesische Wappen abzugeben.

»Haie hat neulich mal etwas darüber erzählt. Ich glaube, er hat es in dem Buch, das wir ihm geschenkt haben, gelesen.«

»Mhm.«

Er bemerkte sehr wohl, dass sie sich nicht unterhalten wollte, aber er wollte sie gerne ein wenig von der morgigen Beerdigung ablenken. Es war nicht gut, wenn sie zu viel grübelte.

»Ich meine, er hat gesagt, dass dieses Wappen erst seit 1970 verwendet wird. Davor wurden nämlich die Kreise Südtondern, Husum und Eiderstedt zusammengelegt.«

»Ich weiß.«

Sie wirkte genervt, aber so schnell gab er nicht auf.

»So weit ich weiß, sind auf den Segeln ein Fisch und ein Stier und ...«

»... ein Pflug zu sehen«, ergänzte sie seufzend den Satz.

Und bevor er fortfahren konnte, beantwortete sie in kurzen knappen Sätzen seine anfängliche Frage.

»Und der Topf ist vom ›Lever duad üs slaaw‹-Wappen. Von dem hat man aber nur die Farben übernommen.«

Anschließend schwieg sie wieder. Er betrachtete sie von der Seite. Sie wirkte angespannt und er verkniff sich die Frage, was es denn mit diesem Grütztopf nun auf sich hatte. Er erinnerte sich, einmal gelesen zu haben, dass friesische Frauen angeblich irgendwelche Gegner mit heißer Grütze in die Flucht geschlagen hatten. Aber das war momentan nicht wichtig.

21

Sie erreichten Hamburg um die Mittagszeit. Marlene äußerte den Wunsch, zuerst einen Spaziergang zu machen. Tom wunderte sich, dass sie nicht gleich zu ihren Eltern wollte. Es war immerhin schon ein paar Wochen her, dass sie in Hamburg gewesen war.

Er hatte ihre Eltern noch nicht kennengelernt. Sie hatte bisher immer eine Ausrede gehabt, hielt den Zeitpunkt wahrscheinlich für zu früh, hatte er gedacht, obwohl es ihn ein wenig gekränkt hatte. Nun war er natürlich umso gespannter darauf, ihrer Familie endlich einmal zu begegnen.

Sie hingegen hatte es nicht eilig und bat ihn, an der Elbchaussee zu parken und eine kleine Wanderung durch den Jenisch-Park mit ihr zu unternehmen. Mit forschen Schritten rannte sie geradezu durch den Park, hinauf zu der kleinen Anhöhe, auf welcher das Haus des ehemaligen Senators der Stadt stand.

»Komm, lass uns hier eine Kleinigkeit essen.«

Sie ging voran in das Haus, in welchem neben einem Museum auch ein kleines Café eingerichtet war. Ein namhaftes Hotel war hier der Pächter und bot Köstlichkeiten für den kleinen Hunger an.

Sie wählten einen Tisch am Fenster.

»Willst du noch etwas sehen? Soll ich dir noch etwas in Hamburg zeigen? Vielleicht den Michel oder die Reeperbahn?«

Er schüttelte den Kopf.

»Ich denke, deine Eltern werden auf uns warten.«

Sie erklärte, dass ihre Eltern meist erst sehr spät abends nach Hause kamen. Ihr Vater hätte immer viel zu tun. Vor dem Abendessen brauchten sie gar nicht dort zu erscheinen.

»Aber ist denn dein Vater nicht bereits Rentner?«

Ihm wurde deutlich, dass er nicht allzu viel von ihrer Familie wusste. Sie sprach nicht gerne darüber. Einmal hatte er sie direkt gefragt, warum nicht, doch sie war ihm ausgewichen. Wie jetzt auch.

»Ich hätte Lust, mal wieder auf den Michel zu steigen.«

Kommissar Thamsen war nach dem Besuch bei Tom und Marlene zunächst in die Polizeidienststelle und anschließend nach Husum gefahren.

Die Verkäuferin in dem Lederwarengeschäft hatte zwar die Handschuhe wiedererkannt, aber keine Auskünfte über den Käufer geben können.

»Wissen Sie, diese Handschuhe habe ich in den letzten Wochen ein paar Dutzend Mal verkauft.«

Ob ihr denn jemand verdächtig vorgekommen oder ihr etwas aufgefallen sei? Sie hatte nur den Kopf geschüttelt.

Nach dem erfolglosen Gespräch in dem Geschäft in der Norderstraße hatte er nochmals die Anwohner in der Straße befragt, wo man Heike Andresens Auto gefunden hatte und der anonyme Anrufer sie mit dem fremden Mann gesehen haben wollte. Aber auch diesmal ergaben die Ermittlungen keine neuen Hinweise. Keiner hatte etwas gesehen oder gehört.

Nun saß er in seinem Büro und blätterte in der Akte. Er konnte sich nicht vorstellen, dass es überhaupt keine

Hinweise, keinen Anhaltspunkt gab. Sie mussten etwas übersehen haben. Er betrachtete wieder und wieder die Bilder der Toten.

Ein Kollege betrat das Büro und stellte einen Pappkarton auf seinen Schreibtisch.

»Das sind einige der Sachen aus der Wohnung. Die Spurensicherung ist fertig damit.«

Dirk Thamsen warf einen Blick in den Karton. Ein paar Ansichtskarten, Rechnungen, ein Kalender, ein Tagebuch und das Foto des Jungen, welches ihm schon bei der ersten Hausdurchsuchung aufgefallen war. Er fragte, ob man denn etwas Interessantes gefunden hätte, doch der Kollege schüttelte nur bedauernd den Kopf. Allerdings war er sich nicht ganz sicher, wie intensiv alles untersucht worden war. Er wusste nur, dass man nach Fingerabdrücken oder Faserresten gesucht hatte.

Das konnte der Kommissar allerdings selber sehen. Auf den Sachen befanden sich noch die Überreste des Aluminiumpulvers.

»Und das Tagebuch?«

Der andere zuckte mit den Schultern.

»Die Kollegen haben es gelesen, aber soweit ich weiß, keine Anhaltspunkte gefunden.«

Thamsen wunderte sich. Normalerweise fanden sich in Tagebüchern doch die konkretesten Hinweise. Das lernte man bereits auf der Polizeischule. Was jedoch weder er noch sein Gegenüber wussten: Das Tagebuch war zwar wie die anderen Sachen aus Heike Andresens Wohnung auf Spuren untersucht worden, aber der Kollege, der es eigentlich hätte durcharbeiten sollen, war plötzlich krank geworden und so war es ungelesen wieder in den Karton gewandert, welcher nun auf seinem Schreibtisch stand.

Er bedankte sich und fragte noch nach den Kleidungsstücken. Der Kollege antwortete, dass man an der Kleidung verschiedene Fasern gefunden habe, mit den Handschuhen sei die Spurensicherung aber noch nicht fertig.

»Dann mach mal ein wenig Druck!«

Nachdem der andere gegangen war, nahm er zunächst das Foto des kleinen Jungen aus dem Karton. Wer das wohl war? Verwandtschaft? Patenkind? Er konnte vielleicht Marlene Schumann fragen, wenn sie von der Beerdigung zurück war. Jeder noch so kleine Hinweis konnte wichtig sein.

Er legte das Foto zu der Akte und griff nach dem Kalender. Es war eher eine Art Notizbuch, in dem die Ermordete teilweise medizinische Anmerkungen notiert hatte. Anscheinend tatsächlich unrelevant. Eine Seite zog allerdings seine Aufmerksamkeit besonders auf sich. Verschiedene Namen standen quer verteilt auf dem Papier geschrieben und von jedem Namen ging ein Pfeil zu einem anderen. Von Marten Feddersen zu Ion Boret, von Carsten Schmidt zu Serghei Oprea und von Mona Hansen zu Mariana Constantinov. Er blätterte ratlos in dem kleinen Büchlein hin und her. Was waren das für Namen? Er wählte die Nummer des Kollegen, der für die Untersuchung der Sachen zuständig gewesen war. Vielleicht hatte man herausfinden können, wer die Personen waren. Als jedoch auch nach dem zehnten Klingeln nicht abgehoben wurde, legte er auf. Er würde es später noch einmal versuchen.

Er griff nach dem Tagebuch. Es schien, als habe Heike Andresen, seit sie den Job an der Klinik in Niebüll angetreten und hierher gezogen war, Tagebuch geführt. Die Eintragungen in dem Buch mit dunkelblauem Ledereinband begannen jedenfalls mit dem 02.01.1996.

Sie hatten den 130 Meter hohen Kirchturm des Hamburger Michels zu Fuß erklommen. Nun ließen sie ihren Blick von der Aussichtsplattform über den Hafen schweifen.

Marlene erzählte, dass sie häufig mit Heike den Turm bestiegen hatte. Aus dieser Höhe hatte man nicht nur einen weiten Blick, sondern vieles, was einem sonst so groß und wichtig erschien, wurde, von hier oben aus betrachtet, plötzlich klein und nebensächlich.

»Sie hat oft gesagt, alles sei eine Frage der Perspektive.«

Tom nickte. Er verstand, was Heike gemeint und Marlene damit ausdrücken wollte. Momentan erschien es so wichtig, den Mörder zu finden, ihn zu bestrafen. Die Wut über das, was geschehen war, machte einen blind für die Realität. Heike war tot. Selbst wenn der Mörder gefasst war, würde sie nicht wieder lebendig werden. Das Leben ging ohne sie weiter und Marlene musste damit klarkommen.

Er legte seinen Arm um ihre Schultern und sie blickten in die untergehende Herbstsonne. Alles um sie herum schien plötzlich so friedlich. Sie kuschelte sich in seinen Arm und fühlte sich geborgen. Am liebsten hätte sie die Zeit einfach angehalten. Doch das ging nun mal nicht.

Sie fuhren wieder die Elbchaussee entlang. Marlene wies Tom den Weg und bat ihn, an einer Toreinfahrt abzubiegen. Das Anwesen, welches sich hinter dem Tor erstreckte, war gigantisch. Er konnte sich ein leises Pfeifen nicht verkneifen.

Der Kies knirschte unter den Rädern, vor dem riesigen Hauptportal stoppte er den Wagen. Die Haustür wurde geöffnet und ein Mann in dunklem Anzug kam die breite Treppe hinuntergeeilt. Er warf einen verwunderten Blick hinüber zu Marlene, doch sie war bereits ausgestiegen und winkte dem Mann abwehrend entgegen. Es war ihr wohl unangenehm, wie und wo ihre Familie lebte.

Als sie die Eingangshalle betraten, kam ihnen Marlenes Mutter entgegen. Sie war gepflegt gekleidet, makellos geschminkt und ihre blonden Haare adrett frisiert.

»Kindchen!«

Sie streckte ihre Arme aus und küsste ihre Tochter jeweils links und rechts auf die Wange, schob sie dann ein Stück von sich weg, um sie zu betrachten. Beinahe gleichzeitig fiel ihr Blick auf Tom. Sie musterte ihn von oben bis unten. Er konnte nicht einschätzen, was wohl ihr erstes Urteil über ihn ergeben hatte.

»Willst du uns nicht vorstellen, Liebchen?«

Marlene schaute unsicher zu Tom.

Ihre Mutter ist ihr peinlich, dachte er und ergriff selbst die Initiative.

»Mein Name ist Tom Meissner.«

Er reichte ihr die Hand und lächelte.

Ihr Händedruck war kräftig, sie erwiderte sein Lächeln.

»Angenehm, Gesine Liebig.«

Er wunderte sich zunächst über den Nachnamen, geriet dann aber ins Grübeln, woher er diesen Namen kannte.

Sie führte sie in einen der angrenzenden Räume.

Überall standen teure antike Möbel, an den Wänden hingen wertvolle Gemälde. Trotz der Kosten und Mühe, die man sich beim Einrichten des Raumes gemacht hatte, wirkte alles kalt und ungemütlich.

Sie nahmen auf einer kleinen Sitzgarnitur Platz, Gesine Liebig bot ihm einen Sherry an, als sich schließlich auch Marlenes Vater zu ihnen gesellte. Jetzt wurde Tom schlagartig bewusst, wieso ihm der Name Liebig so bekannt vorgekommen war. Er erkannte den großen, stattlichen Herrn sofort. Er war der Inhaber einer riesigen Reederei, die seit Generationen in Familienbesitz war. Letztes Jahr war er von einer bekannten Wirtschaftszeitschrift zum Unternehmer des Jahres gekürt worden. Überrascht blickte er Marlene an, doch die war aufgestanden, um ihren Vater zu begrüßen. Wie ein braves Schulmädchen gab sie ihm die Hand und er spürte, dass in diesem Raum nicht nur die Einrichtung Eiseskälte verströmte.

22

Irina lag auf einer der Matratzen und tat, als ob sie schliefe. Seitdem sie hier war, hatte sich nicht viel ereignet. Das andere Mädchen hatte beinahe die ganze Zeit geschlafen, nur ab und zu war die Frau hereingekommen, hatte ihnen zu trinken und etwas Suppe gebracht.

Sie hatte einmal versucht, mit der anderen zu sprechen, doch die hatte nur ihren Finger auf ihre Lippen gelegt und geflüstert, dass es besser sei, nicht miteinander zu reden.

Oft hatte Irina aus dem Fenster geschaut. Draußen schien die Sonne, auf der Straße konnte sie Autos fahren sehen. Viele Autos und größere, als sie jemals gesehen hatte. Sie hatte sich gefragt, wo sie sich wohl befand. Wie weit weg war ihr Zuhause? Und was würde hier mit ihr passieren?

Sie hatte Angst. Immer wenn sie draußen auf dem Flur Geräusche hörte, legte sie sich schnell auf eine der Matratzen, zog das Laken bis zum Kinn und schloss die Augen. Meistens gingen die Männer zu dem anderen Mädchen, ein paar Mal hatten sie jedoch auch auf sie heruntergeblickt und sich dabei unterhalten. Irina hatte nichts verstanden, nur gehofft, dass sie bald wieder gehen würden, sie in Ruhe ließen.

Jetzt lag sie wieder ganz still da und horchte auf die Geräusche jenseits der Zimmertür. Diese wurde plötzlich geöffnet, sie hörte Schritte. Ein Mann beugte sich über ihren Körper, sie konnte Zigarettenrauch riechen und presste die Augenlider noch fester zusammen. Wenn er doch nur wieder gehen würde, dachte sie. Er soll mich in Ruhe lassen. Sie atmete heftig, die Angst war beinahe unerträglich. Es war still, aber sie spürte seinen Atem auf ihrem Gesicht. Langsam öffnete sie die Augen und erschrak. In der Hand hielt der Mann eine ziemlich große Spritze.

Kommissar Thamsen schlug das Tagebuch auf und begann, zu lesen:

03.01.1996

Mein zweiter Tag in der neuen Klinik und am liebsten würde ich schon wieder gehen. Die Schwestern sind zwar alle ganz nett und auch die Patienten sind gut drauf, aber Professor Voronin ist äußerst merkwürdig. Nicht nur, dass er ein absoluter Sklaventreiber ist – er schiebt sämtliche Arbeit seinen Mitarbeitern zu und rührt selbst nicht einen Finger –, zusätzlich ist er komisch. Kann gar nicht genau sagen, warum. Er rauscht in seinem weißen Kittel durch die Station. Habe ihn noch nicht einmal lächeln sehen. Bei den Schwestern ist er nicht besonders beliebt, das habe ich schon rausgefunden. Dass so jemand überhaupt Chefarzt werden konnte, wahrscheinlich nur über Vitamin B. Besonders herausragende Leistungen kann ich mir bei dem nicht vorstellen. Zumindest keine, die er selbst erbracht hat. Bin mal gespannt, wie sich das entwickelt. Aber momentan gibt es nicht wirklich eine Alternative. Der einzige Vorteil an diesem Job ist, dass ich in der Nähe von Marlene sein kann. Sie hat mir schon sehr gefehlt, seit sie aus Hamburg weggezogen ist. Für sie war es vermutlich besser, mal rauszukommen, aber ich habe sie wahnsinnig vermisst. Ob dieser Tom allerdings

142

der Richtige ist? Bin mir nicht sicher, aber Marlene hat
halt momentan die rosarote Brille auf und schwebt auf
Wolke sieben. Ist sicher auch ein netter Typ, so genau
kenne ich ihn ja auch nicht, aber mein Gefühl sagt mir,
da ist was. Ach, ich weiß auch nicht, wahrscheinlich nur
blinder Alarm. Bin vermutlich nur eifersüchtig, denn
seit es Tom gibt, hat Marlene merklich weniger Zeit für
mich. Klar, sie hat auch noch den Job im Institut. Bin ich
ja eigentlich ganz froh drüber, sonst würde sie sich nur
noch mit Tom beschäftigen, aber ein bisschen mehr Zeit
würde ich schon gerne mit ihr verbringen. Ich glaube, ich
rufe sie eben mal an und versuche, sie zu einem Treffen
zu überreden. Hier soll es ja ein paar schnucklige Knei-
pen geben, das wäre doch mal wieder was!

Dirk Thamsen lehnte sich zurück und blätterte weiter.

05.01.1996

War heute Abend mit Marlene beim Chinesen. Sie
wollte allerdings nach dem Essen ziemlich bald nach
Hause. Schade, wäre gerne mal ein wenig zum Tanzen
gegangen, aber alleine hatte ich auch keine Lust. Trotz-
dem war es sehr nett, mal wieder mit ihr zu plaudern.
Fast wie in alten Zeiten, außer dass natürlich beinahe
jedes zweite Wort TOM lautete. Ich hoffe nur, sie ver-
rennt sich da nicht in etwas. Aber mit zu ihren Eltern
wollte sie ihn morgen nicht nehmen. Wahrscheinlich wie-
der ihr altes Problem.

In der Klinik wird es jeden Tag schlimmer. Der Pro-
fessor halst mir so viel Arbeit auf, ich weiß gar nicht,
wie ich das alles schaffen soll. Heute habe ich es kaum
zur Verabredung mit Marlene geschafft, weil die Visi-

te erst so spät anfing und ich bei einem Patienten noch einen Zugang legen musste. Aber Voronin interessiert das überhaupt nicht. Man sieht ihn kaum auf der Station. Frage mich, was der wohl den ganzen Tag macht. Zum Glück sind die Schwestern eine riesige Hilfe und wirklich supernett. Haben zurzeit einen kleinen Jungen, der wirklich dringend auf eine Spenderniere wartet. Die Niere, welche sein Vater ihm vor ein paar Monaten gespendet hat, wurde leider abgestoßen. Seitdem muss er wieder zur Dialyse. Aber das mit der Spenderniere kann dauern. Leider haben immer noch zu wenige Menschen einen Spenderausweis. Und gerade bei Kindern ist es schwierig. Aber er schlägt sich tapfer und so oft es geht, besuche ich ihn. Das sind dann die schönen Momente in meinem Job, wenn man auch mal ein bisschen Zeit für die Patienten hat, so wirklich. Das Lächeln dieses kleinen Jungen, wenn ich sein Zimmer betrete, entlohnt mich echt für den Stress, den Voronin mir macht. Und wer weiß, vielleicht findet sich ja doch schneller ein Spenderorgan, als wir denken. Die Schwestern haben mir erzählt, dass einige Patienten in der Klinik schon mal Glück gehabt haben und innerhalb kurzer Zeit eine Transplantation bekommen haben. Also, mal sehen.

Langsam schien sich ein Bild von Heike Andresen zu formen. Bisher hatte er immer nur von anderen gehört, wie sie gewesen war. Freunde, Arbeitskollegen, Professor Voronin. Auch wenn die Kollegen keine bahnbrechenden Erkenntnisse für den Fall gewonnen hatten, ermöglichte ihm das Tagebuch einen Blick in das Leben der Ermordeten aus einer ganz anderen Perspektive. Natürlich waren solche Aufzeichnungen sehr persönlich und besonders die Passagen über Marlene Schumann berührten ihn. Zumal er auch Tom Meissner kannte. Immerhin wusste er, was ihre beste Freundin so über sie und ihre Beziehung zu ihm gedacht und ihr gegenüber vielleicht nie persönlich geäußert hatte.

Er selbst hatte nie Tagebuch geführt, fand aber Menschen faszinierend, die es taten. Er hätte auch gar nicht gewusst, was er schreiben sollte. Zum einen fehlte ihm die nötige Ruhe, zum anderen schreckte er vor dem Gedanken zurück, sich mit sich selbst und seinem Leben zu beschäftigen: nicht nur mit seinem Job, sondern auch mit seiner gescheiterten Ehe, seinem distanzierten Verhältnis zu seinem Vater, eben einfach mit der Person Dirk Thamsen, Polizeihauptkommissar, 43 Jahre alt, geschieden, zwei Kinder.

In Gedanken bildete er einen ersten Satz: ›*Liebes Tagebuch, heute habe ich mir eingestanden, dass ich unglücklich bin.*‹

Plötzlich wurde die Tür zu seinem Büro geöffnet und hinderte ihn daran, seinen Tagebucheintrag weiterzudenken.

»Hier sind endlich die Ergebnisse der Handschuhe. Die Spusi hat Hautpartikel gefunden.«

»Und?«

Der Kollege legte den Umschlag mit den Ergebnissen auf seinen Schreibtisch und zuckte mit den Schultern.

»Schwierig, wenn wir keine Vergleichs-DNA haben.«

Der Abend war lang geworden. Sie hatten zusammen zu Abend gegessen und Marlenes Eltern hatten ihn eine Menge gefragt. Was er denn studiert hatte? Wo er jetzt arbeite? Für welche Firmen?

Er hatte versucht, möglichst freundlich darauf zu antworten. Besonders herzlich war die Unterhaltung trotzdem nicht verlaufen. Marlene war es peinlich gewesen, aber sie hatte nichts gesagt. Sie verhielt sich sehr zurückhaltend und distanziert. Er fragte sich, warum man von ihrer Wärme und Herzlichkeit so wenig bei den Eltern spürte? Wie hatte sich Marlene unter diesen Bedingungen so entwickeln können? Sie war freundlich, mitfühlend und so menschlich. Nicht, dass er ihre Eltern nicht mochte, aber sie waren so oberflächlich, kalt und leblos.

Er legte sich neben sie in das riesige Gästebett. Sie hatte sich bereits zur Seite gedreht, tat so, als ob sie schliefe.

»Deine Eltern sind nett.«

Sie reagierte nicht. Er hörte nur, wie sie tief einatmete, und fragte sich, warum sie so reagierte. Schämte sie sich etwa für ihre Eltern?

»Ehrlich, ich finde, das war wirklich ein netter Abend!«

Sie drehte sich ruckartig zu ihm um und setzte sich auf.

»Nein, das war es nicht! Und du brauchst auch nicht mir zuliebe so zu tun, als wenn es ein netter Abend gewesen wäre. Es ist, wie es ist, und ich möchte nicht darüber sprechen!«

Sie zog die Decke bis unters Kinn und knipste das Licht aus. In der Dunkelheit hörte er sie angestrengt ein- und ausatmen. So kannte er sie gar nicht. Das Zusammensein mit ihren Eltern hatte sie merkwürdig verändert. Er fragte sich, woran es wohl lag, dass sie so heftig reagierte.

Er schaltete das Licht wieder an und beugte sich über sie.

»Was ist los?«

Sie versuchte, sich aus seinem Arm zu winden. Doch

er war einfach stärker. Sie blickte ihm in die Augen. Tränen lösten sich auf einmal aus den Augenwinkeln und sie begann, zu schluchzen. Er konnte nichts anderes tun, als sie in den Arm zu nehmen und fest an sich zu drücken.

»Pst«, flüsterte er, »ist ja gut.«

Langsam beruhigte sie sich. Er hatte vergessen, wie sehr Heikes Tod sie mitgenommen hatte. Und morgen war schließlich die Beerdigung. Kein Wunder, dass sie so reagierte. Der Kopf stand ihr wahrscheinlich momentan wirklich woanders. Vielleicht war das alles doch ein bisschen zu viel. Er löschte das Licht, zog sie noch ein wenig fester an sich heran und schloss die Augen. Es dauerte lange, bis er sie tief und gleichmäßig atmen hörte.

Dirk Thamsen hatte es sich auf seinem Sofa bequem gemacht.

Er hatte nach Feierabend bei seinen Eltern vorbeigeschaut. Es war bereits spät und die Kinder waren deshalb schon im Bett gewesen. Nach einer Gute-Nacht-Geschichte für Anne und ein paar Worten zu Timo war er heimgefahren.

Er hatte das Tagebuch mit nach Hause genommen. Auch wenn es laut seinen Kollegen keine Hinweise für den Fall enthielt, war es doch eine Möglichkeit, das Opfer besser kennenzulernen. Und wenn er ehrlich zu sich selbst war, trieb ihn vor allem Neugierde dazu, sich erneut in das Tagebuch der Ermordeten zu vertiefen.

18.01.1996

Heute bin ich wirklich so richtig platt. Die Arbeit schlaucht mich ganz schön, gestern war ich schon um 21 Uhr im Bett. Trotzdem muss ich jetzt noch unbedingt ein paar Zeilen schreiben, denn ich habe einen Mann kennengelernt. Obwohl, kennengelernt ist vielleicht zu viel gesagt, außerdem war es während der Arbeit und eigentlich zählt das ja nicht so richtig. Aber er hat mich gefragt, ob wir uns nicht mal treffen wollen. Auf ein Bier oder auch einen Kaffee. Ich weiß noch nicht so genau. Habe mich schon lange nicht mehr mit einem Mann getroffen und zudem ist er so etwas wie ein Kollege. Er ist Krankenpfleger in der Klinik in Husum und heißt Malte. Er war am Morgen wohl wegen eines Krankentransportes bei uns. Ich traf ihn im Schwesternzimmer. Eigentlich ist er nicht wirklich mein Typ, aber auf ein Bier könnte ich mit ihm ausgehen. Mal sehen, was sich so entwickelt. Man weiß ja nie!

20.01.1996

Habe mich gestern mit Malte getroffen. Wir waren in Husum im Brauhaus. Das war ganz nett. Aber ich bin mir nicht sicher, was ich von ihm halten soll. Eigentlich ist er ja ganz witzig. Kann halt super Storys von den Leuten im Krankenhaus erzählen, ist echt lustig. Vor allem scheint er fast jeden zu kennen. Arbeitet auch wohl schon ziemlich lange in der Klinik. Angeblich will er aber demnächst dort aufhören. Hat angeblich einen besseren Job in Aussicht. Jedenfalls hat er gesagt, dass er da viel mehr Geld verdienen könnte. Als ich ihn jedoch gefragt habe, was er denn so machen will, wollte er nicht so recht raus mit der Sprache. War wahrscheinlich nur so dahergesagt. Ein wenig mackermäßig ist er ja drauf. Wollte bestimmt bloß Eindruck schinden. Na ja, werde mal sehen, was so draus wird. Marlene erzähle ich lieber erstmal nichts von ihm. Vermutlich würde sie ihn eh nur mit Tom vergleichen und da kann er nicht *mithalten. Macht aber auch nichts. Will ja schließlich auch nur ein wenig Spaß!*

Nur ein wenig Spaß haben – daraus schien ziemlich schnell Ernst geworden zu sein. Todernst. Thamsen kratzte sich am Kopf. Ihm war dieser Malte gleich verdächtig vorgekommen. Der hatte doch was zu verbergen. Hätte er doch nur eine dieser Zigarettenkippen mitgenommen. Ein befreundeter Kollege im Labor war ihm noch einen Gefallen schuldig, denn ohne richterlichen Beschluss würde er keinen DNA-Test durchführen lassen können. Und wie sollte er den erwirken? Nur durch sein Bauchgefühl würde er den Richter nicht überzeugen können. Bereits die Kollegen aus Flensburg hatten etwas irritiert geschaut, als er nach Maltes Befragung geäußert hatte, dass man ihn eigentlich überwachen lassen müsste, denn natürlich hatte er auch ihnen gegenüber sein Bauchgefühl nicht begründen können. Sie waren sowieso nicht begeistert von seinen Alleingängen, hatten aber selbst auch noch nicht wirklich etwas herausgefunden.

Er stand auf und wählte die Nummer des Husumer Krankenhauses.

»Klinikum Nordfriesland. Sievers. Guten Abend.«

»Thamsen. Guten Abend. Könnten Sie mir bitte sagen, wann Malte Nielsen wieder Dienst hat?«

»Morgen Mittag ab 12 Uhr.«

23

Es regnete schon, seitdem sie aufgestanden waren. Tom lenkte den Wagen durch die Stadt, Marlene saß schweigend neben ihm. Sie hatte sich ganz zurückgezogen. Eingeigelt in eine Welt, zu der er momentan keinen Zugang hatte.

Er fand einen Parkplatz ganz in der Nähe der kleinen Kapelle in der Lärchenallee und stellte den Motor ab. Marlene machte keine Anstalten, auszusteigen. Wie versteinert saß sie auf dem Beifahrersitz und schaute mit leerem Blick durch die Windschutzscheibe.

»Ich kann da nicht reingehen.«

Er nahm ihre Hand. Sie war eiskalt.

»Ich bin bei dir.«

Sie drehte sich leicht zur Seite, schaute ihm ins Gesicht. Tränen standen in ihren Augen. Sie holte tief Luft, öffnete dann die Autotür.

In der Kapelle waren schon beinahe alle Plätze besetzt. Sie nahmen in einer der mittleren Reihen Platz. Ganz vorn saß Heikes Mutter, daneben die Schwester und deren Mann. Auch der Exfreund war gekommen. Er saß etwas abseits. Sie erkannte ihn an seinen breiten Schultern und den strohblonden Haaren. Ihr Blick wanderte zu dem dunklen Holzsarg, der im vorderen Teil der Kapelle umgeben von einem Blumenmeer stand. Links und rechts säumten riesige Kerzen den Holzkasten, in dem der Körper ihrer Freundin nun lag. Der freikirchliche Pfarrer, mit dem sie kurz telefoniert hatte, trat neben den Sarg und begann mit seiner Trauerrede. Heike war zwar bereits vor Jahren aus der Kirche ausgetreten, aber Marlene hatte sich eine Beerdigung nicht ohne einen Redner vorstellen können. Irgendjemand musste doch ein paar offizielle Worte sprechen.

»Heike Andresen ist plötzlich aus dem Leben gerissen worden. Wir alle sind gelähmt von dem Unfassbaren …«

Ihre Gedanken schweiften ab, sie hörte gar nicht mehr, was der Pfarrer zu der Trauergemeinde sprach. Bald würde er sie auffordern, ein paar persönliche Worte über Heike zu sagen. Sie wusste nicht, ob sie die Kraft dazu finden würde, sich neben den Sarg zu stellen und über ihre beste Freundin zu sprechen. Heikes Mutter würde sie erwartungsvoll anschauen – was, wenn sie nicht die richtigen Worte fand?

Abrupt wurde sie aus ihrer Gedankenwelt gerissen. Tom zupfte an ihrem Ärmel. Es war so weit. Aus ihrer Hosentasche holte sie den zusammengefalteten Zettel. Langsam ging sie nach vorne.

»Liebe Familie, liebe Freunde. Ihr alle habt Heike gekannt und lieb gehabt. Sie war eine Tochter, auf die man stolz sein konnte. Eine Schwester, die immer da war. Eine eifrige Arbeitskollegin, eine gute Freundin. Für mich war sie noch viel mehr. Wenn ich morgens aufgewacht bin, habe ich an sie gedacht. Beim Mittagessen wanderten meine Gedanken zu ihr und wenn ich abends ins Bett gegangen bin, galt mein letzter Gedanke stets ihr. Und das ist auch jetzt so und wird wahrscheinlich immer so bleiben. Wir kannten uns sehr gut, haben einiges miteinander erlebt, sodass uns etwas verband, das ich nicht beschreiben kann. Manche nennen es Seelenverwandtschaft oder auch Telepathie. Aber es war viel,

viel mehr als das. Vielleicht erinnern sich einige von euch an den Tag, als Heike sich spontan die langen Haare hatte abschneiden lassen. Wir hatten vorher nicht darüber gesprochen, mit keiner Silbe hatte sie jemals erwähnt, dass sie sich auch nur im Traum vorstellen konnte, ihre schönen langen Haare abzuschneiden. Wahrscheinlich war es aus Frust über die verpatzte Biochemieklausur. Am selben Tag habe ich mich von meinem ersten festen Freund getrennt. Er war meine große Liebe. Aus Trotz oder Frust oder was auch immer mich dazu bewogen hat, bin ich an dem Nachmittag zum Friseur gegangen und habe mir ebenfalls die Haare kurz schneiden lassen. Als ich Heike am Abend traf, sind wir uns um den Hals gefallen und haben Tränen gelacht.«

Sie blickte zu Heikes Mutter, die tapfer lächelte.

»Das heißt aber nicht, dass wir immer einer Meinung waren«, fuhr sie fort.

»Heike hat mich oft zum Nachdenken gebracht, versuchte, mir zu erklären, wie die Dinge vielleicht aus einer anderen Perspektive aussehen, dass nicht alles tatsächlich so ist, wie es auf den ersten Blick scheint. Heike war eine fantastische ›Kulissenguckerin‹. Dieses Wort benutze sie oft, um sich selbst zu beschreiben. Und wenn sie heute hier die Möglichkeit hätte, zu uns zu sprechen, dann würde sie sagen: »Kinder, warum seid ihr traurig? Nur weil ihr mich nicht mehr seht, heißt das doch nicht, dass es mich nicht mehr gibt. In euren Köpfen bin ich stets da, schleiche mich in eure Gedanken, zaubere euch wunderschöne Erinnerungen.«

Marlene kämpfte mit den Tränen, ihre Stimme zitterte. Mit der Hand klopfte sie sich an ihre Brust.

»Und hier, hier in euren Herzen, das weiß ich, wird sie immer einen Platz haben.«

Die Absätze ihrer Schuhe klickten laut auf dem Steinfußboden und hallten in ihrem Kopf wider. Auf wackligen Beinen ging sie zurück zu ihrem Platz. Tom griff sofort nach ihrer Hand.

Musik ertönte. ›Knockin' on heaven's door‹ von den Guns N' Roses. Heikes Lieblingslied. Sie hatte lange darüber nachgedacht, ob man es auf einer Beerdigung spielen konnte. Letztendlich hatte sie aber alle Bedenken über Bord geworfen und nur auf das Gefühl gehört, welches ihr sagte, dass Heike sich darüber diebisch gefreut hätte. Zum einen, weil sie genau gewusst hätte, dass ihre Tanten darüber empört sein würden. Zum anderen natürlich, weil es nun mal einfach ihr absolutes Lieblingslied gewesen war.

Die letzten Töne verklangen, die Männer vom Bestattungsinstitut traten neben den Sarg und trugen ihn nach draußen. Die Trauergäste erhoben sich, langsam setzte sich der Zug in Bewegung.

Sie hatte eine Grabstätte ganz in der Nähe der Kapelle gewählt. Nach kurzer Zeit hatten die Gäste sich dort versammelt. Der Sarg wurde in die ausgehobene Grube hinabgelassen. Der Anblick, gepaart mit der Gewissheit, dass Heike in diesem Holzkasten lag, war kaum zu ertragen. Sie schluchzte.

Der freikirchliche Pfarrer sprach ein paar Worte, danach trat die Mutter gestützt von der zweiten Tochter an das Grab. Mit zitternden Händen warf sie eine weiße Lilie in das dunkle Loch. Marlene wendete ihren Blick ab, dabei fiel ihr ein Mann auf, der etwas abseits hinter den anderen Trauergästen stand. Sie hatte ihn nie zuvor gesehen, aber er zog von einer Minute auf die andere ihre ganze Aufmerksamkeit auf sich. Er war circa Anfang 50, klein und trug einen hellen Trenchcoat. Er schien sehr ergriffen, denn er wischte sich mit einem Taschentuch ständig über sein Gesicht. Sie beugte sich ein Stück zur Seite, um ihn noch besser sehen zu können. Tom wunderte sich und folgte ihrem Blick.

»Kennst du den Mann?«

Sie schüttelte den Kopf.

Nachdem sie ans Grab getreten und Heikes Mutter kondoliert hatten, suchten ihre Augen nach dem Unbekannten. Doch sie konnte ihn nirgends mehr entdecken. Er schien plötzlich verschwunden zu sein.

Dirk Thamsen war bereits einige Zeit vor Malte Nielsens offiziellem Dienstbeginn im Krankenhaus in Husum. Im Schwesternzimmer hatte er sich heimlich umgeschaut und den vollen Aschenbecher geleert. Nun stand er am Ende des Ganges am Fenster und wartete auf den Pfleger.

Dieser kam zu spät zur Arbeit. Seine Kollegin beschwerte sich lautstark bei ihm, doch Malte zuckte nur mit den Schultern. Ihm schien es völlig egal zu sein. Als der Kommissar das Zimmer betrat, saß er am Tisch und rauchte.

»Guten Tag, Herr Nielsen.«

Der Pfleger schaute überrascht auf. Eilig drückte er die Zigarette aus und stand auf.

»Oh, wollten Sie zu mir? Weil mein Dienst beginnt gerade. Ich muss dringend meine Kollegin ablösen.«

Dirk Thamsen gab vor, noch einige Fragen zu haben. Er könne aber gerne hier auf ihn warten. Der Pfleger nickte und stürzte geradezu aus dem Zimmer.

In aller Ruhe holte der Kommissar einen Plastikbeutel aus seiner Jackentasche und schüttete den Inhalt des Aschenbechers hinein.

Über die B 201 fuhr er bis zur A 7, ab dem Bordesholmer Dreieck auf der A 210 Richtung Kiel. Er hatte seinen Freund im Labor schon angerufen und auf sein Anliegen vorbereitet.

»Moin, Dirk. Und, warst du erfolgreich?«, begrüßte der Freund ihn, als er das Labor betrat.

Er nickte und hielt den Beutel mit der Zigarettenkippe wie eine Trophäe hoch. Der andere betrachtete interessiert den Inhalt.

»Ich hoffe, das reicht. Du weißt aber schon, dass du ohne Beschluss das Ergebnis so gut wie vergessen kannst?«

Dessen war er sich bewusst. Aber die Wahrscheinlichkeit für einen richterlichen Beschluss lag etwa bei null Prozent. Er würde diesen Malte schon kriegen, wenn er nur erstmal den einen Beweis hatte. Vielleicht würde er ja sogar gestehen, wenn er ihn mit dem Ergebnis konfrontierte. So helle war der bestimmt nicht, dass er nach einem richterlichen Beschluss fragen würde.

»Wann hast du das Ergebnis?«

Der andere blickte auf einen Tisch voller Reagenzgläser und schnaufte.

»Wenn ich mich beeile, Anfang nächster Woche.«

»Gehts nicht schneller?«

Er wollte den Freund zwar nicht zu sehr unter Druck setzen, schließlich erwies er ihm einen Freundschaftsdienst, aber er brauchte das Ergebnis so schnell wie möglich. Malte Nielsen war immerhin fast seine einzige Spur.

»Ich schau mal, was sich machen lässt!«

Während sie etwas abseits darauf warteten, dass alle Gäste der Familie kondoliert hatten, trat Heikes Exfreund neben sie. Er sah furchtbar blass aus, seine Augen waren gerötet.

»Wie konnte das nur passieren? Vielleicht, wenn wir uns nicht getrennt hätten, es ist alles meine Schuld!«, flüsterte er.

Marlene legte ihre Hand auf seinen Arm. Er hatte ihre Freundin zwar sehr verletzt, aber eine Schuld an ihrem Tod traf ihn nun wirklich nicht. Die war einzig und allein dem Mörder zuzuschreiben. Eine Weile standen sie schweigend nebeneinander, dann verabschiedete er sich.

»Vielleicht sieht man sich mal.«

Er versuchte, zu lächeln, und sie wusste, dass das nicht der Fall sein würde. Er hatte bereits vor Heikes Tod der Vergangenheit angehört.

»Wer war das?«, fragte Tom, als der junge, blonde Mann sich ein gutes Stück von ihnen entfernt hatte.

»Nils, der Ex von Heike.«

»Und wieso glaubt er, dass er schuld an ihrem Tod sei?«

»Ach«, sie schüttelte den Kopf, »vielleicht, weil er ein schlechtes Gewissen hat.«

Fragend blickte er sie an und wartete auf eine Erklärung.

»Nils und Heike waren vier Jahre lang ein Paar. Sie wollten eigentlich zusammenziehen, hatten auch schon eine schöne Wohnung in Eppendorf gefunden. Plötzlich hat er es wohl mit der Angst gekriegt. Sah sich vermutlich als spießigen Familienvater enden oder so. Jedenfalls hat er Heike mit einer anderen betrogen und als sie es herausfand, hat sie Schluss gemacht. War zwar eine schlimme Zeit für Heike, aber in meinen Augen das einzig Richtige, was sie tun konnte«, schloss Marlene die kurze Erklärung über die gescheiterte Beziehung.

Er schluckte und war froh, dass sie sich nicht weiter darüber ausließ.

Nachdem alle Anwesenden der Familie ihr Beileid ausgesprochen hatten, kam Heikes Mutter auf sie zu.

»Ihr kommt doch noch auf einen Kaffee zu uns?«

Eine offizielle Kaffeetafel war nicht geplant und so folgten sie dem roten Kombi von Frau Andresen.

Es war nicht besonders weit. Schon bald bogen sie vom Ring 2 ab und parkten auf einem gepflasterten Platz direkt vor dem Wohnhaus, in welchem die Mutter lebte. Sie war vor Kurzem hierher gezogen, lebte in einer der Wohnungen im Erdgeschoss.

Marlene half der Schwester in der Küche, den Kaffee zu machen.

»Wie geht es ihr?«

Heikes Schwester Gesa schüttelte den Kopf.

»Nicht besonders, aber sie schlägt sich tapfer.«

Gesa bedankte sich noch einmal, dass sie die Organisation der Beerdigung übernommen hatte. Sie selbst war mit der Mutter so sehr beschäftigt, dass sie gar nicht die Zeit gefunden hätte.

»Und es war wirklich sehr schön, vielen Dank.«

Sie trat zu Marlene und umarmte sie flüchtig.

»Es kostet alles so viel Kraft. Und der, der uns das angetan hat, läuft auch noch frei herum!«

Wie recht sie doch hatte. Die Polizei hatte bis jetzt nicht mal einen Verdächtigen. Ihr fiel der Mann vom Friedhof wieder ein. Doch als sie Gesa nach ihm fragte, zuckte diese nur mit den Schultern.

»Im Trenchcoat? Habe ich gar nicht gesehen.«

Nach dem Kaffee verabschiedeten sie sich.

»Wäre schön, wenn wir in Kontakt blieben«, sagte

Heikes Mutter zum Abschied und umarmte sie dabei so fest, dass Marlene das Gefühl hatte, beinahe zu ersticken. Fast hatte es den Anschein, als befürchtete die Mutter, mit ihr auch einen Teil der Erinnerungen an ihre Tochter zu verlieren. Schnell versicherte sie, dass sie sich regelmäßig melden würde.

»Möchtest du noch bei deinen Eltern vorbeischauen, ehe wir uns auf den Weg machen?«

Sie schüttelte ihren Kopf. Sie wollte nur nach Hause. Und das war mittlerweile nun einmal in Risum-Lindholm.

Haie hatte es sich auf dem Sofa bequem gemacht und den Fernseher eingeschaltet. Es gab einen ›Tatort‹, zwar im dritten Programm, eine Wiederholung, aber er kannte den Krimi mit dem Titel ›Animals‹ noch nicht. Als die Kommissare jedoch zu dem Fundort einer Leiche gerufen wurden, schaltete er den Apparat aus. Von Mord und toten Frauen hatte er momentan genug. Das musste er sich nicht auch noch als Fernsehfilm ansehen.

Er griff nach einem Buch und schlug es auf. Es war auf Plattdeutsch geschrieben und enthielt kleine Geschichten zum Schmunzeln, sogenannte ›Döntjes‹. Er las gerade die Geschichte über einen Kurgast bei Thamsens in Bongsiel, als das Telefon klingelte.

Es war Elke. Ob er kommen könne?

»Wieso, ist was passiert?«

Sie würde sich fürchten, hätte draußen Geräusche gehört und einen Schatten am Fenster gesehen. Er wusste, dass das wahrscheinlich alles erfunden war. Sie wollte ihn nur sehen. Wie sollte er ihr nur jemals begreiflich machen, dass es aus war zwischen ihnen?

158

»Weißt du, mir gehts nicht gut. Magenschmerzen.«

»Und wenn der mir etwas antut?«

Er fand es unfair, ihm einen erfundenen Mörder und Todesangst vorzuspielen. Und er war es leid. Diesmal würde sie ihn nicht herumkriegen.

»Dann musst du wohl die Polizei anrufen.«

Er legte auf. Natürlich war es schwer für sie, aber irgendwann musste sie nun einmal akzeptieren, dass er nicht mehr für ihr Leben zuständig war. Er würde nicht zu ihr zurückkehren. Das musste sie begreifen.

Er schaltete wieder das Fernsehen an. Zum Weiterlesen fand er jetzt sowieso nicht die Ruhe. Sein Finger wirbelte über die Fernbedienung, bis ein Bericht auf einem der vielen Privatsender seine Aufmerksamkeit erregte. Ein junger Reporter berichtete über den Menschenhandel in Osteuropa. Selbst Waisenhäuser seien beteiligt. Haie fragte sich, was wohl in den Köpfen der Kinder vor sich ging, die von ihren Eltern verkauft wurden.

Thamsen saß am Abendbrottisch und ließ sich von Anne die Neuigkeiten aus der Schule berichten. Sie hatte eine Eins im Diktat geschrieben und war mächtig stolz. Er hatte das Gefühl, sie blühte förmlich auf. Nach ihrer Mutter fragte sie fast gar nicht.

»So, Anne, Zeit zum Zähneputzen!«

Seine Mutter scheuchte das Mädchen ins Bad.

»Sie war heute hier.«

»Wer?«

Eigentlich hätte er sich die Frage sparen können, denn er wusste ganz genau, wen seine Mutter meinte. Sie wollte die Kinder mitnehmen, habe mit der Polizei gedroht. Total betrunken sei sie gewesen. Habe pausenlos gegen die Haustür getrommelt. Anne hatte angefangen zu weinen und Timo hatte geschrieen, sie solle sie alle in Ruhe lassen.

»Was die Nachbarn wohl denken? Wie soll es denn weitergehen?«

Er hatte sich ans Jugendamt gewandt, dort wurde der Fall gerade bearbeitet. Eigentlich musste das Schreiben, dass sie sich den Kindern vorläufig nicht nähern durfte, jeden Tag eintreffen. Jedenfalls hatte ihm das die Dame am Telefon gesagt. Man würde nur noch auf einen Beschluss vom Gericht warten, denn dass seine Exfrau momentan nicht in der Lage sei, sich um das Wohl der Kinder zu kümmern, habe man bereits festgestellt.

»Wenn sie dann noch einmal hierher kommt, rufst du meine Kollegen von der Schutzpolizei!«

Nach der Gute-Nacht-Geschichte für Anne war er nach Hause gefahren. Er musste sich schnellstens eine Lösung überlegen. So konnte es auf Dauer nicht bleiben. Im Altpapier suchte er nach der Zeitung vom Vortag.

Im hinteren Teil befanden sich einige Wohnungsanzeigen. Er setzte sich an den Küchentisch und strich die Anzeigen an, welche er interessant fand. Viele waren es nicht. Eine Dreizimmerwohnung in Deezbüll, eine in Bosbüll und eine mit vier Zimmern zwei Straßen weiter von seiner jetzigen gelegen. Gleich morgen früh würde er sich darum kümmern.

Aus dem Kühlschrank holte er sich eine Bierflasche und machte es sich mit dem Tagebuch auf der Couch gemütlich. Er hatte schon mehrere Einträge gelesen und war mittlerweile bei Mitte April angelangt. Sein Kollege hatte wohl recht damit gehabt, dass das Tagebuch keine interessanten Hinweise enthielt, obwohl ihn das wunderte. Schließlich konnte nicht ausgeschlossen werden, dass der Täter im persönlichen Umfeld der Ermordeten zu finden war. Inzwischen war jedoch nicht sonderlich viel vorgefallen, wie er den bisherigen Aufzeichnungen, die er manchmal nur mit viel Mühe und Fantasie entziffern konnte, entnommen hatte. Die Arbeit in der Klinik war nach wie vor sehr anstrengend. Professor Voronin verhielt sich laut Heike äußerst merkwürdig und wurde von ihr als sehr unsympathisch beschrieben. Marlene hatte immer weniger Zeit und deswegen hatte sie sich mehrere Male mit Malte getroffen, ohne ihrer Freundin jedoch davon zu erzählen. Warum, wusste sie selbst nicht und sie hatte auch das Gefühl, dass ihre Freundschaft in den letzten Wochen ein wenig an Intensität verloren hatte. Die Zeit mit Malte hatte sie genossen. Sie waren tanzen und ins Kino gegangen. Wirklich gelaufen war allerdings zwischen ihnen bisher noch nichts. Heike betonte immer wieder, dass er eigentlich nicht ihr Typ war. Ansonsten war jedoch nichts Nennenswertes passiert, trotzdem schlug er gespannt das Tagebuch auf. Heike Andresen war durch die Aufzeichnungen für ihn wieder zu einem lebendigen Wesen geworden. Mal lustig und voller ironischer Gedanken, ein anderes Mal nachdenklich und hinterfragend. Und es war nicht nur berufliche Neugierde, die ihn antrieb, weiterzulesen.

22.04.1996
Mutti hat mich heute angerufen. Es geht ihr schlecht, wahrscheinlich muss sie wieder in die Klinik. Ausgerechnet jetzt, wo ich noch in der Probezeit bin und keinen Urlaub kriege. Der Voronin lässt mich doch nicht weg. Ich verstehe das auch gar nicht, wo es ihr doch Ostern recht gut ging. Tollen Ausflug nach Blankenese haben wir gemacht, aber vielleicht war das auch zu viel für sie.

Ich traue mich auch gar nicht, den Voronin zu fragen.
In der letzten Zeit war er ja total unfreundlich. Immer
wenn man in sein Büro kommt, benimmt er sich, als ob
man ihn stören würde. Dabei frage ich mich, was er denn
außer seiner morgendlichen Blitzvisite so den ganzen Tag
treibt. Aber wenn es nicht besser wird mit Mutti, werde
ich wohl fragen müssen. Auf keinen Fall lasse ich sie die
ganze Zeit allein in der Klinik und Gesa kann auch nicht
immer einspringen, sie hat ja auch die Kinder. Also, mal
abwarten und Daumen drücken. Was anderes bleibt mir
nicht übrig. Jetzt kann ich selbst mal versuchen, die Ge-
duld aufzubringen, von der ich dem kleinen Jungen auf
Station immer vorschwärme. Andreas heißt er übrigens.
Momentan geht es ihm ein klein wenig besser, vielleicht
darf er nächste Woche raus und braucht dann nur noch
zur ambulanten Dialyse. Oder er hat wirklich Glück
und es findet sich ein Spender. Bei Carsten Schmidt, der
einige Wochen bei uns auf Station lag, hat es recht schnell
geklappt. Habe ich in Hamburg nie erlebt, war wirklich
großes Glück. Vielleicht trifft es Andreas ja auch. Und
meine Mutter, das wäre zu schön!

Thamsen kratzte sich am Kopf und überlegte, woher er
den Namen Carsten Schmidt kannte. Irgendwo hatte
er ihn doch schon einmal gelesen. Er erinnerte sich an
den Kalender. Waren da nicht noch mehr Namen auf-
gezählt gewesen? Kurz entschlossen sprang er auf und
fuhr noch einmal ins Büro.

In dem Pappkarton, der inzwischen neben seinem
Schreibtisch stand, lag auch der kleine, schwarze Kalender der Ermordeten. Eilig schlug er ihn auf, blätterte fahrig zwischen den Seiten, bis er die Skizze mit den
Namen und den Pfeilen gefunden hatte.

Von Carsten Schmidt ging ein Pfeil zu Serghei Oprea. Was konnte das bedeuten?

Er überlegte, ob er ins Krankenhaus gehen und einfach die Schwestern befragen sollte. Aber das konnte wieder Ärger geben, schließlich durften sie nicht über die Krankheiten der Patienten plaudern. Und bis er einen Beschluss hatte, das konnte dauern, wenn er überhaupt einen bekam. Manchmal hatte er das Gefühl, dass man in Deutschland eher gegen die Aufklärung eines Verbrechens arbeitete als dafür. Jedenfalls, wenn es darum ging, schnell und unkompliziert Auskünfte zu erhalten oder eine heiße Spur verfolgen zu können. Natürlich war ihm bewusst, dass man ja die Bürger dieses Landes nur schützen wollte, aber trotzdem behinderten ihn diese Gesetze häufig bei seiner Arbeit.

Er stand auf und trat auf den Flur. Im Büro gegenüber hatte er bei seinem Kommen noch Licht brennen sehen. Der Kollege arbeitete noch.

»Moin, Peter. Hast du eine Ahnung, ob Klaus schon etwas wegen der Namen im Kalender von Heike Andresen herausgefunden hat?«

Der junge Mann schaute ihn fragend an.

»Keine Ahnung. Klaus ist krank.«

Thamsen ging zurück an seinen Schreibtisch und wählte die Nummer des Kollegen.

»Mein Mann schläft. Es geht ihm gar nicht gut. Soll ich ihn wecken?«

Er verneinte.

»Ich melde mich wieder.«

Wahrscheinlich hatte Klaus Iwersen sowieso noch nichts herausgefunden. Sonst hätte er bestimmt davon erfahren.

Er holte das Telefonbuch aus der Schreibtischschublade. 21 Einträge beim Namen Schmidt allein in Niebüll, darunter allerdings kein Carsten. Heike hatte nichts über das Alter des Patienten geschrieben, vielleicht war er ebenfalls ein Kind und lebte bei seinen Eltern? Oder gar nicht in Niebüll, sondern in Leck oder Risum-Lindholm. Er schlug die anderen Namen nach. Ebenfalls keine Einträge. Es würde ihm wohl nichts anderes übrig bleiben, als alle Schmidts, Feddersens und Hansens anzurufen und nach Carsten, Marten und Mona zu fragen. Ein Blick auf die Uhr sagte ihm jedoch, dass es dafür heute bereits zu spät war. Denn selbst wenn er sich mit Polizeihauptkommissar Thamsen melden würde, gäbe es sicher den einen oder anderen, der sich am Morgen bei seinem Vorgesetzten beschweren würde. Und Ärger hatte er momentan genug am Hals. Zwar vorerst nur privat, aber das sollte möglichst auch so bleiben.

Tom hatte ihr einen Früchtetee gekocht. Sie saß auf der Eckbank und schwieg. In Gedanken ließ sie den Tag Revue passieren. Die Trauerfeier, ihre Rede, das Grab, die Kränze. Immer wieder fragte sie sich, wer wohl der Mann in dem hellen Mantel gewesen war. Ständig blitzte sein Bild auf, so, als sollte ihr das etwas sagen.

»Wenn ich nur wüsste, wer dieser Mann ist.«

»Vielleicht war es einfach nur ein Professor oder ein Arzt aus dem Krankenhaus, wo sie mal ein Praktikum gemacht hat.«

Er maß dem Unbekannten keinerlei Bedeutung bei. Wahrscheinlich war es nur ein heimlicher Verehrer gewesen, der Heike die letzte Ehre hatte erweisen wollen. Immerhin war sie eine attraktive Frau gewesen. Wieso sollte er nicht einfach nur scharf auf sie gewesen sein?

Das konnte er natürlich so nicht zu Marlene sagen, deswegen behielt er diese Gedanken für sich.

Aber sie sah das Ganze anscheinend anders.

»Wieso ist er dann einfach verschwunden? Man kondoliert doch zumindest der Familie, wenn man zu einer Beerdigung geht. Außerdem habe ich ihn in der Kapelle nicht gesehen. Der ist nur zum Grab gekommen.«

»Wahrscheinlich ist er dir nur nicht aufgefallen. Es waren doch so viele Leute dort in dem kleinen Raum und die Hälfte haben wir nur von hinten sehen können.«

Wieder widersprach sie ihm. Der Mann wäre ihr sofort aufgefallen. Allein dieser helle Mantel. Wer trug denn zu einer Beerdigung einen hellen Mantel? Und dann zu dieser Jahreszeit? Nein, der Mann war hundertprozentig nicht in der Kapelle gewesen, da war sie sich ganz sicher.

Es war ihm nicht möglich, ihr das Gegenteil zu beweisen. Er wusste nur, dass sie während der Trauerfeier wie unter Drogen gestanden hatte, völlig abwesend. Und da wollte sie sicher sein, dass dieser Mann nicht unter den anwesenden Gästen gewesen war? Er selbst war ja noch nicht einmal in der Lage, das zu beurteilen. Er wollte sie jedoch nicht noch weiter aufregen und schwieg deshalb.

»Wir sollten auf jeden Fall dem Kommissar davon erzählen. Am besten, ich rufe ihn gleich an.«

Sie war nicht aufzuhalten. Er merkte nur an, dass Herr Thamsen wahrscheinlich um diese Zeit gar nicht mehr arbeiten würde, aber sie griff unbeirrt zum Telefonhörer und wählte die Nummer des Kommissariats.

»Thamsen?«

Sie war erleichtert, die Stimme des Kommissars zu hören. Bedeutete es doch, dass er noch arbeitete und mit der Aufklärung des Mordes beschäftigt war. Schnell berichtete sie von dem Unbekannten auf der Beerdigung und dass er ihr verdächtig vorgekommen war. Dirk Thamsen fragte sie, ob es ihr möglich wäre, gemeinsam mit einem Kollegen ein Phantombild anzufertigen. Plötzlich war sie sich unsicher. Wie sollte sie den Mann beschreiben? Hatte er einen Vollbart oder nur einen Schnauzer getragen? Und die Augen? Der Kommissar deutete ihr Zögern richtig.

»Wir können es ja einfach mal versuchen. Es ist nicht schlimm, wenn es nicht klappt. Ich wollte ohnehin noch mit Ihnen sprechen. Passt es Ihnen morgen? Sagen wir, gegen 11 Uhr?«

Da sie diese Woche nicht mehr vorhatte, ins Institut zu fahren, sagte sie den Termin zu und legte auf. Ein Phantombild. Ob sie so etwas überhaupt konnte? Sie erzählte Tom von der morgigen Verabredung. Er kannte solche Zeichnungen bisher auch nur aus dem Fernsehen, versicherte ihr aber, dass sie den Mann sicher gut beschreiben würde. Schließlich verfügte sie über ein exzellentes Personengedächtnis. Das war ihm schon öfters aufgefallen. Manchmal, wenn sie zusammen in Dagebüll spazieren gingen, erkannte Marlene Leute aus dem Dorf. Ihm sagten die Gesichter meist nichts, aber sie konnte fast immer etwas über die Person sagen. Wo sie wohnte, wie viele Kinder sie hatte, was für ein Auto sie fuhr. Ihm fiel so etwas meist noch nicht einmal auf, aber sie hatte ein besonderes Auge dafür.

Er brühte ihr einen weiteren Tee auf und versuchte, das Gespräch auf ihre Eltern zu lenken.

»Kannten deine Eltern Heike?«

Sie nickte nur. In Gedanken schien sie immer noch bei dem fremden Mann vom Friedhof und der bevorstehenden Phantomzeichnung zu sein.

»Wieso haben deine Eltern eigentlich einen anderen Nachnamen?«

Er wollte mehr über Marlene und ihre Familie erfahren. Warum machte sie so ein Geheimnis daraus, blockte ständig ab, wenn es um ihre Eltern ging?

Diesmal war sie jedoch zu einer Antwort bereit. Vielleicht lag es an der Melancholie, die sie aufgrund der Beerdigung verspürte, vielleicht war es einfach sein liebevoller Blick, der sie zu einer Antwort bewegte. Wie eine Knospe begann sie, sich langsam zu öffnen.

»Weil meine Mutter noch einmal geheiratet hat. Reiner Liebig ist nicht mein leiblicher Vater. Mein Vater ist tot.«

24

Sie hatten noch lange zusammen in der Küche gesessen. Marlene hatte von ihrer Kindheit erzählt. Ihr leiblicher Vater war bei einem Unfall ums Leben gekommen. Sie konnte sich kaum an ihn erinnern. Eigentlich war sie mit ihrer Mutter immer sehr glücklich gewesen. Und sie hatte geglaubt, es sei umgekehrt genauso. Dass Gesine Schumann einsam war und extreme Geldnöte hatte, davon hatte sie nichts mitbekommen. Sie war ein Kind gewesen und ihre Mutter hatte schon immer gut schauspielern können. Irgendwann hatte sie Reiner Liebig kennengelernt. Wahrscheinlich während sie als Aushilfe in der Reederei gejobbt hatte. Sie hatte sich ihm geradezu an den Hals geworfen. Es hatte sie angewidert, wie ihre Mutter versucht hatte, ihn für sich zu gewinnen. Das Wort ›widerlich‹ prägte dabei ihre Erinnerungen. Und sie hatte immer das liebe, brave Mädchen spielen müssen.

»Wir müssen Reiner dankbar sein, dass er uns bei sich aufnimmt«, hatte ihre Mutter ihr eingetrichtert, als er um ihre Hand angehalten hatte und sie zu ihm gezogen waren. Das Bild, welches sie von ihrer Mutter gehabt hatte, war Tag für Tag ein wenig mehr verblasst. Aus Hochachtung war Verachtung, aus Zuneigung Abneigung geworden. Die Beziehung zwischen ihnen war immer kühler geworden. Marlene war nur noch ein Anhängsel gewesen und besonders Reiner Liebig hatte sie das immer spüren lassen.

Tom war noch im Bad, als es an der Haustür klingelte.

Es war Haie. Er war auf dem Weg zur Arbeit und wollte nur kurz mal hören, wie es auf der Beerdigung gewesen war. Marlene erzählte ihm sofort von dem Mann und dem Termin wegen der Phantombildzeichnung. Er bedauerte, dass er arbeiten musste. Gerne hätte er die beiden begleitet.

»Elke hat mir übrigens erzählt, was im Dorf schon wieder so getratscht wird.«

Tom zog seine rechte Augenbraue hoch und ließ sich von dem angeblichen Serienmörder berichten. Er wusste, wie schnell sich Gerüchte im Dorf verbreiteten, und schenkte wie Haie auch dem Tratsch wenig Aufmerksamkeit. Den gestrigen Anruf und die angeblich umherschleichende Gestalt hielt er ebenfalls für einen verzweifelten Versuch von Haies Exfrau, ihn an sich zu binden. Er riet dem Freund, in nächster Zeit sämtliche gemeinsame Unternehmungen einzustellen, auch die Besuche im Andersen-Haus.

»Sicherlich macht sie sich jedes Mal wieder neue Hoffnungen, wenn du mit ihr ausgehst.«

Haie blickte auf die Uhr und nickte. Er musste zur Arbeit.

»Was habt ihr heute Abend vor? Wollt ihr zum Essen kommen?«

Sie nahmen seine Einladung bereitwillig an. Sie waren gerne mit ihm zusammen, außerdem liebten sie seine vorzügliche Küche.

Nachdem Haie gegangen war, tätigte Tom einige Anrufe.

Er musste alles für seine Arbeit bei ›Motorola‹ in der nächsten Woche vorbereiten. Marlene räumte ein wenig auf. Dabei schweiften ihre Gedanken wieder zu der

Beerdigung. Heikes Mutter hatte sie gebeten, die Wohnungsauflösung zu übernehmen. Noch waren die Räume versiegelt, aber bei dem Termin heute konnte sie klären, wann die Polizei eine Freigabe plante. Langsam mussten sie ja auch alles durchsucht haben. So groß war das Apartment schließlich nicht. Es würde schwer werden, Heikes Sachen einfach wegzuräumen, die letzten persönlichen Gegenstände in Pappkartons zu verpacken. Viele Erinnerungen würden lebendig werden. Sie hatte ein wenig Angst davor, wusste nicht, ob sie die Kraft dazu haben würde. Das Krankenhaus hatte auch bei Heikes Mutter angerufen. Marlene hatte versprochen, die Sachen, die man aus Heikes Spind zusammengepackt hatte, abzuholen. Das wollte sie mit Tom gemeinsam vor dem Termin bei Kommissar Thamsen erledigen.

Sie schminkte sich sorgfältig und bürstete ihr langes, blondes Haar. Im Schlafzimmer suchte sie im Kleiderschrank nach etwas Passendem zum Anziehen und warf unschlüssig ein braunes Kostüm, eine blaue Jeans und einen schwarzen Cordrock aufs Bett, wählte schließlich doch eine graue Stoffhose und eine dunkle Bluse dazu.

Sie parkten direkt vor der Polizeidienststelle und gingen zunächst hinüber zum Krankenhaus.

Das fünfte Obergeschoss erklommen sie zu Fuß. Tom hatte eine starke Abneigung gegen Fahrstühle. Völlig außer Atem erreichten sie Heikes ehemalige Station. Die gläserne Flügeltür stand offen. Ein Geruch von Urin, Schweiß und Desinfektionsmitteln drang in ihre Nasen. Es roch nach Tod.

Sie gingen den Gang entlang. Einige Zimmertüren waren geöffnet, vor einer blieben sie kurz stehen und blickten hinein. In der Mitte des Raumes stand ein Bett, in dem ein kleines, blasses Mädchen lag, umgeben von einer Menge Geräten und Monitoren. Eine Schwester wechselte gerade den Tropf. Mit der Hand berührte sie leicht das Gesicht des Mädchens, ehe sie das Zimmer verließ.

»Kann ich Ihnen helfen?«

»Mein Name ist Marlene Schumann. Ich hatte angerufen wegen der Sachen von Heike Andresen.«

Auf einem Tisch im Schwesternzimmer stand ein mittelgroßer Pappkarton. Die Schwester deutete darauf und seufzte. Sie war immer noch ganz fassungslos und konnte den Mord an Heike nicht verstehen.

»So eine nette Ärztin.«

Marlene kämpfte mit den Tränen. Tom griff nach dem Karton.

»Vielen Dank!«, sagte er, ehe er sich verabschiedete und Marlene aus dem Raum schob.

Schweigend gingen sie nebeneinander den Gang entlang. Ihre Schritte hallten leise wider. In der Tür zum Treppenhaus stießen sie mit einem Mann im weißen Kittel zusammen. Tom entschuldigte sich, doch der Mann ging einfach weiter. Entweder war er sehr unfreundlich oder mit seinen Gedanken völlig woanders. Er hoffte, dass die zweite Möglichkeit zutraf, denn ansonsten hatten die Patienten nichts zu lachen.

Draußen holten sie erst einmal tief Luft. Marlene warf einen flüchtigen Blick in den Karton. Wie wenig von einem Menschen doch übrig blieb. Natürlich waren es nur Dinge, die Heike an ihrem Arbeitsplatz benötigt hatte, aber trotzdem kam es ihr wenig vor. Es stimmte sie traurig, dass jeder so austauschbar erschien. Eine Ärztin war gestorben. Sicherlich, man war betroffen, aber die Welt drehte sich nun einmal weiter. Eine neue

Ärztin würde eingestellt werden. Die Bewerber standen bestimmt schon Schlange.

Vom Krankenhaus gingen sie direkt hinüber zur Polizeidienststelle. Kommissar Thamsen wartete bereits.

»Frau Schumann, schön, dass Sie da sind.«

Er reichte ihr zur Begrüßung die Hand und spürte sofort ihre Anspannung. Tom erklärte, wo sie gerade herkamen und der Kommissar nickte. Er hatte den Spind nach seiner Befragung selbst inspiziert. Kleidung, Deo, ein paar Bücher. Das war alles, was er in dem Schrank vorgefunden hatte. Nichts, was wirklich helfen konnte, den Mord aufzuklären. Ihm fiel das Foto des kleinen Jungen wieder ein.

»Kennen Sie diesen Jungen?«

Sie hatte das Foto bereits selbst an der Pinnwand über Heikes Schreibtisch hängen sehen, aber keine Ahnung, wer das Kind war.

»Vielleicht ein Verwandter oder ein Patenkind?«

Sie nahm das Bild in die Hand und betrachtete es. Der Junge war vielleicht fünf oder sechs Jahre alt, hatte braunes Haar und braune Augen. Er lächelte, doch in seinem Blick lag Traurigkeit. Sie gab das Foto zurück und schüttelte den Kopf.

»Tut mir leid, aber ich habe keine Ahnung.«

Malte hatte seinen freien Tag. Er war gestern Abend lange weg gewesen und lag noch verkatert im Bett.

Er griff nach der Fernbedienung, die neben dem Bett lag, und zappte durch die Programme. Es schien, als gäbe es nur noch Talkshows. Fast jeder Kanal hatte seine eigene Gesprächssendung, alle mit ähnlichen Themen: ›Du hast mich betrogen – warum nur?‹ oder ›Nicht mit mir – heute rechne ich mit dir ab!‹. Er griff nach der Marlboro-Schachtel und zündete sich eine Zigarette an.

Eine der Frauen in der Show erinnerte ihn plötzlich an Heike und an den gestrigen Besuch des Kommissars in der Klinik. Warum er wohl einfach wieder gegangen war? Angeblich hatte er doch noch ein paar Fragen gehabt. Eigentlich war Malte ganz froh über das Verschwinden des Polizisten gewesen, aber er fragte sich, ob man ihn wohl verdächtigte? Immerhin wusste man über den Streit im ›Einstein‹ Bescheid. Und seine Notlüge mit den erfundenen falschen Überstunden hatte man ihm sicherlich auch nicht abgenommen. Das meinte er an dem Blick erkannt zu haben, mit dem der Kommissar ihn gemustert hatte. Aber Beweise oder sonstige Hinweise schien es nicht zu geben. Sonst hätte man ihn wohl noch einmal verhört oder würde ihn beschatten. Bei dem Gedanken verspürte er plötzlich ein Brennen in der Magengegend. Er sprang auf und lief hinüber zum Fenster. Vorsichtig schob er mit den Fingern zwei Lamellen der Jalousie auseinander und blickte hinaus. Draußen schien alles wie immer. Er konnte nichts Ungewöhnliches entdecken. Das Auto seines Nachbarn stand am Straßenrand, Frau Jessen von gegenüber harkte Laub in ihrem Vorgarten zusammen. Er zog an seiner Zigarette und inhalierte den Rauch tief bis in die Lungenspitzen. Szenen aus irgendeinem Fernsehkrimi fielen ihm ein. Was wenn Frau Jessen ein Spitzel der Polizei war? Wurde er vielleicht abgehört? Das Telefon klingelte und er zuckte zusammen.

»Ich brauche Sie heute Abend für den Transport. 19.30 Uhr, wie immer«, hörte er die Stimme seines Chefs sagen.

Er blickte ängstlich durch die Jalousien, ehe er flüsterte:

»Meinen Sie, das ist klug? Ich meine, so kurz nach Heike Andresens Tod?«

»Wieso, hat die Polizei Ihnen gegenüber etwas geäußert?«

Er verneinte eilig die Frage. Auf keinen Fall wollte er, dass sein Chef merkte, dass er sich unsicher war. Unsicher darüber, ob die Polizei vielleicht glaubte, dass er etwas mit dem Mord zu tun hatte und ihn beschattete. Schnell signalisierte er, dass alles in bester Ordnung sei.

»Alles klar, Chef, dann bis heute Abend!«

Marlene hatte Zweifel und nagte an ihrer Unterlippe, während sie auf den Bildschirm blickte. Der Mann neben ihr wartete geduldig und ohne Eile auf weitere Anweisungen.

»Vielleicht den Haaransatz etwas höher? Oder was meinst du?«

Sie drehte sich zu Tom um. Der hatte den Mann zwar auch flüchtig gesehen, konnte sich aber absolut nicht an das Gesicht erinnern. Da war einfach ein Loch in seinen Erinnerungen. Er konnte lediglich den hellen Trenchcoat beschreiben, allerdings auch nur oberflächlich und zuckte deshalb mit den Schultern. Sie saßen bereits zwei geschlagene Stunden vor dem Monitor und starrten auf das langsam entstehende Gesicht eines Mannes Anfang 50. Dirk Thamsen ärgerte sich, dass er nicht selbst zur Beerdigung gefahren war, aber er hatte das Gefühl gehabt, dass er hier gebraucht wurde. Vielleicht war es auch wegen der Kinder? Auf jeden Fall hatte er nur die Kollegen in Hamburg gebeten, einen Zivilpolizisten auf die Beerdigung zu schicken, und dem war angeblich nichts Ungewöhnliches aufgefallen.

Von dem Bild, welches langsam auf dem Bildschirm

entstand, hatte er sich jedenfalls mehr versprochen. Das Gesicht, welches Marlene Schumann Stück für Stück mit seinem Kollegen zusammenbastelte, sah so gewöhnlich aus. Das konnte beinahe jeder dritte Mann auf der Straße sein. An die Presse konnten sie damit auf gar keinen Fall.

Er ging zurück in sein Büro. Auf dem Tisch lag das aufgeschlagene Telefonbuch, ein paar Anrufe hatte er bereits getätigt, allerdings bislang ohne Erfolg.

Er wählte die letzte Nummer, die unter dem Eintrag Schmidt verzeichnet war. Eine junge Frau meldete sich.

»Carsten Schmidt? Das ist mein Bruder. Der befindet sich allerdings zurzeit im Ausland.«

Er fragte die Frau, ob ihr etwas über den Krankenhausaufenthalt ihres Bruders Anfang dieses Jahres bekannt war.

»Aber ja, er hat eine neue Niere bekommen. Das war aber nicht hier, sondern in Hamburg, soweit ich weiß.«

Er bedankte sich für die Auskunft.

»Wo kann ich Ihren Bruder denn erreichen?«

Das sei schwierig, antwortete die Frau. Er mache gerade eine Rucksacktour durch Asien. Er könne versuchen, ihn per Mail zu kontaktieren. Allerdings dauere es meist Tage, bis er antworte, je nachdem, wo er sich gerade aufhalte und ob er dort Internetzugang habe. Er ließ sich vorsichtshalber die Mailadresse geben und legte auf.

Es war wirklich wie verhext. Jede kleine Spur, die sich auftat, endete irgendwo an einer anscheinend unüberbrückbaren Barriere. Sonst war es eigentlich gerade das, was ihn an seinem Beruf reizte. Nach ungewöhnlichen Lösungen und Wegen zu suchen, machte für ihn einen

175

Kommissar erst aus. Eins und eins zusammenzählen konnte ja jeder, dafür brauchte man keine spezielle Ausbildung oder einen guten Spürsinn. Aber im Moment fühlte er sich so müde und ausgebrannt. Er sah einfach kein Licht am Ende des Tunnels. Er lehnte sich zurück und griff nach dem Tagebuch. Er ließ sich gern in die Welt der Ermordeten entführen. Sie war ihm inzwischen so vertraut. Es war angenehm, sich mit jemanden so eng verbunden zu fühlen.

02.05.1996

Mutti geht es zum Glück wieder besser. Hatte ein paar Tage frei, weil ich mehrere Dienste von einem Kollegen übernommen hatte, und konnte bei ihr sein. Bin mit ihr ein wenig herumgefahren. Durch den alten Elbtunnel, über die Köhlbrandbrücke, durch die Speicherstadt. Es hat ihr wahnsinnig viel Spaß gemacht, aber ich hatte auch das Gefühl, dass sie ein klein wenig Abschied genommen hat. Abschied von der Stadt, Abschied vom Leben. Anders als ich, hat sie akzeptiert, dass sie wohl bald sterben muss. Sie hat versucht, mit mir darüber zu sprechen, aber ich kann das nicht. Ich will nicht, dass sie geht. Wie soll ich ohne sie leben? Kann denn niemand diese Krankheit stoppen? Wozu bin ich denn überhaupt Ärztin geworden? Ich helfe anderen, kann aber meiner eigenen Mutter nicht helfen? Ich muss härter arbeiten, noch fleißiger die Krankheit studieren. Ich muss eine Möglichkeit finden, Mutti zu helfen!

Nach dreieinhalb Stunden war Marlene einigermaßen zufrieden mit dem Ergebnis der Phantombildzeichnung und auch Tom glaubte, das flüchtig wahrgenommene Gesicht des Mannes auf dem Friedhof wiederzuerkennen. Sein Kopf schmerzte und seine Augen brannten. Er brauchte dringend frische Luft.

Sie verabschiedeten sich von Kommissar Thamsen und verließen die Polizeidienststelle. Tom schlug vor, einen Spaziergang am Meer zu machen.

»Einmal richtig durchpusten lassen?«

Sie nickte. Statt wie erwartet nach Dagebüll, fuhr er jedoch in Richtung dänische Grenze. Er hatte vor einiger Zeit im ›Nordfriesland Tageblatt‹ von der Steilküste in Emmerlev gelesen.

Sie parkten am Ende einer kleinen Straße, von welcher ein schmaler Weg weiter zum vorgelagerten Strand führte. Der Wind wehte kräftig, auf den Wellen tanzten helle Schaumkronen. Marlene hatte sich bei ihm eingehakt, gemeinsam kämpften sie gegen die steife Brise an.

»Meinst du, die Polizei kann etwas mit dem Bild anfangen?«

Sie war mit ihren Gedanken immer noch bei der Phantombildzeichnung. Hatte der Mann tatsächlich derart ausgesehen? Hatte sie nicht doch ein wichtiges Detail vergessen? Aber selbst wenn sie den Mann auch noch so genau mithilfe des Computerprogramms dargestellt hatte, was sollte es schon viel nutzen? Wahrscheinlich kam er gar nicht aus der Gegend. Und es war ja auch nicht sicher, dass er überhaupt etwas mit dem Mord zu tun hatte.

Sie bückte sich und hob einen Stein auf. Mit etwas Fantasie war darin ein Herz zu erkennen. Sie lächelte und reichte es Tom.

»Ich liebe dich.«

06.05.1996

Also, etwas ist komisch im Krankenhaus. Es hat auf jeden Fall etwas mit Voronin zu tun. Heute wollte ich

*ihm die Krankenblätter zum Abzeichnen bringen. Ich
habe nur kurz angeklopft und das ›Herein‹ nicht wirklich abgewartet. Voronin war nicht allein. Zwei komi-
sche Typen standen vor seinem Schreibtisch. Keine Ahnung, was die gewollt haben. Sahen auf jeden Fall nicht
besonders freundlich aus. Ich wollte mich schnell entschuldigen, aber Voronin rief, ich solle ruhig bleiben.
Einer der Männer hat noch etwas zum Professor gesagt.
Klang wie Russisch oder so. Dann sind sie abgerauscht.
Eigentlich hatte ich erwartet, dass Voronin mich noch
anmachen würde, weil ich einfach so hereingeplatzt bin,
aber er sagte gar nichts, wirkte nur erleichtert. Ohne zu
fragen, hat er alle Krankenblätter unterschrieben. Ich
frage mich, was das wohl für Männer waren.*

Das interessierte Kommissar Thamsen ebenfalls. Er
nahm seine Jacke, die über dem Schreibtischstuhl hing,
und ging hinüber zum Krankenhaus.

»Professor Voronin ist nicht da. Kann ich Ihnen weiterhelfen?«

Die Schwester blickte ihn freundlich an. Er überlegte,
wie er ihr wohl am ehesten ein paar Informationen über
den Chef der Station entlocken konnte. Dass der Professor
bei den Schwestern nicht besonders beliebt war, wusste er
bereits aus Heikes Aufzeichnungen, wie aber brachte man
jemanden dazu, die Gründe dafür preiszugeben?

»Kann ich auf ihn warten?«

Sie bot ihm an, im Schwesternzimmer Platz zu nehmen.

»Möchten Sie vielleicht einen Kaffee oder Tee?«

Er nickte dankbar und kurz darauf kehrte sie mit
zwei Tassen Kaffee zurück. Es schien, als hätte sie Pause
und wollte ihm ein wenig Gesellschaft leisten. Schnell

erwies sich jedoch, dass sie nur neugierig war. Sie stellte ihm pausenlos Fragen über den Stand der Ermittlungen, ob die Polizei schon einen Verdächtigen habe und was denn wohl das Tatmotiv gewesen sei. Den meisten Fragen wich er mit dem Hinweis, dass er darüber keine Auskunft erteilen dürfe, geschickt aus. Sie nickte verständnisvoll.

»Und was wollen Sie von dem Professor?«

Er rückte ein Stück näher zu ihr heran und flüsterte:

»Ich habe gehört, dass er hin und wieder unangenehmen Besuch bekommt.«

Die Schwester blickte ihn durchdringend an. Scheinbar wusste sie, von wem er sprach. Sie erzählte ihm, dass sie erst vor wenigen Tagen zwei Männer gesehen habe. Laut sei es im Zimmer des Professors geworden. Nicht, dass sie lauschen würde, aber man hatte die Stimmen bis in den Flur hören können.

»Worüber haben sie denn mit Professor Voronin gestritten?«

Sie zuckte mit den Schultern.

»Wissen Sie, der Professor ist nicht besonders beliebt. Da wird es schon mal laut in dem Zimmer.«

Wieso Voronin denn nicht so beliebt sei? Sie seufzte und lehnte sich in ihrem Stuhl zurück.

»Er ist schwierig«, antwortete sie dann.

Thamsen blickte sie fragend an und sie erzählte, dass man den Chef an manchen Tagen gar nicht ertragen könne. Da sei er unberechenbar. Von einer Minute auf die andere könne seine Stimmung umschlagen.

»Er bekommt häufig Wutausbrüche und schreit das Personal an«, meinte sie ziemlich erregt. »Manchmal haben auch die Patienten darunter zu leiden. Ich vermute, er hat private Probleme, aber etwas Genaues weiß ich nicht. Keiner kennt den Professor wirklich. Er hat angeblich im Ausland hervorragende Arbeit auf dem Gebiet der Nephrologie geleistet.«

»Nephrologie?«

»Ein Teilgebiet der Inneren, welches sich mit der Diagnostik und der nichtchirurgischen Therapie von Nierenerkrankungen befasst.«

Die Schwester wusste nicht einmal, ob er verheiratet war oder Kinder hatte. Außer diesen Männern hatte sie nie jemanden bei ihm gesehen.

»Kennen Sie eigentlich Carsten Schmidt?«

Sie nickte. Zu den Patienten dürfe sie allerdings nichts sagen. Das müsse er verstehen. Die Schweigepflicht gelte auch für sie.

»Nur noch eine Frage. Können Sie sich an den kleinen Jungen erinnern, der dieses Jahr dringend auf eine Spenderniere gewartet hat? Andreas hieß er, glaube ich. Frau Andresen hatte ein besonderes Verhältnis zu ihm.«

Wieder nickte sie und er zog das Foto des kleinen Jungen aus seiner Jackentasche.

»Ist das der Junge?«

Sie warf einen flüchtigen Blick auf das Foto.

»Nein, Andreas hatte blondes Haar.«

»Wieso hatte?«

Sie senkte den Blick.

»Weil er es nicht geschafft hat. Andreas ist im September gestorben.«

25

Der Wind war noch kräftiger geworden. Marlene schätzte ihn inzwischen auf mindestens Windstärke sieben. Es schien sich ein Sturm anzukündigen. Sie riet Tom umzukehren, doch er kämpfte beharrlich weiter gegen die zum Teil stürmischen Böen an.

Es war nun mal die Zeit der Herbststürme. Er liebte diese Jahreszeit. Sie erinnerte ihn an seine Kindheit. An die dunklen Abende, wenn er bei Onkel Hannes in der Küche gesessen und den Sturm ums Haus hatte heulen hören. Dabei hatte er gerne in dem dicken blauen Buch mit den friesischen Märchen und Sagen gelesen. Besonders an die Geschichte Rungholts erinnerte er sich gut. Die Sage um den Untergang der Insel war hier immer noch präsent. Selbst heutzutage hörte man einigen Leuten zufolge das Läuten der Kirchturmglocken Rungholts vor einer drohenden Sturmflut. War doch die Insel Opfer einer solchen geworden. Der Sage nach hatte der Prediger der Insel den Allmächtigen angerufen und um eine Strafe für das gottlose Volk gebeten. Daraufhin hatte sich ein Wind erhoben, der das Wasser vier Ellen hoch über die Deiche steigen ließ, sodass die Insel unterging.

»Tom, wir sollten umkehren. Ich habe keine Lust, nasse Füße zu bekommen!«

Der Wind peitschte das Wasser immer näher an die Steilküste. Er blickte zurück, sah, dass sie bereits jetzt

Schwierigkeiten haben würden, trockenen Fußes zurückzukommen, und stimmte zu. Geschoben von dem kräftigen Wind legten sie die Strecke beinahe doppelt so schnell zurück.

Auf dem Rückweg kauften sie noch in einem Supermarkt an der Grenze ein. Marlene legte Käse, Milch und frisches Obst in den Wagen, welchen Tom durch die schmalen Gänge schob.

»Was wollen wir am Wochenende essen?«

Sie entschlossen sich für Lamm. Während er an der Fleischtheke anstand, holte sie die restlichen Zutaten. Sie befand sich gerade vor dem Regal mit den Gewürzen, als sie im Augenwinkel einen hellen Mantel wahrnahm. Blitzschnell drehte sie sich zur Seite, doch der helle Trenchcoat war bereits verschwunden. Sie stellte die Dose mit dem Rosmarin zurück und suchte die Gänge ab. Jedes Mal, wenn sie wieder erfolglos zwischen zwei Borde mit Lebensmittelkonserven oder Toilettenartikeln schaute, wurde die Angst in ihr größer, sie hätte sich den hellen Mantel nur eingebildet. Endlich sah sie ihn in der Schlange vor der Kasse stehen.

»Hallo, Entschuldigung?«

Sie schlängelte sich zwischen den Einkaufswagen der anderen Kunden hindurch. Als sie dem Mann ihre Hand auf die Schulter legte und er sich umdrehte, breitete sich eine tiefe Enttäuschung in ihr aus. Es war nicht der unbekannte Trauergast vom Friedhof, sondern ein wesentlich jüngerer, fast asiatisch wirkender Mann.

Sie stand wie benommen mitten in der Schlange und starrte ihn an, als Tom mit dem Einkaufswagen auf die Kasse zusteuerte. Er erfasste sofort die Situation, zog sie am Arm zur Seite und entschuldigte sich bei dem jungen Mann.

»Tut mir leid, sie hat Sie verwechselt.«

Nach einer Weile hatte sie sich wieder gefasst.

»Ich habe nur diesen Mantel gesehen«, versuchte sie, ihr Verhalten zu erklären.

Sie braucht dringend etwas Ruhe, dachte er und schlug vor, die Verabredung mit Haie am Abend abzusagen.

»Aber wieso denn? Mir geht es gut. Ich will nur, dass der Mörder von Heike endlich gefasst wird! Und wenn es nötig ist, dann begebe ich mich selbst auf Mörderjagd!«

Mit entschlossenem Blick schaute sie ihn an. Es war ihr ernst damit und so, wie er sie kannte, würde nichts und niemand sie aufhalten können.

Haie fuhr nach der Arbeit noch schnell zum SPAR-Laden, um ein paar Besorgungen für das Abendessen zu tätigen. Vor dem kleinen Supermarkt stand eine Gruppe Frauen, die sich lautstark unterhielten. Als sie Haie sahen, warfen sie ihm verächtliche Blicke zu. Er wusste auch, warum. Die meisten der Anwesenden waren Freundinnen von Elke aus dem Landfrauenverein. Bestimmt hatte sie ihnen brühwarm erzählt, dass er ihr nicht zur Hilfe gekommen war, als der angebliche Serienmörder um ihr Haus geschlichen war. Er grüßte flüchtig und betrat den Laden. Am Obst- und Gemüsestand traf er Bernd.

»Was machen die denn da draußen?«

Der Mann, der Heikes Leiche gefunden hatte, zuckte mit den Schultern.

»Glaube, die wollen so eine Art Bürgerwehr organisieren.«

Bürgerwehr? War denn nach dem Mord schon wieder etwas vorgefallen? Doch Bernd winkte nur abfällig und erzählte, dass einige von denen behaupteten, nachts finstere Gestalten gesehen zu haben.

»Wenn du mich fragst, ist der Mörder schon über alle Berge! Das haben die doch nur erfunden. Weißt ja, wie die Fruunslütt manchmal sind!«

Haie nickte. Dass der Täter allerdings wirklich schon über alle Berge war, bezweifelte er. Vermutlich war es doch jemand aus dem näheren Umfeld von Heike gewesen. Vielleicht sogar dieser Malte. Gut möglich, dass der Mörder sich noch in der Gegend aufhielt oder sogar hier lebte. Die Frauen verdächtigten angeblich die Bewohner eines Hofes im Herrenkoog. Die alternative Gruppe war einigen Dorfbewohnern sowieso ein Dorn im Auge.

»Könnte schon sein, dass es einer von ihnen war.«

Doch Haie schüttelte energisch den Kopf.

»Wieso denn? Nur weil sie nicht so leben, wie wir uns das vorstellen? Deswegen ist man doch nicht automatisch ein potenzieller Mörder. Ihr sucht doch nur einen, den ihr verdächtigen und dem ihr die Schuld zuschieben könnt, um eure Angst unter Kontrolle zu bekommen. Da kommen euch diese alternativen Hofbewohner gerade recht. Was aber, wenn der Mörder mitten unter uns ist? Sind wir nicht genauso verdächtig? Gerade du, Bernd, schließlich treibst du dich doch auch nachts da draußen im Koog herum. Angeblich zum Nachtangeln, aber wer weiß, was du so treibst!«

Er hatte sich richtig in Rage geredet. Eigentlich hatte er dem anderen nur aufzeigen wollen, dass momentan jeder gleich verdächtig schien und wie einfach es war, Gerüchte in die Welt zu setzen. Er war es leid, dass die Leute im Dorf sich immer alles so zurechtlegten, wie es ihnen gerade in den Kram passte. Auslöser dieses Ausbruchs waren wahrscheinlich die verächtlichen Blicke der Frauen vor dem Laden gewesen. Er konnte sich gut vorstellen, was für Geschichten Elke ihren Freundinnen wieder aufgetischt hatte.

Bernd hingegen verstand seinen Ausbruch als Angriff auf die eigene Person. Wütend und mit hochrotem Kopf griff er nach zwei Salatgurken und zischte dabei:

»Und wenn du noch so viel snackst, ich bin's nicht gewesen!«

26

Irina erwachte von dem Klappern ihrer eigenen Zähne.
Sie lag völlig nackt auf einem Metalltisch, ihre Arme waren links und rechts mit ledernen Riemen festgebunden.
Es war kalt. Eiskalt.

Sie versuchte, den Kopf zu heben, und blickte sich,
so gut es ging, im Raum um. Die Wände waren mit weißen Kacheln gefliest, über ihr strahlte eine helle, runde Lampe, an der Wand gegenüber stand ein Tisch mit metallenen Gerätschaften. Neben dem Tisch, auf dem sie lag, befanden sich mehrere Apparate. Eine Art Fernseher war auch dabei.

Plötzlich wurde die Tür geöffnet, sie erschrak. Die
beiden Männer, die sie von daheim weggebracht hatten,
betraten den Raum. Hinter ihnen erschien ein weiterer
Mann, er trug einen weißen Kittel. Die Drei traten an
den Tisch und blickten auf sie herab. Der Mann in Weiß
sprach dabei die ganze Zeit, die beiden anderen nickten
beifällig. Sie fühlte sich hilflos, hätte sich am liebsten
in Luft aufgelöst, vor Scham schoss ihr das Blut in die
Wangen. Sie wand sich hin und her.

Abrupt drehten die Männer sich um. Irina versuchte,
ihnen mit ihrem Blick zu folgen. Sie sah, wie der Mann
im weißen Kittel aus einer Schublade einen braunen
Umschlag holte und diesen den beiden anderen überreichte. Der mit dem Goldzahn grinste breit und nickte.
Dann verließen die Zwei den Raum.

Der andere Mann trat wieder zu ihr an den Tisch. Er zog seinen Kittel aus und breitete ihn über ihren nackten Körper. Er sprach besänftigend auf sie ein, doch sie verstand nichts von dem, was er sagte. Die Sprache war ihr völlig fremd. Noch nie hatten solche Worte ihr Ohr erreicht. Er blickte auf seine Uhr und strich ihr über das Haar. Sie zuckte zusammen. Wieder hörte sie seine beruhigende Stimme.

Irina schloss die Augen. Sie war erschöpft. Die Angst raubte ihr alle Kraft. Nach einer Weile öffnete sie die Augen. Der Mann war verschwunden. Sie atmete auf.

Aus der Küche duftete es köstlich nach gebratenem Fisch. Haie hatte sich heute wieder mächtig ins Zeug gelegt und ein neues Rezept ausprobiert. Er war so vertieft in das Anrühren der Weißweinsoße gewesen, dass er sie gar nicht hatte kommen hören.

Überrascht blickte er deshalb auf, als sie die Küche betraten. Tom stellte eine Flasche Weißwein auf den Tisch und begrüßte den Freund.

»Das duftet herrlich. Was zauberst du da?«

Marlene hatte Haie bereits über die Schulter geblickt und gab Auskunft über das Menü.

»Zander an jungem Gemüse und Reis mit einer Haie-Spezial-Soße.«

Und das ließen sie sich richtig gut schmecken. Haie erzählte während des Essens von der Begebenheit im SPAR-Laden und fragte, wie es mit der Phantombildzeichnung gelaufen war.

»Ich weiß nicht«, antwortete Marlene unsicher.

Sie war immer noch der Meinung, dass ihr Bild nicht sonderlich viel dazu beitragen würde, Heikes Mörder zu fassen.

»Oder erkennst du die Person auf dem Bild?«

Sie hatte sich einen Ausdruck der Zeichnung mitgeben lassen, den sie jetzt aus ihrer Handtasche holte. Haie nahm das Bild und betrachtete es.

»Hm, sieht so gewöhnlich aus«, murmelte er nach einer Weile.

Marlene blickte enttäuscht zu Tom. Auf der Rückfahrt vom Supermarkt hatte er genau die gleichen Worte benutzt, um das Bild zu beschreiben. Sie holte tief Luft, setzte sich gerade hin.

»Ich denke, es ist an der Zeit, die Ermittlungen selbst in die Hand zu nehmen! Die Polizei findet doch eh nichts heraus. Also, wie sieht es aus? Seid ihr dabei?«

Die beiden nickten. Marlene hatte recht. Die Polizei hatte bisher noch nicht sonderlich viel ermitteln können. Den Tipp mit den Handschuhen und die Information über den Streit im ›Einstein‹ hatte der Kommissar von ihnen. Ebenso wie den verdächtigen Mann auf der Beerdigung und die Phantombildzeichnung.

»Gut«, sagte Haie. »Wo fangen wir an?«

Er stand auf, räumte das Geschirr ab und holte aus dem Wohnzimmer Papier und Stifte.

»Wir sollten uns einen Plan machen. Also, was wissen wir bereits?«

Malte parkte den Krankenwagen neben dem Zugang zur Notaufnahme. Es war bereits dunkel, durch die gläserne Tür schien das Licht aus dem Inneren nach draußen und bildete einen mittelgroßen hellen und kreisförmigen Flecken auf dem gepflasterten Vorplatz.

Er blickte auf die Uhr. Es war 10 Minuten nach acht. Er wartete. Ungefähr eine Viertelstunde später sah er einen Schatten durch den Lichtschein huschen. Er stieg aus und öffnete die hinteren Türen des Rettungsfahrzeuges. Aus dem Eingang zur Ambulanz kam Professor Voronin, er schob eine Krankentransporttrage. Malte half ihm, die Trage in das Gefährt zu schieben. Die Patientin schlief. Der Professor holte noch seine Tasche und stieg zu ihr nach hinten in den Wagen. Malte startete den Motor und gab Gas.

Er fuhr über die B 5 Richtung Husum. Der Professor war nicht besonders gesprächig. Er hatte ihn nur kurz begrüßt. Nun saß er neben der Kranken und starrte vor sich hin. Malte warf hin und wieder einen Blick in den Rückspiegel. Voronin schien wie versteinert, er bewegte sich nicht. Ihn schien etwas zu beschäftigen. Der Pfleger versuchte, ein Gespräch zu beginnen, doch der Professor reagierte nicht.

Um diese Zeit war wenig los auf der Bundesstraße und so erreichten sie Husum nach einer guten halben Stunde. Malte parkte vor einem Seiteneingang zum Krankenhaus. Professor Heimkens wartete bereits. Er stand draußen, sprang sofort zur hinteren Tür des Wagens und riss sie auf. Gemeinsam mit Voronin hob er die Bahre hinaus und schob sie in Richtung des Portals.

»Umschlag liegt in deinem Fach«, zischte er ihm noch zu, ehe er die Eingangstür aufstieß und mit Voronin und der Patientin in dem langen Korridor dahinter verschwand. Malte blickte ihnen einen kurzen Augenblick nach, ehe er in den Wagen stieg und diesen zurück in den Fuhrpark brachte. Er musste den Innenraum noch sorgfältig desinfizieren. Zum Glück war bisher kein Einsatz gefahren worden und die Kollegen vom Rettungsdienst saßen in ihrem Aufenthaltsraum und schauten fern. Und auch während er die erforderlichen Arbeiten vornahm, blieb es still.

Glück gehabt, dachte er erleichtert, als er das Desinfektionszeug wegräumte und die Türen des Fahrzeuges zuschlug. »Sonst hätte ich mir wieder irgendeine Geschichte aus den Fingern saugen müssen.«

Bis tief in die Nacht hatte das Dreiergespann alles aufgeschrieben, was ihnen bisher über den Mord an Heike bekannt war und was sie als wichtig empfanden. Es waren eine Menge Zettel zusammengekommen.

Marlene war, obwohl sie erst so spät ins Bett gekommen waren, früh aufgestanden. Etwas hatte sie aus den Federn getrieben, sie hatte nicht mehr schlafen können. Es gab schließlich so viel zu tun. Sie saß am Küchentisch und grübelte über den vielen von ihnen geschriebenen Papieren, als Tom noch schlaftrunken die Küche betrat.

»Also, ich habe mir überlegt, dass ich unbedingt noch einmal diesen Malte treffen muss«, begann sie voller Tatendrang.

Er nahm sich zunächst eine Tasse Kaffee, musste erstmal richtig wach werden, aber das bemerkte sie gar nicht. Die Aufklärung von Heikes Mord erforderte ihre gesamte Aufmerksamkeit. Sie wirkte fest entschlossen, den Täter zu finden, und er fragte sich, ob die gestrige Entscheidung, ihr dabei zu helfen, wirklich die richtige gewesen war. Schließlich ging es hier um Mord. Vielleicht übernahmen sie sich da doch ein wenig. Er setzte sich zu ihr auf die Eckbank und legte seinen Arm um sie.

»Ich denke, wir sollten erst einmal frühstücken.«

Sie schüttelte energisch den Kopf.

»Bald kommt Haie, dann wollten wir doch zum Tatort und zu der Brücke, wo man ihre Sachen gefunden hat.«

Er hatte völlig vergessen, dass sie gestern Abend bereits Pläne für ihre weitere Vorgehensweise geschmiedet und sich heute Morgen mit Haie verabredet hatten.

»Dann gehe ich mal duschen«, meinte er und erhob sich von der Bank.

Während er das angenehm warme Wasser auf sich niederprasseln ließ, wählte Marlene die Nummer von Malte Nielsen. Nach dem vierten Klingeln hörte sie jedoch nur die Ansage seines Anrufbeantworters auf dem sie nach einem schrillen Piepton die Nachricht, dass sie ihn dringend treffen musste, und ihre Telefonnummer hinterließ. Anschließend rief sie Heikes Mutter an und erkundigte sich, ob sie etwas von einem Patenkind wusste.

»Nein, von einem kleinen Jungen weiß ich nichts!«

Haie klingelte pünktlich wie immer. Gemeinsam fuhren sie zunächst zum Tatort an die Lecker Au, doch wie schon bei ihrem ersten Besuch erschien den Männern nichts ungewöhnlich. Marlene hingegen war zum Ufer des Flusses hinuntergegangen und starrte in das dunkle Wasser. Die Vorstellung, dass jemand einfach ihre Freundin hier hineingeworfen hatte, ließ sie frösteln. Wie konnte man nur zu so etwas fähig sein? Was war das für ein Mensch?

Sie blickte sich um und entdeckte das nahe gelegene Anwesen.

»Hat die Polizei die Anwohner befragt?«

Tom und Haie wussten es nicht.

In der Auffahrt kam ihnen einen dunkelbrauner Jagdhund entgegen. Er bellte laut, bis die Tür geöffnet wurde und eine Frau erschien.

»Hasso, aus!«

Der Hund gehorchte aufs Wort und Tom war froh, als

das kläffende Tier seinen Schwanz einzog und Richtung Scheune abtrabte. Er hatte Angst vor Hunden.

Marlene war der Hofbewohnerin entgegengegangen und stellte bereits die ersten Fragen. Die Frau blickte sie etwas irritiert an.

»Aber die Polizei hat uns doch bereits befragt!«

Schnell erklärte Marlene, dass sie die Freundin der Ermordeten sei. Der Gesichtsausdruck ihres Gegenübers wurde freundlicher. Die Dame hatte Verständnis dafür, dass sie sich ein eigenes Bild über den Mord verschaffen wollten.

»Aber wie ich bereits der Polizei gesagt habe, außer Bernd haben wir in den letzten Tagen und Wochen hier niemanden gesehen. Es ist ja nachts auch stockfinster. Selbst wenn wir zufällig wach gewesen wären, es ist unmöglich, von hier bis zur Lecker Au zu blicken.«

»Und ein Wagen ist Ihnen nicht aufgefallen?«

»Doch. Allerdings erst nach dem Mord. So ein kleiner, roter Toyota.«

Seitdem man die Leiche der jungen Ärztin gefunden hatte, waren eine Menge Leute hierher gekommen. Viele Autos waren in den letzten Tagen durch den Koog gefahren. Schaulustige. Aber an den roten Toyota konnte sie sich besonders gut erinnern. Sie könne beinahe schwören, den gleichen Wagen auch schon vor dem Mord hier ein paar Mal gesehen zu haben.

»Und haben Sie auch sehen können, wer drin saß?«

Die Frau schüttelte bedauernd den Kopf.

»Nur, dass die Person etwas Helles getragen hat, habe ich erkennen können. Vielleicht einen Mantel oder so.«

Kurz hatte Thamsen am Morgen darüber nachgedacht, Anne und Timo zu den Wohnungsbesichtigungen mitzunehmen, sich aber letztendlich dagegen entschieden. Sie wussten ja noch nicht einmal davon, dass er sie zu sich holen wollte. Außerdem waren seine Chancen bei einigen Vermietern sicherlich höher, wenn er nicht gleich mit zwei Kindern auftauchte.

Die erste Wohnung, die er sich in Deezbüll anschaute, befand sich im Haus der Vermieterin. Besser gesagt, es war das Haus der Vermieterin. Ihr schwebte anscheinend eine Art Wohngemeinschaft vor, jedenfalls klang es für ihn so, als sie immer wieder betonte, wie einsam sie sich in dem großen Haus fühlen würde, seit ihr Mann verstorben war.

Die zweite Wohnung in Bosbüll war eigentlich gar keine Wohnung, sonder eher eine Baustelle. Der Vermieter versprach drei Monate mietfreies Wohnen, wenn Dirk bei der Renovierung fleißig mit anpackte. Es würde aber nach seinen Einschätzungen weitaus mehr Zeit als drei Monate in Anspruch nehmen, um die drei Zimmer, Küche, Bad in einen einigermaßen wohnlichen Zustand zu bringen.

Die Vierzimmerwohnung in der Nähe seiner jetzigen hingegen sagte ihm auf Anhieb zu. Groß, hell und geräumig, Anne und Timo könnten jeder ein eigenes Zimmer beziehen. Einziger Haken an der Wohnung war die Miete: 750 DM. Das war nicht gerade ein Schnäppchen. Und wenn er sich noch einmal außerhalb von Niebüll umschaute? Vielleicht gab es in Klockries oder Lindholm etwas Günstigeres. Er erbat sich etwas Bedenkzeit, aber der Vermieter entgegnete:

»Wenn sich vorher jemand findet, haben Sie eben Pech!«

Im Büro fand er auf seinem Schreibtisch einen Zettel: ›Lagebesprechung um 11 Uhr‹.

Seine Kollegen aus Flensburg hatten inzwischen auch keine neuen Erkenntnisse. Wie denn auch, wenn er sie in die Ermittlungen nicht mit einbeziehe? Sie waren verärgert darüber, dass er sie bezüglich der Phantombildzeichnung nicht informiert hatte. Ob es sonst noch Neuigkeiten gäbe, von denen er sie bisher nicht unterrichtet hatte? Er dachte an den DNA-Test und schüttelte den Kopf.

Nach der Besprechung ging er zurück in sein Büro. Er klappte die Akte auf und sein Blick fiel wieder auf die Fotos der Leiche. Wer tat so etwas? Es musste doch einen Grund geben.

Er stand auf und trat an die Landkarte, welche an der Wand neben der Tür hing. Mit roten Steckfähnchen markierte er alle Orte, zwischen denen es eine Verbindung zur Ermordeten gab. Norderwaygaard, Niebüll, Husum, die Brücke an der B 5. Er verband die Fähnchen durch rote Linien. Alles, was ihm dadurch jedoch deutlich wurde, war, dass der Täter wahrscheinlich im näheren Umfeld der Ermordeten zu suchen war.

An ein Flipchart schrieb er anschließend alle Namen derjenigen Personen, die in irgendeinem Verhältnis zu Heike Andresen gestanden hatten. Auch ›Marlene Schumann‹ und ›Tom Meissner‹ schrieb er auf. Sein Hauptverdächtiger war allerdings nach wie vor Malte Nielsen.

Er griff zum Telefon und wählte die Nummer seines Freundes in Kiel. Die Ergebnisse des Tests hätte dieser allerdings frühestens Montagmorgen, war die Antwort auf seine drängende Frage.

Auf ein weiteres Flipchart klebte er das Foto des kleinen Jungen, daneben die Phantombildzeichnung. Er malte ein großes Fragezeichen unter die Bilder. Mit ein wenig Abstand betrachtete er die Landkarte und die Flipcharts.

Angenommen, der DNA-Test fiel negativ aus. Wer konnte sonst noch etwas mit dem Mord zu tun haben? Marlene Schumann? Kaum. Und auch Tom Meissner schied für ihn aus. Die beiden suchten selbst so verzweifelt nach dem Mörder, da mussten sie schon Profischauspieler sein, um ihn so sehr zu täuschen. Professor Voronin? Durchaus möglich. Schließlich hatte er kein gutes Haar an der jungen Ärztin gelassen. Aber nur weil er mit ihren Leistungen unzufrieden war, hatte er sie wohl kaum gleich umgebracht. Aber vielleicht hatten diese dubiosen Männer, mit denen der Professor noch vor wenigen Tagen gestritten hatte und welche laut Auskunft der Schwester öfter in der Klinik auftauchten, etwas mit dem Mord zu tun. Er hatte auf jeden Fall darum gebeten, dass man ihn informierte, wenn die Männer das nächste Mal den Professor besuchten.

Sein Blick fiel auf das Phantombild. Er versuchte, sich zu konzentrieren. War ihm dieser Mann wirklich noch nie begegnet? Das Gesicht wirkte so gewöhnlich. Wie der nette Herr von nebenan, ein Postbeamter oder Bankangestellter. Wahrscheinlich würde niemand diesem Mann einen Mord zutrauen. Aber vielleicht war das gerade seine Tarnung, eine gewöhnliche Maske, hinter der sich ein eiskalter Mörder verbarg.

Das Gespräch mit der Frau vom Hof nahe dem Tatort hatte ihnen nicht wirklich neue Erkenntnisse gebracht. Sie war zwar sehr freundlich gewesen und hatte die Freunde noch auf eine Tasse Tee eingeladen, aber außer dem roten Toyota waren ihr keine weiteren Besonderheiten der letzten Tage eingefallen. Und dass man vom Hof aus wirklich keine freie Sicht auf die Lecker Au hatte, davon konnten sie sich selbst überzeugen. Hohe Bäume versperrten die Sicht hinüber zu der Stelle, an der man Heikes Leiche gefunden hatte. Zwar hatten die Bäume bereits eine Menge Laub verloren, trotzdem verhinderten sie einen freien Blick auf den nahen Fluss.

Marlene drängte zum Aufbruch. Sie wollte noch zu der Fundstelle der Kleidungsstücke an der B 5. Beim Abschied fragte sie die Frau ein weiteres Mal nach dem Nummernschild des roten Wagens, aber wieder schüttelte diese nur mit dem Kopf.

»Tut mir leid. Glauben Sie mir, ich würde Ihnen so gerne helfen.«

Durch den Weißen Koog und den Neuen Störterwerker Koog fuhren sie zur B 5. Kurz vor der Bundesstraße lenkte Tom den Wagen an den Straßenrand, rechter Hand lag die Soholmer Au. Das Wasser wurde vom Wind westwärts gepeitscht. Ein paar Enten suchten Schutz am Ufer zwischen den Gräsern.

Es hatte angefangen, zu regnen. Marlene zog sich ihre Goretex-Jacke an und stieg aus. Die Männer folgten ihr. Sie gingen ein Stück den Fluss entlang. Den Blick fest auf den Boden gerichtet, suchten sie das Ufer und die angrenzende Grünfläche ab. Sie wussten nicht genau, was sie zu finden erwarteten. Die Polizei hatte sicherlich schon alles untersucht. Außerdem ging man davon aus, dass der Täter seinen Wagen wahrscheinlich gar nicht verlassen, sondern die Kleidungsstücke vom Fenster aus über die Brücke in die Au geworfen hatte. Der Regen wurde stärker, Tom und Haie drängten zur Umkehr.

»Komm, Marlene. Die Spurensicherung hat sicherlich ganze Arbeit geleistet. Hier ist nichts!«

Sie starrte auf den dunklen Fluss, der durch den Regen noch aufgewühlter wirkte. Die Geschwindigkeit, mit welcher das Wasser Richtung Meer floss, erregte ihre Aufmerksamkeit.

»Seht euch doch nur die Strömung an.«

Wenige Meter entfernt von ihr lag ein Stück Holz. Sie hob es auf und warf es mit voller Wucht ins Wasser. Es dauerte nicht besonders lange, bis es durch die Strömung ein beachtliches Stück flussabwärts getrieben war.

Triumphierend blickte sie sich um.

»Selbst wenn die Strömung letzte Woche nicht ganz so stark gewesen ist – Heikes Sachen können auch ganz woanders in den Fluss geworfen worden sein. Hat Kommissar Thamsen nicht davon gesprochen, dass sie in einer Plastiktüte verpackt gewesen waren? Die treibt bestimmt besonders gut!«

Tom und Haie mussten ihr recht geben. Die Strömung des Flusses hatte die Polizei wahrscheinlich gar nicht berücksichtigt. Vielleicht war das der Grund, warum man hier keine Fußabdrücke oder sonstigen Spuren gefunden hatte. Der Täter hatte die Kleidungsstücke gar nicht hier in die Soholmer Au geworfen, sondern ein Stück stromaufwärts.

Aber wie konnten sie herausfinden, wo genau die Plastiktüte in den Fluss geworfen worden war? Selbst wenn man die genaue Fließgeschwindigkeit ermitteln konnte, sie wussten ja nicht einmal, wann der Täter die Sachen in der Au entsorgt hatte.

»Vielleicht sollten wir doch noch einmal zur Polizei gehen?«

Sie schüttelte energisch den Kopf.

»Nicht bevor wir uns erst einmal ein wenig umgeschaut haben.«

»Aber bei dem Regen? Wenn es irgendwelche Fußabdrücke gegeben hat, dann sind die nach diesem Wolkenbruch sowieso hinüber.«

Haie blickte skeptisch. Soweit er wusste, war die Au nur an wenigen Stellen über Wege zugänglich. Sie konnten doch nicht kilometerweit das Ufer absuchen. Marlene schaute ihn allerdings so entschlossen an, dass er einlenkte.

»Wir können ja mal nach Soholmbrück fahren.«

Durch den Osterkoog, vorbei an der Bargumer Heide, erreichten sie die Brücke, welche unweit des Dorfes Soholm lag. Tom lenkte den Wagen erneut an den Straßenrand und sie stiegen aus. Hier sah es ähnlich aus wie am Fundort der Kleidungsstücke. Das windgepeitschte Wasser, welches sich im gräsergesäumten Bett westwärts bewegte, ein paar Wasservögel und jede Menge Schafkot.

Mit suchendem Blick gingen sie hinunter zum Fluss.

»Ich hab was!«

Marlene hielt mit spitzen Fingern eine Zigarettenschachtel hoch.

»Die stammt bestimmt von irgendeinem Angler«, wertete Haie ihren Fund ab.

»Ich denke, es ist doch besser, mit Kommissar Thamsen zu sprechen. Wir können doch nicht jede Zigarettenkippe oder Bierdose einsammeln. Am Ende vernichten wir auch noch irgendwelche Spuren.«

Sie blickte um sich und sah in näherer Umgebung eine leere Colaflasche, Teile einer Zeitung und ein Stück Plastikplane. Es war wirklich nötig, die Polizei zu informieren.

Sie entschlossen sich, zunächst einmal nach Hause zu fahren und sich ihrer durchnässten Sachen zu entledigen. Anschließend wollte Marlene Kommissar Thamsen anrufen.

Über Sande fuhren sie zurück zur B 5. Während der Fahrt diskutierten sie darüber, wo der Täter wohl am ehesten die Sachen in die Aue geworfen haben könnte. Wie schnell trieb so eine Plastiktüte?

Plötzlich nahm Marlene im Gegenverkehr einen roten Wagen wahr. Sie griff an Toms Arm.

»Halt an, da ist der Wagen!«

Er trat so abrupt und heftig auf die Bremse, dass der Fahrer hinter ihnen nur mit quietschenden Reifen einen Auffahrunfall vermeiden konnte. Wild gestikulierend überholte er.

»Nun mach schon! Dreh um! Worauf wartest du?«

Er wendete den Wagen und gab Vollgas.

27

Dirk Thamsen war zum Mittagessen zu seinen Eltern gefahren. Die Kinder hatten bereits auf ihn gewartet. Wann sie endlich etwas zusammen machen würden. Er zuckte nur mit den Schultern. Er erzählte seiner Mutter von der Wohnungsbesichtigung.

»Junge, mach dir unseretwegen keinen Stress. Hauptsache, ihr findet erst einmal den Mörder!«

Das hörte sich so einfach an. Wenn es doch auch nur so wäre. Er wusste momentan wirklich nicht weiter.

Nach dem Essen verabschiedete er sich, versprach Anne und Timo aber, am nächsten Tag etwas Schönes mit ihnen zu unternehmen. Dann fuhr er zurück zur Dienststelle. Er telefonierte zunächst die weiteren Namen im Telefonbuch ab. Die Antwort der Personen, die er an diesem Samstagnachmittag erreichte, war jedoch immer dieselbe.

»Marten Feddersen? Wohnt hier nicht.«

»Mona Hansen? Kenne ich nicht.«

Wenn er doch nur einen Anhaltspunkt hätte oder den Hauch einer Verbindung zwischen diesen Namen und Heike Andresen herstellen könnte. Ein richterlicher Beschluss zur Akteneinsicht im Krankenhaus läge zwar selbst dann noch in weiter Ferne, wäre aber durch fleißige Recherchen und eine schlüssige Argumentationskette nicht unerreichbar. Nur war er selbst von einem klitzekleinen Bezug zwischen den Namen aus dem Kalender und der Ermordeten so weit entfernt – er wusste lediglich von Carsten Schmidt, dass er Patient der Klinik gewesen war. Ansonsten konnte er nicht mehr als Vermutungen anstellen.

Er durchsuchte noch einmal die restlichen Sachen in dem Pappkarton aus der Wohnung der Ermordeten. Jede einzelne Rechnung schaute er sich zum wiederholten Male an, selbst die Kassenbons, doch ihm fiel nichts auf. Es waren ganz gewöhnliche Belege einer jungen Frau. Ein paar Schuhe, eine Handyrechnung, Drogerieartikel.

Zwischen den Rechnungen eine Kinderzeichnung. Ähnlich wie die Bilder, welche Anne mit dicken Wachsmalstiften malte. Die Zeichnung zeigte ein Krankenzimmer. In dem Bett lag ein Junge. In noch unsicherer Kinderschrift stand daneben der Name Andreas. In Druckbuchstaben. Vor dem Bett stand eine Frau. Den Buchstaben neben der Figur entnahm er, dass dies Heike Andresen sein sollte. Sie musste wirklich eine sehr enge Patientenbeziehung zu dem kleinen Jungen gehabt haben. Wie sie seinen Tod wohl aufgenommen hatte? Eigentlich sollte er das Tagebuch schneller durcharbeiten. Vielleicht enthielt es doch noch wichtige Informationen, auch wenn der Kollege nichts Auffälliges entdeckt hatte. Aber er genoss es, der Ermordeten Stück für Stück näher zu kommen, ihr Vertrauter zu werden, sodass er sich jedes Mal nur wenige Eintragungen gönnte. Außerdem glaubte er nicht, dass die Ärztin von den Absichten ihres Mörders gewusst hatte. Es bestand ja auch immer noch die Möglichkeit, dass sie ein völlig zufälliges Opfer gewesen war. Vielleicht lief da draußen ein Irrer rum. Er griff erneut zum Tagebuch.

01.06.1996

Endlich Wochenende und ich habe mal keinen Dienst! Das muss ich mir gleich rot im Kalender anstreichen. Noch vier Wochen und meine Probezeit ist zum Glück vorbei. Dann gönne ich mir erst einmal einen Urlaub, vielleicht mit Mama. Vorausgesetzt, Voronin übernimmt mich. Schwer einzuschätzen. In letzter Zeit gab es zwar weniger Stress mit ihm, aber wer weiß schon, was so in ihm vorgeht. Ich jedenfalls nicht.

Vorige Woche ist Andreas nun doch entlassen worden. Er hat sich super gefreut. Natürlich muss er regelmäßig zur Dialyse kommen, aber das ist für ihn ja tausendmal besser so. Sein Vater hat mir bei der Entlassung einen riesigen Blumenstrauß geschenkt. Echt nett. Heute Abend habe ich mich mit Malte verabredet. Er ist sowieso wegen einer Krankenfahrt in Niebüll. Viel Lust habe ich zwar nicht, aber Marlene hatte auch mal wieder keine Zeit. Ist mit Tom in Flensburg im Theater. Und ganz alleine hier rumsitzen…. Dann besser ins ›Kö‹ oder später ins ›Domino‹. Mal sehen. Übrigens hat das mit den Fotos astrein geklappt. Endlich lässt der Alte von nebenan mich in Ruhe. Ich glaube, der hat Muffensausen. Soll er ruhig haben, der alte Lustmolch.

»Fahr doch schneller!«

Marlene hatte sich von der Rückbank, so weit es ging, nach vorne zwischen die beiden Männer geschoben.

Der rote Wagen war ihnen ein ganzes Stück voraus, der Fahrer hielt sich so gut wie an keine Geschwindigkeitsbegrenzung.

Am Stollberg hatten sie den Wagen fast eingeholt. Haie notierte das Autokennzeichen: NF-SL-236.

Durch Bredstedt floss der Verkehr nur stockend.

Tom musste bei Rot über eine Ampel fahren, um den Anschluss nicht zu verlieren, und rammte dabei beinahe einen anderen Wagen. Lautes Gehupe ertönte. Marlene sah, wie der Fahrer des roten Pkws in den Rückspiegel blickte.

»Ich glaube, er hat gemerkt, dass wir ihn verfolgen.«

Hinter Bredstedt wurde der Verkehr noch dichter. Tom schloss eng auf.

»Und, erkennst du ihn?«

Angestrengt blickte sie nach vorne durch die Windschutzscheibe. Sie war sich nicht sicher, konnte die Person nicht richtig sehen, nur eine Art Schatten erahnen. Sie zuckte mit den Schultern.

»Kannst du nicht vorbeifahren?«

Der Gegenverkehr ließ jedoch ein Überholen nicht zu und so folgten sie dem Wagen bis kurz hinter Hattstedt. Dort bog der Fahrer in Richtung Horsbüll ab. Nur wenige 100 Meter vor dem Ortsschild hielt er an. Tom fuhr langsam vorbei. Eine junge Frau stieg aus und blickte fragend in ihre enttäuschten Gesichter.

Malte zählte das Geld aus dem braunen Umschlag. 2000 DM – 1000 DM für seine Arbeit und 1000 DM dafür, dass er seinen Mund hielt. Das war eine Menge Geld, mehr als er in einem Monat in der Klinik verdiente, wenn er keine Sonn- oder Feiertagsschichten und keinen Nachtdienst machte. Aber selbst dann war der Betrag, der unten auf seiner Gehaltsabrechnung stand, nur unwesentlich höher. Er steckte 100 DM in sein Portemonnaie und verstaute den Rest unter der Matratze. Gleich darauf überlegte er es sich allerdings anders und befestigte den Umschlag stattdessen mit Klebeband unter der Kommode.

203

In der Küche nahm er ein Bier aus dem Kühlschrank. Er fühlte sich beobachtet und warf einen Blick hinaus durch das kleine Fenster. Es war niemand zu sehen, alles schien wie immer. Er trank einen kräftigen Schluck. Bisher hatte der Polizist sich nicht wieder bei ihm gemeldet. Das konnte sowohl ein gutes als auch ein schlechtes Zeichen sein. Er ging hinüber ins Wohnzimmer, spähte durch die Jalousie hindurch auf die Straße. Würde er überhaupt bemerken, wenn man ihn beschattete?

Sein Blick fiel auf die blinkende Anzeige des Anrufbeantworters und er drückte die Wiedergabetaste. »Hier ist Marlene Schumann. Sie erinnern sich? Ich muss Sie dringend treffen. Bitte rufen Sie mich so schnell wie möglich unter der Nummer 0172/5539754 zurück. Vielen Dank!«

Was sollte er davon halten? War die Kleine etwa scharf auf ihn? Oder wollte man ihn in eine Falle locken? Er nahm seine Jacke und den Geldbeutel und verließ die Wohnung. Auf dem Weg zu seinem Wagen dachte er über den Anruf nach. Heikes Freundin war bei dem Treffen in Bredstedt nicht besonders freundlich zu ihm gewesen. Sie hatte eigentlich nur alles über ihn, Heike und das Treffen im ›Einstein‹ wissen wollen. Ihr Blick war so abwehrend gewesen. Wieso wollte sie ihn nun also sehen? Schickte die Polizei sie?

Er stieg in sein Auto, startete den Motor und fuhr los. Ziellos lenkte er den Wagen hinaus aus der Stadt Richtung Eiderstedt. Der Himmel war bedeckt, es regnete. Das stetige Hin und Her der Scheibenwischer nahm seine Sinne gefangen und als er endlich seinen Blick wieder bewusst auf die Straße wandte, hatte er bereits St. Peter-Ording erreicht und fuhr gerade die kleine Straße hinauf, welche über den Außendeich auf die Zufahrt zum Strand führte. Es war Hochwasser. Hohe Wellen mit anmutigen Schaumkronen schlugen auf den Strand, rollten ungewöhnlich weit ins Binnenland. Die Pfahlbauten, in welchen sich die Toiletten und ein Strandcafé befanden, lagen nun direkt im Meer. Der Strand war beinahe menschenleer. Nur ein paar vereinzelte wetterfeste Gestalten waren in der Ferne zu sehen.

Er blieb im Wagen sitzen und verfolgte fasziniert das Naturschauspiel. Mit welcher Kraft das Meer sich erheben konnte. Viele Menschen hatten darin schon den Tod gefunden. Manche hatte es für immer mit sich genommen, hinab in seine tiefen Abgründe. Wenn das Meer sich so zornig gebärdete und wie ein wildes Tier an den Strand stürzte, mochte er es am liebsten. Es war ihm in diesen Momenten so ähnlich. Er stieg aus dem Wagen. Es war kälter, als er erwartet hatte. Der Wind schnitt in sein Gesicht, er schlug den Kragen seiner Jeansjacke hoch und lief über den feuchten Sand auf die tosenden Wellen zu.

Dirk Thamsen wollte gerade zur Toilette, als die drei Freunde plötzlich in der Tür zu seinem Büro standen.

»Wir müssen mit Ihnen sprechen!«

Marlene Schumann wirkte aufgewühlt.

Sie erzählte von ihrer Vermutung, dass die Fundstelle der Kleidung nicht der Ort war, an dem der Täter die Kleidungsstücke in die Au geworfen hatte. Wahrscheinlich war auch – und der Gedanke kam ihr erst jetzt in den Sinn – der Fundort der Leiche gar nicht der Ort, wo der Mörder den Körper ihrer Freundin ins Wasser hatte gleiten lassen.

Die zweite Vermutung konnte er sofort widerlegen. Der gerichtsmedizinischen Untersuchung zufolge war die Leiche nicht im Wasser getrieben. Es gab keiner-

lei Hautabschürfungen oder Ähnliches, welche darauf
hinwiesen. Der Mörder hatte den toten Körper der Ermordeten aller Wahrscheinlichkeit nach die leichte Böschung hinunter zum Fluss gerollt und dort am Rand
im Schilf versteckt. Die Spurensicherung hatte Schleif-
spuren im Gras und jede Menge Abdrücke von Auto-
reifen gefunden.

Dass die Strömung allerdings die Plastiktüte mit der
Kleidung über eine gewisse Strecke mit sich genommen
haben könnte, darauf waren die Kollegen aus Flensburg
auch schon gestoßen. Heute Morgen hatten sie die Ergebnisse von einem Experten des Gewässer- und Land-
schaftsverbandes erhalten und waren mit der Spurensicherung zur Au rausgefahren. Bisher hatte er jedoch
noch keine Rückmeldung bekommen.

Die Freunde erzählten ebenfalls von dem roten Wagen, den nicht nur die Dame vom Hof, sondern Toms
und Haies Aussage nach auch Bernd Jacobsen des Öf-
teren an der Fundstelle der Leiche hatte vorbeifahren
sehen.

»Glauben Sie mir, wir arbeiten mit Hochdruck an
der Aufklärung des Falles, aber wir können nun mal
nicht alle roten Kleinwagen in ganz Nordfriesland überprüfen.«

Es war ihm unangenehm, dass er nicht wirklich wei-
terkam. Und er war beeindruckt von ihrem Einsatz,
mit welchem sie versuchten, den Mordfall aufzuklären.
Außerdem war er ihnen etwas schuldig, zumindest Tom
und Marlene.

»Was halten Sie davon, wenn wir später etwas zusammen essen gehen? Ich muss gleich noch zu einer Besprechung, aber so gegen 8 Uhr könnte ich fertig sein.«

Die Drei waren etwas verwundert, stimmten aber

trotzdem zu. Wahrscheinlich war es besser, mit der Polizei zusammenzuarbeiten. Dass sie bei ihren privaten Ermittlungen schnell an ihre Grenzen stießen, hatte der Vorfall an der Soholmer Au deutlich gezeigt.

»Gut, dann sagen wir, 8 Uhr beim Griechen?«

Nachdem die drei Freunde sein Büro verlassen hatten, wählte er die Nummer seiner Flensburger Kollegen. Bei diesem Wetter das Ufer der Au abzusuchen, das hatte er gerne den anderen überlassen. Bisher war die Suche jedoch erfolglos geblieben, wie sie ihm berichteten. Der Regen hatte den Boden fast vollständig aufgeweicht und mögliche Spuren höchstwahrscheinlich restlos vernichtet.

Er wollte noch einmal mit Professor Voronin sprechen und anschließend der Schwester von Carsten Schmidt einen Besuch abstatten. Er wurde den Verdacht nicht los, dass die Namen aus Heikes Kalender etwas mit dem Mord an ihr zu tun hatten. Er griff nach seiner Jacke und verließ das Büro. Im Flur stieß er mit seiner Exfrau zusammen. Sie roch wieder stark nach Alkohol. In der Hand hielt sie das Schreiben vom Jugendamt.

»Ich lasse mir die Kinder nicht wegnehmen, du Schwein!«

Mit Fäusten ging sie auf ihn los, trommelte gegen seine Brust. Er trat einen Schritt zurück, schubste sie angewidert von sich. Sie taumelte, fand Halt an einem Ständer mit Informationsblättern zur Prävention von Einbruchsdelikten und anderen Verbrechen.

Er empfand nur Ekel und Hass. Wie hatte er sich nur so in ihr täuschen können. Auf keinen Fall sollten die Kinder ihre Mutter in diesem Zustand noch einmal sehen. Er packte sie am Arm und zerrte sie durch den Flur zur Tür.

»Mach eine Entziehungskur oder du siehst die Kinder nie wieder!«, schnaubte er, ehe er sie mit einem leichten Stoß hinaus beförderte.

Professor Voronin saß an seinem Schreibtisch und unterschrieb die Krankenblätter der letzten Tage. Kurz zuvor hatte er ein Gespräch mit einem Bewerber für die Assistenzarztstelle geführt. Es wurde Zeit, dass sie neu besetzt wurde. Die Bewerbungsunterlagen hatten sehr gut ausgesehen, nur die besten Referenzen. Der Kandidat hatte sich aber nur am Samstag vorstellen können, weshalb der Professor heute gekommen war. Für gewöhnlich pflegte er, die Klinik zwischen Freitagmittag und Montagmorgen nicht zu betreten.

Müde rieb er sich die Augen. Die gestrige Operation war schwierig gewesen. Es waren Komplikationen aufgetreten. Anschließend war er so aufgewühlt gewesen, dass er in die Spielhalle gefahren war, um sich ein wenig abzulenken. Dort hatte er wieder einmal kein Ende finden können.

Es klopfte an der Tür. Kommissar Thamsen betrat sein Büro. Er hatte noch ein paar Fragen. Widerwillig bot Voronin ihm an, Platz zu nehmen.

»Sagen Ihnen die Namen Carsten Schmidt, Marten Feddersen oder Mona Hansen etwas?«

Der Professor verneinte. Über Patienten dürfe er sowieso keinerlei Auskünfte geben.

»Also waren diese Personen bei Ihnen in Behandlung?«

Voronin begann, zu schwitzen. Hastig versuchte er, das Thema zu wechseln.

»Hatten Sie nicht Fragen zu Heike Andresen?«

Dirk Thamsen bemerkte die Nervosität seines Gegenübers und bohrte weiter.

»Carsten Schmidt bekam Anfang des Jahres eine neue Niere. Waren Sie der behandelnde Arzt?«

Darüber dürfe er nun wirklich keine Auskunft erteilen, wiegelte er ab. Und was das denn mit dem Mord an seiner Mitarbeiterin zu tun habe. Transplantationen gäbe es schließlich jeden Tag, das sei im Gegensatz zu einem Mord wohl nichts Ungewöhnliches. Was denn die Polizei tue, um das Verbrechen aufzuklären, welches an Heike Andresen verübt wurde? Man könne als rechtschaffener Bürger ja wohl verlangen, dass die Polizei ihre Arbeit erledige und nicht in Angelegenheiten herumstochere, die für die Aufklärung des Mordes in seinen Augen keinerlei Relevanz hätten. Er stand auf und ging hinüber zur Tür.

»Wenn Sie keine weiteren Fragen haben. Ich habe noch zu tun!«

Kommissar Thamsen wurde das Gefühl nicht los, dass der Professor die Namen sehr wohl kannte. Wahrscheinlich sogar sehr gut. Für ihn sah es so aus, als handelte Voronin nach dem Motto: ›Angriff ist die beste Verteidigung‹.

Er erhob sich und schaute dem Arzt eindringlich in die Augen.

»Eine Frage hätte ich noch. Wo waren Sie am Montag zwischen 23 Uhr und Dienstag 12 Uhr?«

»Marlene Schumann?«, meldete sie sich beim dritten Klingeln ihres Handys. Die Nummer des Anrufers wurde nicht angezeigt, aber sie hatte geahnt, dass es Malte Nielsen war.

»Du willst mich treffen?«

Seine Stimme klang misstrauisch. Ob er ahnte, dass sie ihn verdächtigte? Sie bemühte sich, möglichst gleichgültig zu klingen, als sie ihm antwortete, dass sie ihn gern wiedersehen wollte.

»Wieso?«

Sie holte tief Luft, ehe sie ihm die zurechtgelegte Lüge auftischte. Tom traute seinen Ohren kaum, als sie mit angenehmer Stimme säuselte, dass sie Malte sehr attraktiv und sympathisch fände. Sie klang so überzeugend, er hätte ihr geglaubt. Und auch Haie nickte anerkennend.

Malte hingegen war nicht so schnell zu überzeugen. Es kostete sie etliche Mühe, mit ausgedachten Komplimenten sein männliches Ego einzulullen und ihn zu einem Treffen zu bewegen. Schließlich lenkte er ein und sie atmete innerlich auf.

»Na schön, sagen wir, morgen um 12 Uhr im ›Fährhaus‹ in Schlüttsiel.«

Tom war sich plötzlich nicht mehr sicher, ob es wirklich eine gute Idee war, dass Marlene den Krankenpfleger noch einmal traf. Wie konnten Haie und er im ›Fährhaus‹ unauffällig in ihrer Nähe bleiben? Allein würde er sie diesmal auf gar keinen Fall dorthin gehen lassen. Was aber, wenn dieser Malte sie bemerkte? War Marlene dann nicht in noch viel größerer Gefahr?

»Sollten wir nicht Kommissar Thamsen von dem Treffen erzählen?«

»Auf gar keinen Fall!«, wehrte sie vehement ab.

Sie trafen bereits eine halbe Stunde vor der verabredeten Zeit in dem griechischen Restaurant ein. Der Wirt erkannte Tom und Marlene sofort wieder und wies ihnen seinen besten Tisch zu. Die Getränke gingen heute aufs

Haus, meinte er. Haie blickte etwas verwundert, bis sie ihm von ihrem letzten Besuch in der Taverne erzählten.

»Der Kommissar? Hackedicht?«

Er saß mit dem Rücken zum Gang und hatte Dirk Thamsen nicht kommen sehen.

»Ja, das passiert auch schon mal einem Polizisten.«

Thamsen begrüßte die kleine Runde und setzte sich. Er wechselte geschickt das Thema, indem er erzählte, dass die Spurensuche an der Soholmer Au leider bisher erfolglos geblieben war.

»Der Regen hat ganze Arbeit geleistet. Wenn es Spuren gegeben hat, dann sind sie jetzt jedenfalls so gut wie futsch!«

Er zuckte bedauernd mit den Schultern.

»Aber morgen fahren wir noch einmal raus. Das mögliche Gebiet ist groß, da wir ja den Zeitpunkt, an welchem der Mörder die Sachen in den Fluss geworfen hat, nur ungenau bestimmen können. Wenn überhaupt.«

»Und was ist mit dem roten Wagen?«, fragte Marlene.

Er schüttelte seinen Kopf. Am späten Nachmittag nach seinem Besuch bei Professor Voronin hatte er die Schwester von Carsten Schmidt aufgesucht. Auf dem Hof hatte ein roter Polo gestanden. Natürlich war ihm sofort der verdächtige Wagen aus dem Herrenkoog in den Sinn gekommen. Aber sie konnten nicht jedes rote Fahrzeug in Nordfriesland überprüfen. Das war einfach unmöglich.

»Und wenn Sie eine Suchanzeige schalten oder um sachdienliche Hinweise in der Zeitung bitten?«

»Dann wäre der Täter gewarnt.«

Nach dem Essen saßen sie noch lange zusammen und

spekulierten über mögliche Ermittlungsansätze. Haie war immer noch fest davon überzeugt, dass der Täter in Husum zu suchen war. Die Handschuhe und das Treffen im ›Einstein‹ wiesen für ihn eindeutig darauf hin. Wahrscheinlich hatte doch dieser Malte Nielsen mit dem Mord etwas zu tun.

»Lassen Sie ihn wenigstens beschatten?«

»Es laufen andere Ermittlungen gegen ihn.«

Er ließ den heimlichen DNA-Test unerwähnt und auch die drei Freunde erzählten nicht, dass Marlene morgen mit Malte Nielsen verabredet war.

Sie verabschiedeten sich auf dem kleinen Parkplatz vor dem Restaurant und Kommissar Thamsen versprach, sich sofort zu melden, wenn die Spurensicherung erfolgreich war.

»Und bis dahin keine Alleingänge mehr«, ermahnte er sie.

Die Drei nickten artig.

Zu Hause legte er sich sofort ins Bett. Im Schein der kleinen Nachttischlampe schlug er das Tagebuch auf.

02.06.1996

Der Abend mit Malte war echt okay. Allerdings glaube ich, dass er mehr von mir will. Immer wieder versucht er, mich mit seinen Prahlereien zu beeindrucken. Er habe einen guten Draht zum Professor, hat er gestern gemeint und könne wegen der Übernahme nach der Probezeit gerne mal mit ihm sprechen. Ich glaube ja, das ist alles nur Show. Vielleicht erhofft er sich davon, dass ich ihn geiler finde oder so. Aber es wird nichts laufen. Der ist nun wirklich nicht mein Typ. Da müsste ich schon betrunken sein. Aber mit dem Professor könnte er vielleicht mal sprechen, wenn er denn wirklich so glänzende Connections hat, wie er erzählt. Wäre schon reichlich entspannter, wenn ich wüsste, dass ich nach der Probezeit hier bleiben kann. Allerdings werde ich mir dann eine neue Wohnung suchen. Kann ja schließlich nicht die ganze Zeit meinen Vermieter mit irgendwelchen Fotos erpressen, nur damit er nicht in meiner Unterwäsche herumwühlt. So, nun rufe ich mal schnell Marlene an. Vielleicht hat sie heute mal Zeit für mich.

04.06.1996

Also, Malte scheint wirklich eine hervorragende Beziehung zu Voronin zu haben. Heute hat der Professor mich in sein Büro gerufen und verkündet, dass er offiziell meine Probezeit vorzeitig beendet, weil er äußerst zufrieden mit mir ist. Ab jetzt habe ich ein unbefristetes Arbeitsverhältnis. Das hat mich glatt umgehauen. Ich hab zuerst gedacht, Voronin hätte irgendetwas geraucht. Dann habe ich gleich Marlene und anschließend Malte angerufen. Muss mich jetzt wohl bei ihm erkenntlich zeigen. Fragt sich nur, wie? Hoffentlich verspricht er sich nicht zu viel von seiner Aktion bei meinem Chef. Ich frage mich allerdings, was Malte mit Voronin zu schaffen hat. Außer dass er hin und wieder bei uns aushilft und einige Krankenfahrten übernimmt, haben die doch nichts miteinander zu tun. Was sind das überhaupt für Fahrten? Angeblich irgendwelche Patienten, die verlegt werden, hat Malte mal erzählt. Aber wohin? Merkwürdig ist das. Nächste Woche sei auch wieder eine Fahrt geplant, hat er gesagt. Mal sehen, ob ich mehr erfahre.

28

Ihr Mund war wie ausgetrocknet. Ein unendlicher Durst quälte sie, ein Durst, wie sie ihn bisher noch nie erlebt hatte.

Sie schlug die Augen auf und benötigte einige Sekunden, ehe sie erkannte, dass sie wieder in dem Zimmer mit den vielen Matratzen lag. Es war bereits dunkel draußen, in einer Ecke des Raumes brannte eine Stehlampe, darunter saß ein Junge. Seine Knie hatte er bis zum Kinn angezogen, die Arme um seine Beine geschlungen. Er starrte zu ihr hinüber.

Sie versuchte, sich aufzusetzen, doch plötzlich durchdrang sie ein spitzer Schmerz. Sie blickte an ihrem Körper hinab und sah einen blutigen Verband, der sich von ihrem Bauch an ihrer rechten Körperseite entlang bis zum Rücken zog. Sie erschrak. Was war geschehen? Sie konnte sich nicht erinnern. Alles, was sie wusste, war, dass sie auf diesem Metalltisch gelegen hatte und plötzlich einen Stich verspürt hatte. Dann war es dunkel um sie herum geworden. Und nun lag sie hier so wie das andere Mädchen, welches bei ihrem Eintreffen ebenfalls hier gelegen hatte und das irgendwann verschwunden war.

Die Tür wurde plötzlich geöffnet, der Junge zuckte zusammen. Die Frau, welche Irina bereits kannte, kniete sich neben sie und gab ihr einen winzigen Schluck Wasser. Gierig trank sie, hob ihren Kopf weiter an, verlangte nach mehr. Ihr Durst war kaum zu ertragen, doch die Frau entzog ihr das Glas und reichte es dem Jungen. Mit eifersüchtigen Blicken verfolgte sie, wie er den Rest des Wassers zu sich nahm und anschließend der Frau das Glas zurückgab.

Nachdem sie wieder alleine waren, versuchte Irina, herauszufinden, wer der Junge war. Das Sprechen strengte sie an, sie stöhnte. Der Junge blickte verängstigt, begann, zu weinen. Sie schloss die Augen und spürte, dass auch auf ihrer Wange eine Träne einsam ihre Bahnen zog.

»Wo Haie nur bleibt?«

Marlene lief unruhig im Hausflur auf und ab. Sie war früh am Morgen aufgestanden, hatte sich sorgfältig geschminkt und bereits ihren Mantel angezogen. Seit über einer Stunde stand sie abmarschbereit in dem engen Gang zwischen Haustür und Küche.

»Wir haben jede Menge Zeit!«, versuchte Tom, sie zu beruhigen. Er war zwar selbst ein wenig nervös, versuchte aber, sich nichts anmerken zu lassen.

Endlich sah sie den Freund mit dem Fahrrad den kleinen Weg zum Haus hochradeln. Sie nahm ihre Handtasche und trat vor die Tür.

Hoffentlich beging sie keinen Fehler. Man wusste ja nicht, wie Malte reagieren würde. Ob er ihr das Interesse an seiner Person überhaupt abkaufte? Vielleicht spielte er nur mit ihr. Immerhin kam er als der Mörder ihrer Freundin in Frage. Vielleicht war er gefährlich. Was, wenn etwas schief ging und er auch sie …

Sie schloss die Augen und schluckte kräftig. Da musste sie nun durch, das war sie Heike schuldig. Wer immer ihrer Freundin das Leben genommen hatte, er musste dafür bestraft werden. Sie straffte ihre Schultern und setzte ein gequältes Lächeln auf.

»Guten Morgen, lieber Haie. Bist du fertig?«

Malte hatte schlecht geschlafen. Immer wieder hatte er darüber nachgedacht, warum diese Marlene ihn treffen wollte. War sie wirklich an ihm interessiert? Oder wollte man ihm eine Falle stellen?

Er hatte sich in seinem Bett von einer Seite auf die andere gedreht. Irgendwann musste er eingeschlafen sein. Als er die Augen aufschlug, fühlte er sich wie gerädert. Er griff nach einer Zigarette und zündete sie an. Sollte er nun zu diesem Treffen fahren? Vielleicht war die Kleine wirklich heiß auf ihn und er ließ sich eine schnelle Nummer entgehen? Seine Hand wanderte unter der Bettdecke zu seinem Penis. Doch auch nach minutenlangem Reiben wollte sich keine Erektion einstellen, sein Kopf war einfach nicht frei. Zu sehr beschäftigte ihn die Frage, was Heikes Freundin wohl mit dieser Verabredung beabsichtigte.

Er stand auf und ging ins Bad. Flüchtig wusch er sich das Gesicht, spülte den Mund mit etwas Mundwasser aus.

Bevor er die Wohnung verließ, vergewisserte er sich mit einem Blick aus dem Fenster, dass niemand ihn beobachtete.

Sein Auto stand etwas weiter entfernt. Er startete den Motor und fuhr in Richtung Norden.

Sie parkten den Wagen auf der anderen Seite der Straße. Der Wind wehte kräftig vom Meer, es waren nur wenige Leute unterwegs.

Wie besprochen, machte Marlene sich sofort auf den

Weg zum ›Fährhaus‹. Malte sollte sie auf gar keinen Fall zusammen sehen. Sie waren deshalb extra eine Stunde früher als verabredet nach Schlüttsiel gefahren. Als sie das Gasthaus betrat, blickten einige der anwesenden Gäste auf. Malte war noch nicht da. Sie wählte einen Tisch am Fenster und bestellte eine heiße Schokolade.

Der Wind peitschte die Wellen. Wolken rasten am Himmel vorbei. Die Schiffe im Hafen schaukelten wild hin und her. In einiger Entfernung konnte sie Tom und Haie sehen. Die Männer würden zunächst einen Spaziergang machen und anschließend im ›Fährhaus‹ einkehren. Tom wollte heimlich ein Foto von Malte machen. Vielleicht konnten sie es für Zeugenbefragungen verwenden. Die Schokolade wurde serviert und sie nippte nachdenklich an der heißen Flüssigkeit.

Tom und Haie hatten die Kragen ihrer Jacken hochgeschlagen und kämpften sich gegen den Wind nordwärts den Deich entlang. Jeder hing seinen Gedanken nach, die allerdings sehr ähnlich waren. Sie machten sich Sorgen um Marlene.

Wenn Malte tatsächlich der Mörder von Heike war, und davon gingen sie momentan aus, wer wusste, was er mit Marlene anstellen würde, wenn er herausfand, dass sie sich nicht aufgrund seiner körperlichen Anziehungskraft mit ihm traf. Sie behauptete zwar immer noch, dass Malte mit dem Mord nichts zu tun habe, sondern sehr wahrscheinlich der Mann vom Friedhof der Täter sei, aber sehr überzeugend hatte sie nicht geklungen, als sie im Wagen noch einmal darüber gesprochen hatten.

Sie blickten aufs Meer hinaus. Die ›Hauke Haien‹ versuchte, gegen die Wellen anzukämpfen und sich ihren Weg Richtung Hallig Gröde zu bahnen. Dass sie überhaupt bei diesem Sturm auslief, wunderte sie. Im Sommer hatten sie einmal zusammen eine Fahrt zu den Seehundsbänken gemacht. Marlene war ganz begeistert von den putzigen Meeressäugern gewesen.

»Meinst du, wir sollten umkehren?«

Tom blickte auf seine Uhr und nickte.

Dirk Thamsen schreckte gerade die Nudeln ab, als es an der Tür klingelte. Es war seine Mutter mit den Kindern. Sie sollten heute bei ihm zu Mittag essen. Dabei wollte er in aller Ruhe über die Situation und die neue Wohnung sprechen.

»Ich habe Miracoli gekocht.«

Die Kinder aßen begeistert. Er hingegen stocherte lustlos in seinen Nudeln herum. Wie sollte er beginnen? Er räusperte sich.

»Also, Kinder, ihr wisst ja, dass es Mama momentan nicht so gut geht und da habe ich mir gedacht …«

»… dass wir eine Weile bei dir bleiben«, vollendete Timo seinen Satz.

»Ist schon okay, Oma hat mit uns geredet.«

Er atmete erleichtert auf. Dann erzählte er von der neuen Wohnung und versprach, dass von jetzt an alles besser werden würde.

»Und was ist mit Mario?«

Anne schaute ihn ängstlich an.

»Das lass mal meine Sorge sein.«

In der Tat war Mario ein Problem, welches ihm große Sorgen bereitete. Selbst wenn seine Exfrau einer Entziehungskur zustimmen würde, was würde passieren, wenn sie mit diesem Kriminellen zusammenblieb? Die Kinder schauten ihn skeptisch an, ließen sich jedoch schnell auf andere Gedanken bringen, als er vorschlug, nach dem Essen ins Hallenbad zu gehen. Schnell aßen sie die restlichen Nudeln und brachen anschließend auf.

Das Hallenbad lag in der Nähe des Marktplatzes. Dirk Thamsen zahlte den Eintritt und kurz darauf tobten sie ausgelassen zwischen den anderen Badegästen.

Malte betrat zögernd das Restaurant. Er hatte etwas weiter entfernt geparkt und war das kleine Stück zum Fährhafen gelaufen. Permanent hatte er seinen Kopf in alle Richtungen gedreht, aber ihm war nichts aufgefallen. Keine parkenden Autos am Straßenrand, keine Männer mit einer Hand am Ohr.

Er sah sie an einem Tisch am Fenster sitzen. Das Haar trug sie offen, ihre Bluse war tief ausgeschnitten. Er ließ seinen Blick durch den Gastraum wandern, konnte aber nichts Ungewöhnliches entdecken. Betont lässig schlenderte er zu ihr hinüber.

»Warten Sie auf mich, hübsche Frau?«

Ohne ihre Antwort abzuwarten, ließ er sich auf einem der Stühle nieder und starrte in ihren Ausschnitt.

Sie versuchte, zu lächeln und möglichst ruhig zu bleiben. Sie musste charmant sein, ihn überzeugen, dass sie auf ihn stand, auch wenn er sie noch so anwiderte. Aber nur auf diese Weise hatte sie vermutlich eine Chance, dass er gesprächig wurde. Sie fragte sich allerdings, wie weit sie dafür gehen musste und ob sie dazu bereit war.

»Also noch mal, warum genau wolltest du mich treffen?«

Sie wiederholte zunächst die Worte, welche sie bereits am Tag zuvor verwendet hatte, um ihn hierherzulocken. Er sonnte sich förmlich in der Flut ihrer Komplimente. Ihre Worte turnten ihn an und sie setzte noch einen drauf. Sie lehnte sich weit über den Tisch und flüsterte in verschwörerischem Ton:

»Ich denke, wir könnten viel Spaß zusammen haben!«

Sie erahnte die dreckigen Fantasien, die sich in seinem Kopf abspielten. Seine Augen starrten permanent auf ihre Brüste, Speichel sammelte sich in seinem linken Mundwinkel. Es schüttelte sie beinahe vor Ekel. Krampfhaft versuchte sie, sich an die Sätze zu erinnern, welche sie sich für das Treffen mit ihm zurechtgelegt hatte.

»Heike hat viel von dir erzählt.«

Er wurde plötzlich hellhörig und blickte ihr direkt ins Gesicht. Marlene setzte ihr charmantestes Lächeln auf und fügte hinzu:

»Natürlich nur Gutes.«

Da sie nicht genau wusste, was für eine Art von Beziehung die Freundin mit ihm verbunden hatte, musste sie vorsichtig sein. Ein falsches Wort und es war aus. Malte war ohnehin schon misstrauisch. Vielleicht glaubte er sogar, dass die Polizei sie geschickt hatte.

»Ich weiß natürlich, dass du mit dem Mord an Heike nichts zu tun hast. Würde ich mich sonst mit dir treffen?«

Er rückte ein wenig vom Tisch ab und betrachtete sie eingehend. Log diese Frau oder fand sie ihn tatsächlich attraktiv und traf sich deswegen mit ihm? Nur weil sie blond war, bedeutete das ja nicht gleich, dass sie auch dumm und naiv war. Obwohl er gerade das nach ihren letzten Aussagen und dem leicht dämlich wirkenden Blick, mit welchem sie ihn anschaute, nicht für ausgeschlossen hielt. Er beschloss, sie auf die Probe zu stellen.

»Die Polizei geht aber davon aus, dass ich etwas mit dem Mord zu tun habe.«

Er wartete gespannt auf eine Reaktion, aber die Überraschung, welche sie durch ein knappes »Tatsächlich?« zum Ausdruck brachte, wirkte echt. Aber er war noch nicht hundertprozentig überzeugt. Zu häufig hatte er sich schon in einem Menschen getäuscht. Angefangen hatte es bereits bei seiner Mutter, die ihn mit fünf Jahren in ein Heim gesteckt hatte. Angeblich, weil sie überfordert war. Später hatte er herausgefunden, dass sie mit einem anderen Mann Kinder und ein neues Zuhause hatte. Das hatte sie nicht überfordert.

»Und wenn ich sie nun doch umgebracht habe?«

Eigentlich hatte Dirk Thamsen vorgehabt, mit den Kindern noch ein Eis essen zu gehen, aber wie so häufig hatten seine Kollegen angerufen und ihn ins Büro zu einer Besprechung gebeten. Angeblich hatte die Spurensicherung etwas gefunden.

Er versprach Anne, ihr heute Abend etwas über den Klabautermann zu erzählen, und setzte die Kinder bei seinen Eltern ab.

Er wurde bereits erwartet. Im Osterkoog an einem Zufahrtstor hatte man durch Zufall rote Lacksplitter gefunden. Ihm fiel sofort der Kleinwagen ein, den Marlene Schumann erwähnt hatte.

»Und?«

Seine Kollegen zuckten mit den Schultern. Die Splitter waren noch in der kriminaltechnischen Untersuchung.

»Weitere Spuren?«

Weitere Spuren hatte man bisher nicht gefunden. Die Spurensicherung hatte ihre Arbeiten jedoch noch nicht abgeschlossen. Allerdings hatte der Regen sein Übriges getan. Viel Hoffnung auf verwertbare Reifen- oder Fußspuren bestand nicht.

Sein Blick fiel auf die Phantombildzeichnung und das Foto des Jungen. Er nahm beides von der Wand. Seine Kollegen schauten ihn fragend an.

»Wir sollten in den umliegenden Ortschaften die Bewohner befragen. Nicht unwahrscheinlich, dass der Täter ganz aus der Nähe kommt.«

Als Tom und Haie das Restaurant betraten, sahen sie das ungleiche Paar an einem Tisch am Fenster sitzen. Es war schwer einzuschätzen, wie das Gespräch verlief. Marlene lächelte und Malte hatte sich leicht über den Tisch gebeugt und redete.

Sie wählten einen Platz etwas weiter entfernt – auf gar keinen Fall sollte Malte Verdacht schöpfen – und bestellten einen Pharisäer.

Jetzt lehnte sich auch Marlene ein Stück weiter nach vorn. Wie sie ihr Gegenüber anhimmelte. Wieder regte sich in Tom dieses merkwürdige Gefühl. Er musste sich in Erinnerung rufen, dass seine Freundin nur versuchte, an Informationen über den Mord zu kommen. Sie warf ihr langes blondes Haar zurück und lachte laut. Sie sah einfach bezaubernd aus. Wenn dieser Malte sich davon nicht überzeugen ließ, wusste er auch nicht.

Unauffällig holte er aus seiner Jackentasche den Fotoapparat. Er stellte ihn vor sich auf den Tisch, richtete das Objektiv auf das Fenster aus. Behutsam drückte er auf den Auslöser. Nur ein leises ›Klick‹ verriet, dass er fotografiert hatte.

»Du hättest Paparazzo werden sollen«, flüsterte Haie ihm zu.

Plötzlich stand Malte auf und auch Marlene erhob sich von ihrem Stuhl. Was hatten sie vor? Das war doch gar nicht geplant gewesen. Sie wollte doch nicht etwa mit ihm mitgehen? Er versuchte, Marlenes Blick aufzufangen, doch der hing wie festgeschweißt an Maltes Lippen, der ohne Unterbrechung redete und redete.

Fragend blickte er seinen Freund an. Der zuckte jedoch nur mit den Schultern. Als sie das Restaurant verließen, drehte Marlene sich für den Bruchteil einer Sekunde um. Angst lag in ihrem Blick. Angst und Verzweiflung.

29

Dirk Thamsen klingelte. Es war das letzte Haus in dem kleinen Ort und er hatte wenig Hoffnung, dass die Bewohner ihm wichtige Hinweise geben konnten. Er hatte bereits an so vielen Türen geklopft und geschellt, aber jedes Mal, wenn er die Bilder hochgehalten hatte, war ein ratloses Kopfschütteln die Antwort gewesen. Bei dem Jungen waren einige sich zwar nicht sicher gewesen, aber den Mann hatte bisher anscheinend noch niemand gesehen. Oder aber das Bild sah doch so gewöhnlich aus, dass die Befragten Angst hatten, eine falsche Person zu belasten. Die Tür wurde geöffnet, eine dunkelhäutige Frau mit langen Haaren stand vor ihm. Fragend blickte sie ihn an. Ein Reflex ließ ihn plötzlich sehr langsam und deutlich sprechen. Er betonte jedes einzelne Wort, so, als könne er durch seine Sprechart eventuell vorhandene Sprachbarrieren überwinden.

Die Frau betrachtete zunächst das Bild des Jungen, schüttelte allerdings bereits nach wenigen Sekunden den Kopf. Das Phantombild schaute sie sich lange an, ehe sie mit dem Kopf nickte und in einem perfekten Deutsch antwortete:

»Ja, den Mann habe ich schon mal gesehen.«

Dirk Thamsen traute seinen Ohren kaum.

»Sind Sie sich sicher?«

Die Frau nickte. Sie habe den Mann vor ein paar Wochen beim Einkaufen getroffen. Er sei ihr aufgefallen, weil er an der Kasse ihren Sohn angesprochen hatte.

»Was hat er gesagt?«

»Dass er ihm Gesundheit wünscht.«

Tom und Haie waren sofort, nachdem Malte und Marlene das Restaurant verlassen hatten, aufgestanden und den beiden gefolgt. Draußen heulte der Wind, es hatte wieder angefangen, zu regnen. Weit und breit war niemand zu sehen. Sie trennten sich, jeder ging in eine andere Richtung, um nach ihnen Ausschau zu halten.

Haie ging zum Fähranleger hinunter, während Tom zum Parkplatz lief. Plötzlich sah er in einem vorbeifahrenden PKW Marlene sitzen. Er rannte den Deich hinauf, rief und pfiff, machte Haie wilde Zeichen. Als dieser die kleine Treppe hinuntergeeilt kam, stand Tom bereits mit laufendem Motor auf der Straße. Die Beifahrertür war noch nicht ins Schloss gefallen, da gab er auch schon Gas.

Mit über 100 Stundenkilometern raste er die Straße am Außendeich entlang. Kurz vor Ockholm sahen sie Maltes Wagen. Er bog Richtung Bongsiel ab. Sie folgten ihm in sicherem Abstand. Vor Toms inneres Auge schob sich immer wieder Marlenes ängstlicher Blick. Sein Herz raste. Was, wenn dieser Malte ihr etwas antat? Er wollte sich das lieber nicht vorstellen.

Sie erreichten den Blomenkoog.

»Die fahren zum Tatort!«, rief Haie plötzlich.

Tatsächlich. Malte stoppte an der Bushaltestelle, die Türen wurden geöffnet. Tom fuhr langsam weiter. Hinter dem Bauernhof parkte er in einer Kurve. Sie stiegen aus und versteckten sich im angrenzenden Schilf.

Dirk Thamsen war auf dem Weg zu seinen Eltern.

Nach der Befragung war er kurz zur Dienststelle gefahren, hatte mit seinen Kollegen die weitere Vorgehensweise besprochen. Er war sich unschlüssig, ob sie mit dem Phantombild und den Erkenntnissen über den roten Wagen an die Presse gehen sollten. Zwar hatte immerhin eine der Befragten den Mann erkannt, wusste aber weder seinen Namen noch, wo er zu finden war.

Wenn sie das Bild veröffentlichten, könnte das den Täter warnen. Momentan wiegte er sich vermutlich in Sicherheit. Wenn er sich jedoch in der Zeitung wiedererkannte und womöglich von einem verdächtigten roten PKW in der Zeitung las, konnte es sein, dass er untertauchte. Auf jeden Fall würde es ihn nervös machen und die Chance, dass er einen Fehler beging, vergrößern.

Seine Mutter öffnete ihm die Tür. Anne erwartete ihn bereits sehnsüchtig. Er setzte sich zu ihr aufs Sofa.

»Heute erzähle ich dir die Geschichte von dem Klabautermann, der sein Schiff verließ. Die kennst du doch noch nicht, oder?«

Die Kleine schüttelte ihren Kopf. Ihr erwartungsvoller Blick hing an seinen Lippen, als er Luft holte und zu erzählen begann: »In einem Hafen lag ein Schiff. Am Abend stand ein Matrose an Deck und dachte an seine Familie, die er bald sehen sollte, denn schon am nächsten Tag sollte die Fracht vom Schiff abgeladen und der Rückweg angetreten werden. Plötzlich hörte er eine Stimme von einem gegenüberliegenden Schiff. Ob man eine glückliche Reise gehabt habe? Noch ehe der Matrose antworten konnte, hörte er eine weitere Stimme, diesmal von dem Schiff, auf welchem er sich befand. Jemand jammerte, dass er so viel Arbeit gehabt hatte. Die Masten hatten gestützt werden müssen, die Segel gehalten und mehrere Lecks im Schiffraum hatten gestopft werden müssen. ›Heute Nacht‹, hörte der Matrose die Stimme sagen, ›verlasse ich das Schiff, denn der Kapitän und die Matrosen schreiben die schnelle und tüchtige Fahrt sich selbst zu und haben mich vergessen‹. Nun wusste der Matrose, dass sich zwei Klabautermänner unterhielten. Er verhielt sich ganz ruhig. Am nächsten Morgen aber flüchtete er von dem Schiff, um sich nach einer anderen Stelle umzusehen. Das Schiff aber lief aus und ging mit Mann und Maus unter.«

Anne war während des Erzählens eingeschlafen. Er hob sie auf seine Arme und brachte sie ins Bett. Nachdem er sich von Timo verabschiedet hatte, fuhr er nach Hause.

Es war beinahe zur Gewohnheit geworden, dass er sich mit dem Tagebuch auf der Couch niederließ.

10.06.1996

Voronin hat Urlaub. Was für eine Wohltat. Endlich ist es richtig nett auf Station. Alle haben gute Laune und sind viel entspannter. Vielleicht sollte man den Professor in einen Dauerurlaub schicken, dann wäre es immer so schön hier. Man soll ja niemandem etwas Schlechtes wünschen, aber mich würde es nicht stören, wenn er nicht wiederkäme. Morgen Abend treffe ich mich mit Marlene. Sie kommt mal zu mir und wir machen einen Frauenabend mit Video, Chips und Schokolade und so. Wie früher. Ich freue mich schon. Von Malte habe ich ihr bis jetzt noch nichts erzählt, vielleicht ergibt es sich ja beim Videogucken.

18.06.1996

*Es ist etwas Merkwürdiges passiert. Ich wollte aus
Voronins Büro neue Formulare holen, da sind mir einige
Krankenblätter in die Hände gefallen. Zugegeben, ich
habe ein wenig in seinem Schreibtisch herumgeschnüffelt,
aber ich wusste selbst nicht, wonach ich suchte. Die Krankenblätter waren teilweise schon älter und ich dachte, dass
er vergessen hatte, sie weiterzugeben, wegen der Eingabe
und der Archivierung. Ich habe sie mit ins Ärztezimmer
genommen und am PC die gefundenen Krankenakten
aufgerufen. Unter den jeweiligen Daten waren zwar Eingaben vorhanden, allerdings nicht dieselben wie auf den
Krankenblättern. Beim ersten habe ich noch gedacht, das
sei sicherlich nur ein Fehler, aber bei allen Akten waren
falsche Einträge vermerkt. Ich kann mir das nicht erklären. Ich werde morgen mal im Archiv nachfragen, denn
heute war da leider keiner mehr.*

Kommissar Thamsen blätterte interessiert weiter. Aber
der nächste Eintrag stammte vom 24.06. und Heike berichtete von der Rückkehr des Vorgesetzten. Kein Wort
mehr über die falschen Akten. Entweder hatte es sich
wirklich als Systemfehler oder Ähnliches entpuppt oder
sie hatte keine Zeit gefunden, über die Klärung der falschen Eingaben zu schreiben.

Marlene hatte panische Angst. Malte war mit ihr zu der
Stelle gefahren, wo man Heikes Leiche gefunden hatte. Sie hatte ihn dorthin lotsen müssen. Er kannte sich
anscheinend nicht aus, obwohl sie die ganze Zeit den
Verdacht hatte, er spielte ihr seine Orientierungslosig-
keit nur vor. Dass er nicht wusste, wo der Fundort der
Leiche war, hatte sie ihm nicht abgenommen.

Er hatte sie gezwungen, auszusteigen, und stieß sie nun vor sich her Richtung Au. Sie schaute sich suchend nach Tom und Haie um. Wo waren die Männer nur? Wieso war sie auch mit ihm mitgegangen?

»Suchst du wen?«

Er blickte sich nun ebenfalls um, konnte aber niemanden entdecken. Auf der kleinen Böschung blieb er plötzlich stehen.

»Hier also haben sie Heike gefunden.«

Sie nickte. Als ob er das nicht wüsste. Selbst wenn er nicht der Täter war, jede Zeitung hatte darüber in den letzten Tagen ausführlich berichtet und sogar Fotos vom Fundort abgedruckt. Sie blickte hinab in das schwarze, gurgelnde Wasser.

»Nehmen wir mal an, ich hätte Heike tatsächlich umgebracht. Was meinst du, was ich jetzt mit dir mache?«

Sie riss ihre Augen weit auf, ihr Herz klopfte wild, sie begann, zu schwitzen. In dem schummrigen Licht sah er bedrohlich aus. Sie drehte sich blitzschnell um und wollte weglaufen, doch er packte sie am Arm. Seine Finger legten sich wie ein eiserner Ring um ihren Unterarm, er riss sie zurück.

»Warum wolltest du dich mit mir treffen?«, schrie er sie an.

Ihre Kehle war wie zugeschnürt, sie brachte keinen Ton heraus. Wie versteinert starrte sie ihn an, was ihn noch wütender machte.

»Ich lass mich nicht verarschen! Nicht von dir und erst recht nicht von der Polizei!«

Er stieß ihr mit voller Wucht in die Brust. Einmal, zweimal. Sie taumelte rückwärts die Böschung hinab. Ein letzter Stoß und sie fiel ins Wasser. Malte schaute kurz zu, wie sie versuchte, am Ufer Halt zu finden, dann drehte er sich um und lief zum Wagen.

Das kalte Wasser raubte ihr die Kräfte. Krampfhaft hielt sie sich an einem Schilfgewächs fest. Panik stieg wie eine Welle langsam in ihr auf. Mit aller Kraft bemühte sie sich, den dunklen Fluten zu entkommen, doch die Strömung und ihre nasse Kleidung machten es ihr unmöglich, sich aus dem Fluss zu befreien. Plötzlich spürte sie, wie jemand an ihrer Kleidung zerrte. Sie drehte den Kopf und erkannte Tom, der versuchte, sie aus dem Wasser zu ziehen. Vor Erleichterung begann sie, zu schluchzen.

»Was sollte das? Wieso bist du mit ihm mitgegangen?«, schrie er sie an, als sie endlich am Fuße der kleinen Böschung lag.

Sie zuckte zusammen, erkannte jedoch an seinem Blick, dass Angst der Auslöser seiner heftigen Reaktion war. Angst und die Sorge, sie zu verlieren. Sie rappelte sich auf, legte ihre Arme um seinen Hals. Minutenlang harrten sie so aneinander geklammert aus. Ein Räuspern holte sie in die Realität zurück.

»Sollten wir nicht nach Hause fahren? Marlene holt sich ja den Tod.«

Haie stand in einiger Entfernung und blickte auf sie herunter. Erst jetzt bemerkte Tom, dass sie zitterte und ihre Zähne unkontrolliert aufeinanderschlugen. Er zog seine Jacke aus, legte sie um ihre Schultern und half ihr auf.

Zu Hause ließ er ihr erst einmal ein heißes Bad ein und stellte den Wasserkocher an. Er und Haie saßen auf der Eckbank, als sie in einen Bademantel gehüllt und mit einem Handtuchturban auf dem Kopf die Küche betrat. Sie nahm sich eine Tasse, brühte einen Tee auf und setzte sich zu ihnen.

»Was genau hat er denn nun gesagt?«

Haie war neugierig. Viel zu lange hatte er schon auf einen ausführlichen Bericht warten müssen.

Sie zuckte mit den Schultern.

»Er war es jedenfalls nicht.«

Sie schauten sie fragend an. Sie erzählte, dass er gesagt hatte, die Polizei verdächtige ihn, und dass er deswegen wahrscheinlich eine höllische Angst habe. Vermutlich hatte er geglaubt, die Polizei habe sie geschickt. Immer wieder habe er sie gefragt, warum sie ihn hatte treffen wollen.

»Glaubt ihr, er hätte mich wie ein Schuljunge ins Wasser gestoßen, wenn er wirklich der Mörder von Heike wäre?«

Sie schüttelten die Köpfe.

30

Dirk Thamsen erwachte vom Klingeln des Telefons. Noch schlaftrunken drehte er sich um, warf einen flüchtigen Blick auf seinen Wecker: 6.30 Uhr. Wer in Gottes Namen rief um diese Zeit an? Mit belegter Stimme nannte er seinen Namen.

Es war der befreundete Kollege aus Kiel. Die Ergebnisse der Untersuchung lägen vor.

»Und?«

»Keinerlei Übereinstimmung. Der Bursche ist nicht dein Mörder!«

Enttäuscht ließ er sich zurück auf das Kopfkissen fallen. Wäre ja auch zu schön gewesen. Aber es gab nun mal sonst niemanden, der in Betracht kam. Vielleicht noch der Professor. Der machte auf ihn auch irgendwie den Eindruck, als habe er etwas zu verbergen. Er stand auf und schlüpfte in seine Laufschuhe. Draußen war es noch dunkel, doch das machte ihm nichts aus. Er kannte die Strecke.

Die kühle Morgenluft tat ihm gut. Er atmete tief durch. In der Ferne konnte er die ersten Anzeichen des Sonnenaufgangs erahnen. Ganz langsam vertrieben erste schwache Strahlen die Nacht.

Er dachte an die Pressekonferenz, die für 10 Uhr anberaumt war. Sollte er mit dem Phantombild an die Öffentlichkeit gehen? Jetzt, wo feststand, dass Malte Nielsen nicht der Mörder war – was hatte er für eine Wahl? Er konnte sogar noch eins draufsetzen und ver-

232

suchen, den Täter aus der Reserve zu locken. Wenn er behauptete, dass die Polizei über Beweise verfügte, die belegten, dass der Mann auf dem Bild Heike Andresens Mörder war, würde er vielleicht einen Fehler machen. Eine andere Chance gab es nicht. Entschlossen drehte er um und lief zurück.

Auch Marlene war bereits früh auf den Beinen. Wider Erwarten hatte sie tief und fest geschlafen. Sie fühlte sich frisch und ausgeruht.

»Willst du wirklich schon wieder ins Institut?«

Sie nickte. Viel zu lang hatte sie die Arbeit vernachlässigt. Die Ablenkung würde ihr guttun.

Die Kollegin begrüßte sie herzlich, freute sich, dass sie wieder da war. In der Zwischenzeit gab es Neuigkeiten. Der Heimatverein hatte bezüglich eines Vortrages angefragt und der Institutsleiter hatte Marlene vorgeschlagen. Ob sie sich das bereits wieder zutraue? Sie bejahte.

Bis zum Mittag hatte sie sich in das Thema ein wenig eingearbeitet. Es ging vorrangig um den nordfriesischen Humor, welcher sich in zahlreichen Wortspielen, Sprichwörtern und sogenannten ›Döntjes‹ wiederfand.

Sie musste ein wenig schmunzeln, als sie in den Aufsätzen teils älteren Datums las, dass der Friese an sich mit breiten Beinen auf dem heimatlichen Boden stand, wortkarg, jedoch von sich selbst überzeugt war und über einen trockenen Humor verfügte. Kurzum, der Friese war halt etwas Besonderes, eigenwillig und selbstbewusst.

Nach dem Mittagessen rief sie zum ersten Mal ihre Mails ab. 63 neue Nachrichten, hauptsächlich Beileidsbekundungen und Antworten auf zuvor von ihr gestellte Fragen, zum Beispiel an ihren ehemaligen Professor und Mitarbeiter der Storm-Gesellschaft.

Aber was war das? Unter den vielen Nachrichten befand sich auch eine Mail von Heike. Sie blickte ungläubig auf das Datum. Empfangen angeblich einen Tag vor dem Mord. Das konnte doch gar nicht sein. Hatte sie den Eingang übersehen? Und wieso schickte Heike ihr eine Nachricht ans Institut? Sie hatte doch immer die private Mailadresse benutzt.

Mit zitternden Händen klickte sie auf die Mitteilung. Der Inhalt war dürftig:

›Zu deinen treuen Händen. Gruß und Kuss, Heike‹.

Marlene schossen plötzlich Tränen in die Augen. Das Bewusstsein, dass dies wahrscheinlich das letzte Lebenszeichen ihrer Freundin war, übermannte sie. Schluchzend suchte sie in ihrer Tasche nach einem Taschentuch und putzte sich lautstark die Nase.

Im Anhang befanden sich mehrere Dateien. Marlene öffnete die erste, wusste aber nicht so recht, was sie damit anfangen sollte. Es waren irgendwelche Listen mit hunderten von Namen und verschiedenen anderen Angaben, die sie nicht verstand. Wahrscheinlich medizinische Begriffe und Daten. Ein weiterer Anhang enthielt Kopien von irgendwelchen Krankenhausunterlagen. Sie waren handschriftlich ausgefüllt und sie hatte Mühe, die krakelige Schrift zu entziffern. Unter den vielen Einträgen standen unterschiedliche Werte. Wahrscheinlich von Blutuntersuchungen oder Ähnlichem, mutmaßte sie. Marlene verstand nicht, warum Heike ihr diese doch augenscheinlich vertraulichen Angaben geschickt hatte. Sie griff zum Telefonhörer

234

und wählte Toms Nummer, doch es meldete sich nur die Mailbox.

Haie sah den spielenden Kindern auf dem Schulhof zu. Sie rannten hintereinander her, spielten Verstecken, schrien und lachten. Nur ein Junge saß allein auf der Treppe zur Turnhalle und blickte zu Boden.

»Na, welche Laus ist dir denn über die Leber gelaufen?«, versuchte Haie den kleinen Jungen aufzumuntern.

Er erlebte häufig, dass Kinder mit ihm über ihre Ängste vor einer bevorstehenden Klassenarbeit oder andere Sorgen sprachen.

Erst als der Junge den Kopf hob und er erkannte, dass es sich um Sebastian handelte, hätte er sich am liebsten für seinen flotten Spruch die Zunge abgebissen. Vielleicht war etwas mit Lisa, seiner Schwester. Er ließ sich neben dem Schüler auf den Stufen nieder.

»Wir ziehen weg von hier!«

»Aber wieso das denn?«

Der Junge zuckte mit den Schultern. Haie fragte sich, ob es wohl einen Grund für den Umzug der Familie gab. Der Vater hatte doch einen guten Arbeitsplatz beim Amt und auch Mira arbeitete stundenweise. Außerdem waren sie hier geboren, ihre ganze Familie lebte im Dorf und in der näheren Umgebung. Mit Sicherheit hatte Sebastian etwas falsch verstanden.

»Doch, Mama hat gesagt, wir ziehen wegen Lisa weg. Weil es besser ist. Immer wegen der blöden Kuh!«, erklärte er trotzig.

Haie konnte sich vorstellen, dass es für den Kleinen nicht einfach war, mit der Krankheit der Schwester und der sicherlich weitaus größeren Aufmerksamkeit, die ihr dadurch nun einmal zuteil wurde, umzugehen. Er konnte verstehen, dass Sebastian sich vernachlässigt fühlte. Immer drehte sich alles um das kranke Mädchen. Kein Wunder, wenn der Junge da eifersüchtig wurde. Das war vorprogrammiert.

Er legte freundschaftlich seinen Arm um Sebastian und versuchte, ihn zu trösten.

»Weißt du, sicherlich haben Mama und Papa dich genauso lieb wie Lisa. Es ist halt nur so, dass deine Schwester so krank ist und keiner weiß, wie man sie gesund machen kann und …«

»Stimmt doch gar nicht!«, rief der Junge aufgeregt dazwischen. »Lisa wird jetzt wieder ganz gesund. Ich habe selbst gehört, wie der Arzt das zu Mama gesagt hat.«

Dirk Thamsen räusperte sich und blickte in die Gesichter der vor ihm sitzenden Journalisten. Es waren mehr erschienen, als er erwartet hatte. Der Fall schien die Öffentlichkeit sehr zu interessieren.

Er blickte seine Kollegen an, bevor er sich erhob, um den abgesprochenen Text zu verlesen.

»Im Auftrag des Landeskriminalamtes möchte ich zu dem Mordfall Heike Andresen Folgendes bekannt geben: Die Kriminalpolizei ist auf der Suche nach diesem Mann.«

Er hob die Phantombildzeichnung hoch und verwies die Journalisten auf die bereits vor der Konferenz verteilten Pressemappen.

»Wir gehen davon aus, dass dieser Mann in Zusammenhang mit dem Mord steht. Es liegen Zeugenaussagen vor, denen zufolge er kurz vor der Tat zusammen mit dem Opfer gesehen wurde. Des Weiteren fahndet die Kriminalpolizei nach einem roten Kleinwagen mit leichten bis mittleren Lackschäden. Es ist nicht unwahrscheinlich, dass der gesuchte Mann der Fahrer bzw. Halter des Wagens ist. Für sachdienliche Hinweise, die jede Polizeidienststelle entgegennimmt und die zur Ergreifung des Täters führen, wird eine Belohnung in Höhe von 10.000 DM ausgesetzt.«

Nur selten setzte die Polizei eine solch hohe Summe zur Belohnung aus. Er war selbst überrascht gewesen, als er die Mitteilung des Landeskriminalamtes gelesen hatte.

Er verlas noch die Hinweise für die Zuerkennung und Verteilung der Belohnung und die Fragen, welche die Mordkommission im Rahmen der Auslobung an die Bevölkerung stellte.

- Wer kann Angaben zu den Umständen machen, unter denen Heike A. getötet wurde?
- Wer kann Angaben zu dem oder den Tätern machen?
- Wer hat Heike A. in den späten Abendstunden des 07.10.1996 oder danach gesehen?
- Welche Personen haben sie möglicherweise begleitet?
- Wer kennt den Mann auf dem Fahndungsfoto?
- Wer kann Angaben zu einem roten Kleinwagen mit Lackschäden machen?
- Wer kann sonstige Angaben machen, die zur Aufklärung des Tatgeschehens oder seiner Hintergründe beitragen können?

Für einen kurzen Augenblick herrschte absolute Stille in dem kleinen Raum. Er legte das Blatt auf den Tisch vor ihm und hob den Blick.

Schon schnellten die ersten Arme in die Höhe.

»Stimmt es, dass das Opfer nicht sexuell missbraucht wurde? Ist der Täter im beruflichen Umfeld des Opfers zu suchen? Welche Maßnahmen hat die Polizei ergriffen, um die Bevölkerung vor einer Wiederholung solch einer Tat zu schützen?«

Er versuchte, soweit es ihm möglich war, die Fragen der Journalisten freundlich zu beantworten, verwies teilweise an seine Kollegen und schloss nach etwa einer halben Stunde die Pressekonferenz mit den Worten:

»Die Polizei ist auf Ihre Hilfe und die der Bevölkerung angewiesen. Vielen Dank!«

Er ging zurück in sein Büro und ließ in Gedanken die Konferenz Revue passieren. Hatte er an alles gedacht? Würde es gelingen, den Täter aus der Reserve zu locken?

Aufgrund der hohen Belohnung rechnete er in den nächsten Tagen mit vielen Hinweisen. Es würde nicht einfach werden, die wichtigen von den unwichtigen, zum Teil wahrscheinlich sogar Lügen, zu unterscheiden. Da kam eine Menge Arbeit auf sie zu.

Er wollte sich gerade zurücklehnen und Heikes Tagebuch aufschlagen, als es an der Tür klopfte. Es war die Schwester aus dem Krankenhaus.

»Entschuldigung, aber hätten Sie kurz Zeit?«

Marlene wählte zum wiederholten Male Toms Nummer. Sie hatte inzwischen auch die anderen Dateien geöffnet, welche ihr allerdings genauso rätselhaft wie die vorherigen vorgekommen waren. Endlich hörte sie Toms Stimme.

»Heike hat mir vor ihrem Tod eine Mail geschickt. Irgendwas aus dem Krankenhaus. Kannst du kommen?«

Er wollte es versuchen. Sie zog die Anhänge auf eine Diskette und leitete zudem die Nachricht vorsichtshalber an ihre private und Toms Mailadresse weiter.

Sie verabschiedete sich flüchtig von ihrer Kollegin, welche ihr fragend nachschaute und den plötzlichen Aufbruch mit der Trauersituation begründete.

Kurz überlegte sie, direkt in die Polizeidienststelle zu fahren, schließlich hatte der Kommissar darum gebeten, dass sie keine Alleingänge mehr unternahmen. Sie entschied sich allerdings dagegen. Erst einmal wollte sie sich die merkwürdigen Daten mit Tom und Haie zusammen anschauen.

Sie fuhr nicht direkt nach Hause, sondern zunächst zur Grundschule. Vielleicht konnte Haie früher Feierabend machen. Als sie jedoch den Wagen parkte, stand sein Fahrrad nicht an dem gewohnten Platz. Sie wunderte sich und erhielt von der Dame im Sekretariat die Auskunft, dass er bereits Feierabend gemacht hatte.

Aber auch zu Hause traf sie ihn nicht an. Wo steckte er nur?

Haie war, nachdem er die wichtigsten Aufgaben des Tages erledigt hatte, nach Niebüll ins Krankenhaus gefahren. Er wollte die kleine Lisa besuchen.

Doch der Mann am Informationsschalter schüttelte seinen Kopf.

»Lisa Martens? Die ist vor Kurzem verlegt worden.«

»Wohin denn?«

Darüber sei in den Unterlagen nichts verzeichnet. Er könne aber noch einmal auf Station nachfragen.

Er nahm den Aufzug in den fünften Stock. In der dritten Etage stieg eine ältere Dame im rosa Bademantel ein. Sie musterte ihn auffällig. Als er sie fragte, ob etwas nicht in Ordnung sei, antwortete sie:

»Seit die Frau Doktor ermordet wurde, muss man vorsichtig sein. Schließlich läuft der Mörder noch frei herum!«

Auf dem Flur traf er Schwester Hansen, die Tochter eines ehemaligen Arbeitskollegen. Früher hatte Haie mit ihrem Vater zusammen in der Papierfabrik in Flensburg gearbeitet.

»Moin, Anke. Ich wollte zu Lisa. Wo liegt sie denn?«

Die Schwester bestätigte die Auskunft, die er bereits am Informationsschalter erhalten hatte. Lisa lag tatsächlich nicht mehr im Niebüller Krankenhaus.

»Aber es ging ihr doch so schlecht. Ihre Mutter hatte mir das erzählt.«

Anke nickte. Schlecht sei es Lisa gegangen, das stimmte. Aber vor ein paar Tagen hatte sich wohl ein Spender gefunden.

»Ist sie in Hamburg?«

Sie zuckte mit den Schultern. So genau wisse sie das nicht. Könnte auch sein, dass sie nach Kiel oder Lübeck gebracht worden war.

Marlene wartete ungeduldig. Mehrere Male hatte sie sich inzwischen die Dateien angesehen, konnte aber nicht wirklich etwas damit anfangen. Das Einzige, was ihr auffällig erschien, war, dass Heike auf einigen der Blätter hinter den Daten Notizen geschrieben hatte: ›Malte Krankenfahrt‹, ›Voronin Spätschicht‹ und ähnliche Vermerke konnte sie entziffern. Was hatte das alles zu bedeuten?

Sie wählte erneut Haies Nummer, aber er war immer noch nicht zu erreichen. Und wo blieb Tom?

Kurze Zeit später schloss er die Haustür auf. Sie stürzte in den Flur.

»Da bist du ja endlich!«

Gemeinsam sahen sie sich Heikes Mail an. Auch Tom vermutete, dass es sich dabei um Unterlagen aus der Klinik handelte. Anscheinend ging da etwas nicht mit rechten Dingen zu. Vielleicht war Heike auf etwas gestoßen? Deswegen vielleicht die Verabredung mit dem Kommissar.

»Wahrscheinlich eine ziemlich heikle Sache. Wir sollten das Herrn Thamsen zeigen.«

Dirk Thamsen saß in seinem Büro und machte sich Notizen. Allem Anschein nach war Professor Voronin spielsüchtig. Das hatte die Schwester aus dem Krankenhaus ausgesagt. Ihr Schwager betrieb in Bredstedt eine Spielhalle, daher wusste sie von der Leidenschaft des Professors. Angeblich fahre er auch regelmäßig ins Casino. Westerland, Hamburg, Travemünde. Jedenfalls habe er ihrem Bruder gegenüber so etwas angedeutet. Und Geldprobleme vermutete sie auch. Neulich hatte sie ihn dabei beobachtet, wie er heimlich Geld aus der Kaffeekasse genommen hatte. Er überlegte, ob das ein mögliches Motiv für einen Mord war. Finanzielle Probleme und Schulden waren oft der Auslöser krimineller Taten. Aber wieso dann Heike Andresen? Bei ihr war doch finanziell nichts zu holen gewesen, oder? Er stand auf und suchte in dem Pappkarton nach dem Hefter mit den Kontoauszügen.

Sie war nicht arm gewesen, aber reich? Ein kleines Sparbuch, ein Bausparvertrag, ein paar Wertpapiere. Das reichte nicht wirklich für ein Mordmotiv. Nicht wenn Professor Voronin Spielschulden hatte. Dann waren Heikes Ersparnisse sicherlich nur Peanuts.

Das Telefon klingelte, es war seine Mutter.

»Anne ist von der Schule nicht nach Hause gekommen! Ich mache mir Sorgen!«

31

Malte hatte die Nacht in seinem Auto verbracht. Nach dem Übergriff auf Marlene hatte er sich nicht nach Hause getraut. Sicherlich hatte sie die Polizei verständigt.

Er parkte den Wagen im Zentrum der Stadt und tauchte in der Menge unter. Wie zufällig schlenderte er immer weiter, betrachtete Schaufenster und blickte sich dabei verstohlen um. Ob sie ihn beschatteten? Er konnte niemanden entdecken.

Bei der Deutschen Bank am Markt hob er seine gesamten Ersparnisse ab. Kurz dachte er darüber nach, die Konten aufzulösen, aber das erschien ihm doch zu auffällig.

Durch den Schlossgang ging er in Richtung Park und bog dann in die Straße ein, die zu seiner Wohnung führte. Aus sicherer Entfernung beobachtete er eine Zeit lang das Geschehen vor der Häuserzeile, doch er konnte wieder nichts Auffälliges erkennen.

Als er sich sicher war, dass das Haus nicht überwacht wurde, lief er schnell die Stufen zum Eingang hinauf. Mit zitternden Händen schloss er die Tür auf.

Das Geld war noch an seinem Platz. Malte warf eilig ein paar Kleidungsstücke in eine Reisetasche, nahm den Umschlag mit dem Geld und verließ das Haus. Auf der Straße wusste er zunächst nicht, wohin er gehen sollte. Der Polizei war bestimmt sein Auto bekannt. Vermutlich fahndete sie bereits nach ihm. Hätte er sich doch nur nicht darauf eingelassen. Er hatte doch gewusst, dass die Sache illegal war. Aber so viel Geld nur für ein paar Fahrten, da hatte er nicht ›Nein‹ sagen können. Dass sie allerdings nun Heike umgebracht hatten, gab dem Ganzen eine völlig andere Dimension. Vor allem, weil sie wahrscheinlich versuchen würden, ihm den Mord in die Schuhe zu schieben.

Hals über Kopf hatte Dirk Thamsen sein Büro verlassen und war zu der Schule seiner Tochter gefahren.

Dort war sie zumindest gewesen und die Lehrerin hatte sie nach dem Unterricht mit zwei Freundinnen vom Schulhof gehen sehen.

»Und meine Exfrau? Haben Sie die zufällig gesehen?«

Die Lehrerin schüttelte erstaunt ihren Kopf. Er rannte zu seinem Wagen und raste wie ein Wilder zur Adresse seiner Exfrau.

Das Haus wirkte verlassen. Er klingelte Sturm, hämmerte mit den Händen gegen die Eingangstür. Nichts. Aber so schnell gab er nicht auf. Er rannte um das Haus herum, spähte durch die Fenster, trommelte mit den Fäusten gegen die Verandatür. Ratlos ließ er sich schließlich auf dem Mauervorsprung im Vorgarten nieder. Wo konnte Anne nur sein? Nicht auszudenken, wenn Iris die Kleine vor der Schule abgefangen und einfach mitgenommen hatte. Wer wusste schon, was sie im Suff mit ihr anstellen würde? Er schloss die Augen, fuhr sich verzweifelt mit den Fingern durchs Haar, als die Nachbarin plötzlich vor ihm stand.

»Ihre Exfrau ist nicht da, verreist.«

Er erhob sich.

»Verreist? Aber wohin?«

Die junge Frau, die er nur flüchtig aus der Zeit kannte, als er selbst hier gewohnt hatte, räusperte sich.

»Na ja«, druckste sie herum, »es ging ihr ja in den letzten Wochen nicht besonders.«

Er nickte und wartete ungeduldig, dass sie fortfuhr.

»Erst seit die Kinder weg sind, ist ihr bewusst geworden, dass es so nicht weitergehen kann, hat sie gesagt. Heute Morgen hat sie mir die Schlüssel gebracht. Ich soll mich ums Haus kümmern. Sie wäre eine Weile fort. Entziehungskur.«

Das letzte Wort hatte sie beinahe geflüstert. Sie warf ihm einen mitleidigen Blick zu.

»Und was ist mit ihrem Freund? Wo ist der?«

Die Nachbarin zuckte nur mit den Schultern.

Er stieg in den Wagen und fuhr zu einigen Orten, von welchen er wusste, dass Anne sie öfter besuchte. Einen Spielplatz, die Fußgängerzone und den Rathausplatz, sogar beim Reiterhof schaute er vorbei, aber weit und breit gab es keine Spur von ihr.

Schließlich machte er sich auf den Weg zu ihrer Freundin. Jedenfalls nahm er an, dass Silke Thalmayer ihre Freundin war. Seine Tochter hatte mehrere Male von ihr erzählt.

Doch auch Silke wusste nicht genau, wo Anne war. Sie waren zwar zusammen vom Unterricht ein Stück weit zusammen nach Hause gegangen, aber bereits auf dem Marktplatz hatte Anne sich von ihr verabschiedet. Angeblich hatte sie etwas Dringendes zu erledigen.

Was, das hatte sie nicht erzählen wollen, obwohl die Freundin neugierig nachgefragt hatte.

Das sei geheim, hatte sie nur geantwortet.

»Wir möchten mit Kommissar Thamsen sprechen.«

Marlene hielt ihre Handtasche, in welcher sich die Diskette mit Heikes Dateien befand, fest vor ihre Brust gepresst. Der Polizeibeamte erklärte ihnen, dass sich Herr Thamsen bei einem Einsatz befand, er aber ebenfalls mit dem Fall vertraut sei.

Sie lehnte es jedoch vehement ab, mit dem Kollegen zu sprechen.

»Dann warten wir!«

Sie setzte sich demonstrativ auf einen der Stühle in dem Gang und blickte sich um.

»Meinst du, der Kommissar ist vielleicht bei Malte?«

Tom zuckte mit den Schultern. Vorstellen konnte er sich das eigentlich nicht. Sie hatte ja keine Anzeige erstattet, woher sollte er also von dem gestrigen Übergriff wissen? Außerdem hielt nicht einmal sie selbst ihn für den Mörder, wieso also sollte die Polizei das tun?

Er schlenderte durch den Gang. Am Besucher-WC blieb er stehen. Gleich daneben lag die Verwahrzelle.

»Meinst du, sie fangen hier richtige Verbrecher? So wie im ›Tatort‹?«

Er konnte sich nicht vorstellen, dass in dieser friedlichen Kleinstadt Kriminelle ihr Unwesen trieben. Obwohl Heikes Mörder noch frei herumlief, hatte er nicht den Eindruck, dass es in dieser Gegend viele Verbrechen gab. Der Mord an Marlenes Freundin stellte sicherlich eine absolute Ausnahme da. Doch der Polizist, der ihnen von Thamsens Einsatz erzählt hatte, belehrte ihn eines

246

Besseren. Einbrüche, Diebstähle, Trunkenheit am Steuer, Vergewaltigungen und Körperverletzungen seien leider auch in Niebüll beinahe an der Tagesordnung. Die Kriminalität sei halt in der letzten Zeit stetig angestiegen, da bilde auch die ehemalige Kreisstadt keine Ausnahme.

Plötzlich wurde die Tür aufgerissen, Dirk Thamsen stürmte ins Polizeigebäude. Als er sie sah, wehrte er sofort ab.

»Ich habe momentan keine Zeit.«

Er lief in sein Büro. Riss den Telefonhörer von der Gabel.

»Ist Anne inzwischen nach Hause gekommen?«

Seine Mutter verneinte. Knapp erzählte er, wo er überall gewesen war, fragte, ob sie noch eine Idee hätte. Seufzend warf er den Hörer hin und blickte zu Tom und Marlene, die inzwischen in der Tür zu seinem Büro standen.

»Entschuldigung, aber meine Tochter ist verschwunden.«

Haie drückte auf den schwarzen Klingelknopf. Mira Martens öffnete ihm. Im Flur sah er mehrere Pappkartons. Es hatte den Anschein, als sei die Familie am Packen.

»Moin, Mira, ich wollte nur mal hören, wie es Lisa geht.«

Die Frau blickte ihn überrascht an. Seit wann interessierte sich der Hausmeister für ihre Tochter? Sie hatte ihm zwar von Lisas Krankheit erzählt und ab und zu, wenn sie ihn an der Schule getroffen hatte, über den Zustand berichtet, aber dass er nun vor ihrer Haustür stand, kam ihr merkwürdig vor.

»Besser«, erklärte sie deshalb nur kurz angebunden. »Ihr seid am Packen?«

Haie reckte seinen Hals, um einen besseren Blick auf die Kartons zu bekommen. Mira wurde misstrauisch. Wieso war er gekommen?

»Ja, ist das verboten?«

Er schüttelte seinen Kopf. Sebastian habe ihm erzählt, die Familie würde wegen Lisa umziehen. Er wolle sich nur vergewissern, da nicht etwas missverstanden zu haben. Nicht, dass der Junge irgendwelche Gerüchte in die Welt setzte. Am Schluss würden die Leute im Dorf gar denken, sie hätten etwas mit dem Mord zu tun und würden deswegen wegziehen. Haie schmunzelte.

Auf Miras Hals bildeten sich hektische rote Flecken. Das sei schon richtig, was Sebastian erzählt habe. Der Arzt war der Meinung, das Klima in Süddeutschland würde Lisa besser bekommen. Sie blickte sich geschäftig um, wollte den Anschein erwecken, sie sei in Eile. Doch Haie ließ sich nicht abwimmeln.

»Aber was hat denn das Klima mit einer Nierenkrankheit zu tun? Außerdem hat sie doch jetzt eine neue Niere.«

Sie blickte ihn mit großen Augen an. Woher wusste er davon? Sie fühlte sich unwohl, spürte einen eiskalten Schauer am Rücken. Ihre Nerven lagen blank.

»Ich wüsste nicht, was dich das angeht!«

Ihre Stimme klang schrill. Erstaunt blickte er sie an. Da stimmte doch etwas nicht. Er setzte gerade zu einer weiteren Frage an, doch Mira kam ihm zuvor.

»Verschwinde!«, zischte sie und warf die Haustür mit einem lauten Knall zu.

Völlig überrumpelt blickte er auf die geschlossene Tür.

Dirk Thamsen hatte sie gebeten, Platz zu nehmen, und versuchte, sich auf das Gespräch zu konzentrieren. Marlene berichtete zunächst von dem gestrigen Treffen mit Malte, doch nach den ersten Sätzen unterbrach er sie.

»Herr Nielsen kommt als Mörder nicht in Betracht.«

Obwohl sie selbst geäußert hatte, dass sie den Krankenpfleger nicht für den Täter hielt, überraschte sie die Äußerung des Kommissars.

»Gibt es Beweise für seine Unschuld?«

Er nickte. Über die genauen Umstände dürfe er selbstverständlich keine Auskünfte geben. Er dachte an den heimlichen DNA-Test.

Das Telefon klingelte und er fuhr erschrocken zusammen. Er hatte schreckliche Angst, seiner Tochter könnte etwas zugestoßen sein.

»Nein, Herr Bendixen, wegen der Wohnung habe ich mich noch nicht entschieden. Bitte?«

Er lauschte den Worten des Anrufers. Ein Lächeln huschte plötzlich über sein Gesicht.

»Ich komme gleich!«

Als er in die Straße ins Wohngebiet einbog, sah er Herrn Bendixen bereits winken. Anne stand neben ihm, er hielt sie an der Hand. Ihre Augen leuchteten begeistert.

»Papa!«, rief sie aufgeregt, als er aus dem Wagen stieg. »Die Wohnung nehmen wir, oder?«

Er schloss sie fest in seine Arme. Am liebsten hätte er sie angebrüllt, herausgeschrien, was er sich für Sorgen gemacht hatte. Doch als er in ihre unschuldig blickenden Augen schaute, war seine Wut über ihr heimliches Verschwinden wie weggeblasen. Er nickte.

»Wenn dir die Wohnung gefällt, nehmen wir sie.«

Nachdem er Anne bei der Oma abgesetzt hatte, kehrte er aufs Revier zurück. Tom und Marlene saßen immer noch in seinem Büro. Ein Kollege hatte ihnen einen Kaffee gebracht.

Er entschuldigte sich flüchtig, setzte sich zu ihnen.

»Sie sprachen vorhin von weiteren Hinweisen?«

Marlene holte aus ihrer Handtasche die Diskette und reichte sie ihm. Er lud die Daten auf seinen Computer und öffnete die Dateien.

»Sieht nach etwas Medizinischem aus.«

Sie nickten.

»Das Erste könnte vielleicht eine Patientenliste oder etwas Ähnliches sein.«

Dirk Thamsen betrachtete die Namen auf dem Bildschirm. Plötzlich kam ihm eine Idee. Er gab als Suchbegriffe die Namen Carsten Schmidt, Mona Hansen und Marten Feddersen ein. Mehrere Male zeigte das Programm die einzelnen Namen an, aber nie in der passenden Kombination. Er griff nach Heikes Kalender und tippte nun Ion Boret, Marianna Costantinov und Serghei Oprea ein. Doch auch hier gab es in dem gesamten Dokument keine Übereinstimmung. Die Zahlen und Buchstaben neben den einzelnen Namen bereiteten ihm weiteres Kopfzerbrechen.

»Ich werde die Dateien nach Kiel senden. Die Kollegen dort können bestimmt etwas damit anfangen.«

Er rechnete allerdings nicht vor dem nächsten Tag mit einem Ergebnis und versprach, sich zu melden, sobald es Neuigkeiten gab.

Tom und Marlene verließen die Polizeidienststelle. Es wurde bereits dunkel.

»Möchtest du etwas essen gehen?«

Sie wollte allerdings lieber zu Haie fahren. Immerhin wusste er noch nichts von den Dateien. Außerdem war es ihr merkwürdig vorgekommen, dass er heute früher Feierabend gemacht hatte, sie ihn jedoch zu Hause nicht hatte erreichen können.

Tom fuhr die Dorfstraße entlang und stoppte vor dem kleinen Reetdachhaus. Haies Fahrrad lehnte an der Hauswand, im Wohnzimmer brannte Licht. Die Haustür war wie gewöhnlich nicht abgeschlossen.

Haie telefonierte gerade. Sie hörten seine erregte Stimme:

»Aber ob Lisa Martens bei Ihnen als Patientin liegt, werden Sie mir ja wohl sagen dürfen!«

Nach einer kurzen Pause bedankte er sich und legte auf. Tom und Marlene warteten in der Küche auf ihn.

»Wer ist Lisa Martens? Ist was passiert?«

Er erzählte von seinem Besuch bei der Familie Martens und dass er so ein ungutes Gefühl habe.

»Da stimmt was nicht. Wieso ist Lisa in keines der Krankenhäuser eingeliefert worden?«

Nach dem Besuch bei Mira war er nach Hause gefahren und hatte sich von der Auskunft die Telefonnummern der Krankenhäuser geben lassen, welche in Schleswig-Holstein und Hamburg Nierentransplantationen durchführten.

Er hatte angegeben, ein Verwandter des Mädchens zu sein, und jeweils nach der Zimmernummer gefragt, aber in keiner der Kliniken lag eine Lisa Martens.

»Das ist doch merkwürdig. So ein Kind kann ja wohl nicht einfach verschwinden!«

Das sahen Marlene und Tom genauso. Es war sowieso erstaunlich, dass sich anscheinend im Handumdrehen ein passender Spender gefunden hatte. Normalerweise dauerte es Jahre, bis sich ein geeignetes Transplantat fand. Die Wartelisten waren lang, viele Menschen benötigten ein Spenderorgan.

Wie ein Blitz fuhr der Gedanke durch Marlenes Kopf.

»Vielleicht ist das ja eine Spenderliste!«

32

Die Tageszeitungen am nächsten Tag waren voll mit Berichten über den Mordfall an Heike. Im ›Nordfriesland Tageblatt‹ prangte das Bild des unbekannten Mannes vorne auf der Titelseite. Darunter die Frage: ›Ist dies der Mörder von Heike A.?‹

Seit den frühen Morgenstunden stand das Telefon der Polizeidienststelle nicht mehr still. Thamsen und die anderen Mitarbeiter hatten alle Hände voll zu tun, die vielen Anrufe entgegenzunehmen. Zum Glück hatten sie Verstärkung aus Husum und Flensburg bekommen.

Die meisten Hinweise erwiesen sich als nutzlos. Einige Angaben waren sogar schlichtweg gelogen. So behauptete ein Anrufer, Heike noch vor zwei Tagen in Leck gesehen zu haben.

Bis zum Mittag waren an die 500 Anrufe eingegangen. Das Interesse und der Wille in der Bevölkerung an der Aufklärung des Mordfalles waren enorm hoch, aber vielleicht war auch die hohe Belohnung ein Grund dafür. Bisher war jedoch kein wirklich nützlicher Hinweis dabei gewesen, allerdings befanden sich einige Kollegen noch im Einsatz.

Er versicherte gerade einer älteren Dame, dass der Mann auf dem Fahndungsfoto unter Garantie nicht der Arbeitsminister Norbert Blüm sei, als ein Zettel auf seinen Schreibtisch geschoben wurde. Man bat um einen Rückruf in Kiel.

253

Bei der Liste handele es sich um eine Warteliste für potenzielle Organempfänger. Die anderen Dateien enthielten krankenhausinterne Daten und Krankenblätter verschiedener Patienten. Man sei allerdings nach wie vor dabei, die zum Teil recht unleserlichen Randnotizen zu entziffern.

Dirk Thamsen wählte die Nummer des Staatsanwaltes.

»Herr Niemeyer, wir benötigen einen richterlichen Beschluss.«

Malte blickte sich mehrere Male um, bevor er in den Lastenaufzug stieg und den Knopf für das fünfte Obergeschoss drückte.

Er trug eine dunkle Wollmütze, den Kragen seiner Jacke hatte er bis zum Kinn hochgeschlagen.

Als die Aufzugstüren sich wieder öffneten, wartete er einen Augenblick, ehe er auf den Gang trat. Es war kurz nach Mittag, die Schwestern machten Pause.

Er klopfte kurz an die Tür und wartete, bis ein leises »Herein« durch die schwere Brandschutztür zu ihm drang. Noch einmal holte er tief Luft, dann drückte er die Türklinke herunter.

Professor Voronin war überrascht, ihn zu sehen.

»Was wollen Sie?«

»Was ich hier will?«

Malte trat ganz nah an den Schreibtisch, hinter dem der Professor saß, und blitze ihn wütend an. Was dachte sich dieser ›Gott in Weiß‹ eigentlich? Dass er für ihn seinen Kopf hinhielt? Da hatte sich der Alte aber getäuscht.

»300.000.«

Er sagte das in einem Ton, der andeutete, dass er

254

die Summe für ein wahres Schnäppchen hielt. Voronin grinste verlegen.

»Was gibt es da zu lachen?«

Er beugte sich weit über den Schreibtisch.

»Schließlich hält die Polizei mich für den Mörder. Wenn ich schon wegen Ihnen abtauchen muss, dann kostet das halt.«

Professor Voronin lehnte sich in seinem ledernen Chefsessel weit zurück. Sein Mund verzog sich zu einer hämischen Grimasse.

»Lesen Sie keine Zeitung? Ich glaube kaum, dass die Polizei Sie verdächtigt.«

Malte verstand nicht. Fragend blickte er auf sein selbstzufrieden wirkendes Gegenüber. Der Professor holte die Tageszeitung aus dem Mülleimer und hielt die Titelseite hoch.

»Oder sind Sie ein Verwandlungskünstler?«

Wieder und wieder hatten sie die Dateien nach Lisa Martens abgesucht. Wenn die Personen Teil einer Spenderliste waren, musste auch ihr Name darauf stehen. Immerhin wartete sie schon länger auf ein Spenderorgan, auf jeden Fall schon zu der Zeit, als Heike noch lebte.

Doch die Suche blieb ebenso erfolglos wie der Versuch, im Internet hilfreiche Links zur Entschlüsselung der anderen Dateien zu finden.

Marlene saß auf der Eckbank in der Küche und trank einen Kaffee. Neben ihr lag die Zeitung.

»Meinst du, jemand kennt ihn?«

Tom zuckte mit den Schultern. Er glaubte nicht wirklich daran. Der Mann auf der Zeichnung sah zu gewöhnlich aus. Selbst der Hinweis auf den hellen Trenchcoat war wahrscheinlich ziemlich wertlos. Wie viele weiße oder beige Mäntel mochte es in Nordfriesland geben? Vermutlich hunderte. Und bestimmt gab es auch tausende von roten Kleinwagen. Wenn der Täter nicht durch Zufall in eine Werkstatt gefahren war oder ein ganz Aufmerksamer den Lackschaden bemerkt hatte, war die Wahrscheinlichkeit, über diese Hinweise den Täter zu finden, gleich null. Nach den Dateien aus der Mail zu schließen, war der Täter sowieso eher im näheren Umkreis von Heike zu suchen. Vielleicht ein Angestellter aus dem Krankenhaus. Es gab schließlich mehr als einen Krankenpfleger Malte in diesem Klinikum.

»Heike ist da anscheinend auf etwas gestoßen«, überlegte er laut.

Sie schaute ihn fragend an.

»Was meinst du?«

»Organhandel.«

Er sprach den Gedanken aus, der ihr ebenfalls bereits im Kopf herumgegeistert war, den sie aber verdrängt hatte. Organhandel – so etwas Scheußliches gab es doch hier nicht. Wo sollten die Organe denn überhaupt herkommen und was hatte Heike damit zu tun?

Kommissar Thamsen betrat das Büro des Professors, ohne anzuklopfen. Voronin blickte überrascht auf.

»Was fällt Ihnen ein?«, fragte er, als Thamsen ihm die Akte, in welcher er gerade gelesen hatte, aus den Händen nahm und zuklappte.

Aus der Innentasche seiner Jacke zog er den Beschluss und legte ihn seinem Gegenüber vor. Ohne dessen Reaktion abzuwarten, drehte er sich um und winkte seine Kollegen in den Raum. Die begannen sofort, die Regale und Schreibtischschubladen nach entsprechenden Unterlagen abzusuchen.

»Das wird Konsequenzen haben«, drohte Voronin.

Er nickte. Fragte sich nur, für wen. Er war sich sicher, dass sie in den Unterlagen entsprechende Hinweise finden würden. Das Motiv für den Mord an Heike Andresen war seiner Meinung nach in ihrem beruflichen Umfeld, also in der Klinik, zu suchen. Warum hatte sie sonst ihrer Freundin diese Mails zu treuen Händen geschickt? Hatte sie sich vielleicht sogar bedroht gefühlt? Durchaus möglich. Mit dem Professor war bestimmt nicht gut Kirschen essen. Der kochte geradezu vor Wut. Mit zornigen Augen funkelte er Thamsen an.

Nach etwas mehr als einer Stunde waren sie fertig. Fünf große Pappkartons füllten die Akten und sonstigen Gegenstände aus dem Büro des Professors, welche die Polizei beschlagnahmte. Zwei Kollegen hatte er ins Archiv geschickt, er rechnete noch einmal mit der gleichen Menge an Unterlagen. Zum Schluss zog Thamsen den Netzstecker des Computers und klemmte sich das Gerät unter seinen Arm. Bevor er den Raum verließ, drehte er sich ein letztes Mal um. Voronin stand am Fenster und blickte wortlos hinaus.

»Ich möchte Sie in einer Stunde auf dem Revier sehen.«

33

Irina hatte Fieber und Schmerzen. Sie konnte das Klappern ihrer Zähne nicht unter Kontrolle halten, sie fror entsetzlich, trotz der zweiten Wolldecke, welche die Frau ihr gebracht hatte. Es brannte, pochte, stach und klopfte an sämtlichen Stellen ihres Körpers. Er schien nur noch aus Schmerz zu bestehen.

Den Jungen hatten sie heute Morgen abgeholt. Er hatte geschrien und sich heftig gewehrt, doch die Männer waren stärker gewesen. Zunächst hatten sie ihn geschlagen, bis er bewusstlos gewesen war, und anschließend in eine Decke gehüllt aus dem Raum getragen. Sie hatte sich gefragt, ob sie ihn je wiedersehen würde.

Sie schloss die Augen und sah das Bild ihrer Mutter vor sich.

»Mama?«

Wo war sie? Und wieso hatte sie zugelassen, dass man ihr so etwas antat?

Die Tür wurde geöffnet, ein Mann betrat den Raum. Irina erkannte ihn. Es war der Mann im weißen Kittel. Er beugte sich zu ihr hinab. Wie durch eine dicke Nebelwand nahm sie ihn wahr. Seine Lippen bewegten sich, aber sie hörte keinen Ton. Hilflos blickte sie ihn an. Aus einer braunen Ledertasche holte er eine Spritze, zog sie langsam auf. Panik nahm Besitz von ihr. Sie wollte schreien, doch aus ihrem Mund kam nur ein leises Krächzen. Ihr fehlte die Kraft, sich zu wehren. Voller Angst sah sie, wie er ihren Arm nahm, spürte den Stich.

258

Sie schloss die Augen und fühlte eine Hand auf ihrem Haar. Sie wollte nur noch sterben, nicht mehr da sein, sich in Luft auflösen.

Wieder sah sie das Bild ihrer Mutter. Ihr Mund hatte sich zu einem Grinsen verzogen, ein Goldzahn blitzte in der unteren Zahnreihe. Plötzlich schoben sich andere undeutliche Bilder vor das Gesicht der Mutter.

Sie lag wieder auf dem Metalltisch, drehte ihren Kopf zur Seite und schaute in das Gesicht eines Mädchens. Die Augen waren geschlossen, es schlief. Neben dem Mädchen stand der Mann im Kittel. In der Hand hielt er einen silbernen Gegenstand. Jetzt kam er auf Irina zu. Sie erkannte, dass der Gegenstand eine Art Messer war. Langsam senkte sich seine Hand auf ihren Körper. Sie spürte kaltes Metall auf der Haut. Erneut sah sie etwas blitzen. Es war der Goldzahn, diesmal im Mund eines der Männer, welche sie geholt hatten. Jetzt hob er sie hoch und trug sie aus dem Zimmer.

»Professor Voronin, Ihnen scheint der Ernst der Lage nicht bewusst zu sein.«

Dirk Thamsen hatte sich von seinem Stuhl erhoben und lief ungeduldig im Raum auf und ab. Seit über einer halben Stunde stritt der Professor alles vehement ab. Hoffentlich fanden seine Kollegen bald etwas, denn ohne den kleinsten Beweis konnte er Voronin nicht einfach festhalten.

»Noch einmal, was ist mit dieser Spenderliste?«

Wieder antwortete der Verhörte, er habe keine Ahnung, hätte diese Liste noch nie gesehen.

»Und die anderen Daten aus dem Krankenhaus? Was hat es damit auf sich?«

»Krankenblätter, ganz normale Krankenblätter.«

Heikes ehemaliger Chef wiegte sich anscheinend in Sicherheit. Warum auch nicht? Laut Zeitungsberichten suchte man nach einem Mann, dessen Phantombild ihm nicht im Geringsten ähnelte, und einen roten Kleinwagen besaß er ebenfalls nicht. Außerdem machte es auf ihn nicht gerade den Eindruck, als wüsste die Polizei etwas mit der Spenderliste und den Aufzeichnungen der jungen Ärztin anzufangen. Im Gegenteil. Der Kommissar erweckte in ihm eher den Verdacht, dass man hier wahrscheinlich gar nichts wusste und einfach munter auf gut Glück ein wenig herumfragte. Doch da hatte er sich geirrt.

»Na schön. Lassen wir mal die Liste und die Krankenblätter. Was sind das für zwei Herren, die Sie regelmäßig aufsuchen?«

Voronin war erstaunt. Woher wusste der Kommissar von Nikolaj und Michail Kamenski? Hatte Heike Andresen etwa doch vor ihrem Tod mit der Polizei gesprochen? Oder hatten die Schwestern geplaudert? Er begann, zu schwitzen. Sein Herzschlag verdoppelte sich beinahe.

»Das sind Freunde von mir.«

»Und diese Freunde bedrohen Sie?«

Thamsen ging aufs Ganze. Er wusste zwar nicht genau, was der Professor mit den Männern zu schaffen hatte, aber den Aufzeichnungen aus Heikes Tagebuch und dem Streit zufolge waren sie mit Sicherheit keine Freunde von Voronin. Der wurde plötzlich bleich und stotterte:

»Ohne meinen Anwalt sage ich jetzt gar nichts mehr.«

Sie waren in Richtung Meer gefahren. Der Wind wehte stürmisch und blies die Wolken am Himmel mit einer irrsinnigen Geschwindigkeit vor sich her. Es hatte wieder zu regnen begonnen. Im Radio lief eine Unwetterwarnung, man erwartete einen Wasserstand von eineinhalb Metern über dem Stand des mittleren Hochwassers.

Nachdem Tom den grässlichen Verdacht ausgesprochen hatte, waren ihr zunächst dutzende Argumente eingefallen, die diese Vermutung widerlegten.

Nicht in einer Kleinstadt wie Niebüll. Das würde doch zu schnell auffallen. Wo sollten denn die illegalen Spender herkommen? War man in der Klinik überhaupt auf Transplantationen eingerichtet? Heike hatte einen sehr ausgeprägten Gerechtigkeitssinn, da hätte sie niemals mitgemacht. Und so weiter und so fort.

Tom hatte nur zu bedenken gegeben, dass Derartiges vielleicht in einer kleinen Stadt wie Niebüll weniger auffällig war als woanders. Wenn man es geschickt organisierte, würde ein solcher Vorgang vermutlich gar nicht bemerkt werden. Man musste nur die richtigen Leute kennen.

Marlene hatte versucht, noch ein paar entkräftigende Argumente anzuführen, aber der scheußliche Verdacht hing wie ein undurchdringlicher Nebel in der Luft und ließ sich nicht vertreiben.

Im Fahretofter Koog, an der Außenseite des alten Deiches, ergab eine Herde Schafe ein kurioses Bild. Die Tiere hatten sich alle in eine Richtung aufgestellt, streckten dem Wind ihre Hinterteile entgegen. Sie mussten schmunzeln, als sie die Schafsherde hinter dem Schutzwall entdeckten.

Im Hauke-Haien-Koog, oberhalb des Speicherbeckens, hielten sie an und stiegen aus. Es war kalt und ungemütlich, doch sie brauchten frische Luft, um einen

261

klaren Kopf zu bekommen. Wenn sie tatsächlich ihren Verdacht äußerten, war das eine ungeheure Anschuldigung. Gegenüber dem Krankenhaus, dem Professor, den Patienten und wahrscheinlich auch gegenüber Heike. Egal, ob sie daran beteiligt gewesen war oder nicht, sie hatte zumindest davon gewusst. Das bewiesen allein die Dateien.

Sollten sie sich also dafür entscheiden, ihren Verdacht Kommissar Thamsen mitzuteilen, musste das gut überlegt sein.

Tom griff nach Marlenes Hand, gemeinsam kämpften sie sich den Außendeich entlang.

»Wieso hat Heike nicht mit mir darüber gesprochen? Wir haben uns doch immer alles erzählt.«

Er gab zu bedenken, dass sie in letzter Zeit wenig mit der Freundin unternommen hatte. Dem musste sie allerdings zustimmen. Sie hatte sie in den letzten Wochen und Monaten schon sehr vernachlässigt. Aber das lag doch nur daran, dass Marlene so viel Zeit wie möglich mit Tom verbringen wollte. Und dann der Umzug nach Risum und der Job am Institut. Sie hatte gedacht, Heike hätte Verständnis dafür gehabt. Dass ihre Freundin sich vielleicht einsam und allein gelassen gefühlt hatte, war ihr gar nicht in den Sinn gekommen. Aber Tom hatte recht. Sie war beinahe ausschließlich mit sich selbst beschäftigt gewesen, als dass ihr überhaupt aufgefallen wäre, dass etwas nicht stimmte, dass Heike möglicherweise Sorgen hatte, sich bedroht fühlte. Ihr schlechtes Gewissen trieb ihr die Tränen in die Augen. Tom nahm sie in seine Arme, drückte sie fest an sich.

Es dauerte eine ganze Weile, bis sie sich wieder beruhigt hatte und die letzte Träne versiegt war. Sie blickte ihn entschlossen an.

»Wir sollten zu Kommissar Thamsen fahren. Heike hilft es leider nicht mehr, wenn wir unseren Verdacht äußern, aber sicherlich jemand anderem!«

Dirk Thamsen hatte den Verdächtigen gehen lassen müssen. Sein Anwalt war gekommen und hatte nach Beweisen, welche die Schuld seines Mandanten belegen würden, gefragt. Er hatte nichts vorbringen können und so hatte der Anwalt sich verabschiedet und Voronin mit sich aus dem Zimmer gezogen.

Auf seinem Schreibtisch lagen ein Stapel Akten und Papiere aus dem Büro des Professors. Er blätterte sie langsam durch. Wenn er doch nur wüsste, wonach er genau suchen sollte. Die vielen medizinischen Begriffe und Werte sagten ihm rein gar nichts. Seine Kollegen hatten bisher auch noch nichts Auffälliges gefunden. Ein paar unstimmige Daten, die konnten aber falsch übertragen worden sein. Also, entweder gab es in den Unterlagen wirklich keine Beweise oder hier war ein Schlaumeier am Werk gewesen. Wie um alles in der Welt war jedoch Heike Andresen hinter diese Dinge gekommen? Er blickte wieder auf die Spenderliste und dann auf die Krankenblätter aus dem Mailanhang. Hier stand, dass eine gewisse Lydia Marquardt eine neue Leber bekommen hatte. Neben diesem Eintrag waren die Namen Malte und Voronin in Heikes Handschrift verzeichnet. Er blätterte zurück zu der Warteliste der potenziellen Organempfänger und suchte nach dem Namen Lydia Marquardt. Es war kein Eintrag verzeichnet. Wie konnte es sein, dass jemand, der nicht auf der Liste stand, trotzdem ein neues Organ erhielt? Das ergab sich wohl kaum von heute auf morgen, da waren doch zunächst andere an der Reihe, oder? Und Lydia Marquardt war ganz offensichtlich nicht die Einzige. Carsten Schmidts Name befand sich ebenfalls nicht unter denen, die auf einen passenden Spender warteten. Und wahrscheinlich waren auch Mona Hansen und Marten Feddersen Organempfänger gewesen, deren Namen jedoch nirgends verzeichnet waren. Auffällig war zumindest, dass die Akten der drei Patienten wie vom Erdboden verschluckt schienen.

Er griff zum Tagebuch und überschlug die nächsten Seiten flüchtig. Heikes Aufzeichnungen über ihre Treffen mit Malte waren nun uninteressant. Der Name Voronin oder irgendwelche Patientennamen waren im Augenblick von viel größerer Bedeutung. Schon nach einigen Seiten stolperte er über einen Eintrag, der ihm aufschlussreich erschien.

06.08.1996

Habe heute im Archiv wieder eine merkwürdige Entdeckung gemacht. Ich wollte ein paar Fälle für einen Fachaufsatz heraussuchen, dabei fiel mir die Akte von Mona Hansen in die Finger. Bereits nach einem Jahr seit der Diagnose eines akuten Nierenversagens hatte die Patientin eine Nierentransplantation bekommen und das, obwohl ihre Werte nicht die höchste Dringlichkeitsstufe erreichten. Langsam finde ich das sehr auffällig, dass gerade in unserer Klinik sehr viele Patienten bereits nach kurzer Zeit eine neue Niere bekommen. Ich bin dann hinunter auf die Innere, habe mich ganz unverbindlich mal bei den Schwestern so ein wenig umgehört. Auch hier haben einige Patienten schon öfters Glück gehabt, wie sie es nannten, und relativ schnell ein neues Organ bekommen. Leber, Lunge, Pankreas, alles schien vertre-

ten. *Also, das kann doch nicht mit rechten Dingen zuge-
hen. Ich werde mal die Wartelisten von ›Eurotransplant‹
anfordern und mir das genauer ansehen.*

09.08.1996

*In den Listen habe ich keinen einzigen der Namen
gefunden. Dafür habe ich morgen Wochenenddienst.
Will mich hauptsächlich ein wenig im Büro von Voronin umschauen. Außerdem ist Andreas wieder aufgenommen worden, seine Werte haben sich drastisch
verschlechtert. Werde ihm wohl ein wenig Gesellschaft
leisten. Am Wochenende ist eher Zeit dazu. Nun bin
ich aber todmüde. Arzt sein und Detektiv spielen ist
furchtbar anstrengend.*

Er blätterte eilig weiter. Gespannt darauf, was Heike
im Büro des Professors gefunden hatte.

10.08.1996

*Habe mich heute heimlich in Voronins Büro geschli-
chen. Hat, glaube ich, niemand gemerkt. Hatte ein paar
Akten dabei. Zur Not hätte ich so tun können, als wollte ich sie dort ablegen. Im Schreibtisch habe ich nichts
gefunden, nur Andreas' Akte. Beschäftigt anscheinend
selbst den Professor sehr, denn es geht dem Jungen furchtbar schlecht. Als ich die Akte zurücklegen wollte, fiel ein
Blatt mit einem Foto raus. Auf dem Blatt stand der Name
Vladimir Novosti, daneben sein Geburtstag. Weiter unten waren Gewicht, Größe, allgemeiner Gesundheitszu-
stand, Blutgruppe und seine HLA-Werte aufgeführt. Sah
ganz so aus, als käme der Junge als Spender für Andreas
in Frage. Aber woher hatte Voronin die Daten und das
Bild? Die Spender bleiben doch in der Regel anonym,*

265

es sei denn, es handelt sich um Verwandte oder Freunde.
Dass Vladimir ein Freund von Andreas ist, kann ich mir
nicht vorstellen. Er hätte doch bestimmt schon einmal
von ihm erzählt. Ich hab das Blatt zurück in die Akte
gelegt. Das Foto habe ich allerdings eingesteckt. Weiß
auch nicht genau, warum. War so eine Art Reflex. Jetzt
liegt es hier vor mir auf dem Schreibtisch. Ob ich den
Professor darauf ansprechen soll? Oder soll ich noch mal
abwarten? Ich meine, wo hat Voronin die Werte her? Hat
das alles etwas damit zu tun, dass einige Patienten in der
Klinik viel schneller als üblich ein neues Organ bekamen.
Hilft er vielleicht sogar etwas nach oder ...

Die Tür zu seinem Büro wurde mit Wucht aufgestoßen
und Marlene stolperte geradezu hinein.

»Entschuldigung, aber wir glauben, dass Heike da
auf etwas gestoßen ist, etwas Illegales.«

Sie zögerte, dieses heikle Wort auszusprechen, es in
den Mund zu nehmen. Dirk Thamsen, der so abrupt aus
Heikes Welt gerissen worden war, vollendete quasi ihren
Satz und sprach den Gedanken aus, der auch ihm beim
Lesen der letzten Zeilen in den Sinn gekommen war.

»Organhandel!«

34

Malte saß gemütlich vorm Fernseher und aß Pizza. Nach dem Besuch bei Professor Voronin hatte er sich wesentlich entspannter gefühlt. Er wurde nicht gesucht, die Polizei verdächtigte einen anderen Mann. Die Machenschaften von Voronin und Heimkens waren nicht aufgeflogen, alles schien in bester Ordnung. Im ersten Augenblick war er zwar enttäuscht gewesen, denn er hatte sich bereits ausgemalt, wohin er mit dem Geld flüchten wollte, aber letztendlich war es so natürlich wesentlich besser. Er konnte sich ohne schlechtes Gewissen frei bewegen, musste keine Angst haben, dass jemand ihn beschattete.

Nur die Sache mit Heikes Freundin war in diesem Zusammenhang natürlich ungünstig. Hoffentlich zeigte sie ihn nicht an. Dass er sich auch nicht zusammenreißen konnte.

Er lehnte sich zufrieden im Sessel zurück und leckte genüsslich seine Finger ab. Anschließend griff er zu der Bierflasche, die auf dem Tisch stand, und nahm einen kräftigen Schluck.

Wie sollte es nun weitergehen? Heimkens war ihm etwas schuldig. Er würde für ihn sicherlich das unentschuldigte Fernbleiben vom Dienst ausbügeln können. Aber in der Klinik zu arbeiten, dazu hatte er noch weniger Lust als vorher. Wieder diesen Gestank ertragen zu müssen, die jammernden Patienten und stöhnenden Kollegen. Aber was blieb ihm sonst anderes übrig? Voronin hatte erst einmal die nächsten Aktionen abgeblasen. War ihm zu heikel. Genauso wie Ende September, als Heike hinter die ganze Sache gekommen war. Wenn sie doch nur ihren Mund gehalten hätte, dann wäre sie jetzt wohl noch am Leben. Aber nein, selbst ihm hatte sie gedroht, alles auffliegen zu lassen. Im ›Einstein‹ hatte sie ihm die gefälschten Krankenblätter unter die Nase gehalten und gedroht, ihn bei der Polizei zu verpfeifen. Natürlich hatte er Panik bekommen, war aufgestanden und einfach weggelaufen. Er hatte Heimkens angerufen, konnte ja nicht ahnen, dass er gleich kurzen Prozess mit Heike machen würde. Er oder Voronin, da war er sich nicht sicher. Vielleicht waren es auch diese russischen Schlägertypen, die immer die Spender von irgendwoher heranschafften.

Es klingelte an der Wohnungstür und er wunderte sich. Die Dame von der Agentur hatte er sich doch erst für 22 Uhr bestellt. Sie war über eine Stunde zu früh dran.

Er öffnete die Tür, vor ihm standen zwei Männer in Polizeiuniform.

»Herr Malte Nielsen?«

Er nickte.

»Wir müssen Sie bitten, uns aufs Revier zu begleiten.«

Haie schwang sich auf sein Fahrrad und fuhr Richtung Dorfstraße. Er hatte Frühstückspause und wollte zum Amt fahren, um mit Lisas Vater zu sprechen.

Hinter den Bahnschranken bog er rechts ab und stellte sein neongelbes Gefährt vor dem Gebäude ab.

Peter Martens saß hinter seinem Schreibtisch und blickte erstaunt auf, als er Haie sah.

»Moin, Peter!«

»Was willst du?«

Sein Blick war abweisend, beinahe feindselig. Sicherlich hatte Mira von seinem gestrigen Besuch erzählt. Er setzte sich auf einen der Stühle vor dem Tisch.

»Ich wollte mal hören, wie es Lisa geht.«

»Ich wüsste nicht, was dich das angeht!«

Der Mann rückte ein Stück vom Schreibtisch ab und verschränkte seine Arme vor der Brust. Es war nur zu offensichtlich, dass er nicht über seine Tochter sprechen wollte. Haie versuchte es auf die freundschaftliche Art.

»Mensch, Peter, wie lange kennen wir uns schon? Ich möchte dich bloß vor einem Fehler bewahren!«

Sein Gegenüber blickte ihn fragend an und er ging zunächst auf den geplanten Wegzug der Familie ein. Süddeutschland sei zwar auch sehr schön, aber mit Nordfriesland ja wohl nicht annähernd zu vergleichen. Immerhin war dies sein Geburtsort, seine Heimat, die konnte man schließlich nicht einfach so verlassen. Peter Martens zeigte jedoch keinerlei Reaktion. Völlig unbeeindruckt ließ er sich von der Schönheit und Einzigartigkeit des Nordens vorschwärmen. Nach einer Weile lenkte Haie das Gespräch wieder auf Lisa.

»Außerdem gerade jetzt, wo sie die neue Niere bekommen hat. Da ist ein Umzug doch bestimmt viel zu anstrengend und aufregend für das Mädchen. Nicht, dass durch den Stress das neue Organ wieder abgestoßen wird.«

»Woher weißt du von der Transplantation? Wir haben niemandem davon erzählt, dass Lisa in Husum …«

Er brach mitten im Satz ab. Mit ängstlichem Blick schaute er auf Haie.

»Wieso macht ihr so ein Geheimnis daraus? Es ist

doch schön, wenn sich ein Spender gefunden hat und Lisa wieder gesund wird. Warum erzählt ihr das denn nicht?«

»Das darf ich dir nicht sagen.«

Es war eine lange Nacht geworden. Thamsen hatte zusammen mit seinen Kollegen zunächst noch einmal sämtliche Akten durchgeblättert und anschließend Malte Nielsen verhört.

Der hatte jedoch ebenso wenig gesagt wie Professor Voronin. Er wisse nichts von einer Spenderliste, könne sich nicht erklären, wie sein Name auf die gefälschten Krankenblätter gekommen war.

Krankenfahrten? Natürlich, die würde er regelmäßig übernehmen. Die Kliniken in Husum und Niebüll arbeiteten schließlich zusammen, die Fahrten gehörten mit zu seinem Job, das sei ganz normal und habe überhaupt nichts zu bedeuten.

Warum er Marlene Schumann in die Lecker Au gestoßen habe?

»Das war ein Versehen«, hatte er gemeint.

Weit nach Mitternacht hatte Thamsen schließlich aufgegeben. Aus dem Burschen war rein gar nichts herauszuholen. Selbst die angedrohte Gefängnisstrafe für eine bewusste Falschaussage oder Komplizenschaft hatte ihn nicht beeindruckt. Mit breitem Grinsen hatte er dagesessen.

»Ihr könnt mir gar nichts«, hatte er gesagt und damit recht gehabt.

Außer dem Verdacht und den Tagebucheintragungen, dem Bild eines kleinen Jungen und ein paar inkorrekten Krankenblättern hatten sie wirklich nichts vorzuweisen.

270

Er rieb sich die Augen. Es war bereits kurz nach 9 Uhr, aber er fühlte sich wie gerädert. Die wenigen Stunden Schlaf, die er auf der ungemütlichen Pritsche in der Verwahrzelle gefunden hatte, waren nicht gerade erholsam gewesen. Ein Kollege brachte ihm eine Tasse Kaffee.

»Der Professor ist da.«

Er stand auf und ging hinüber in den Raum, in welchem die Befragung stattfinden sollte. Voronin saß bereits am Tisch, neben ihm sein Anwalt.

»Sagt Ihnen der Name Vladimir Novosti etwas?«, begann er ohne Umschweife.

Der Professor schluckte.

»Wie war der Name?«

»Vladimir Novosti.«

Der Befragte schüttelte den Kopf.

»Kann es sein, dass er eine Niere für Andreas Lorenzen spenden sollte?«

»Woher soll ich das wissen? Die Spender bleiben in der Regel anonym.«

Thamsen nahm das Bild des kleinen Jungen in die Hand und hielt es dem Professor vor die Nase.

»Was ist passiert? Wieso bekam Andreas keine Niere? Warum musste er sterben? Vielleicht, weil Frau Andresen hinter Ihre dreckigen Machenschaften gekommen ist?«

Der Anwalt warf ihm einen warnenden Blick zu.

»Andreas Lorenzen ist an den Folgen einer Hyperkaliämie gestorben. Wenn Sie seine Akte gelesen hätten, wüssten Sie das.«

Natürlich hatte er die Akte des kleinen Patienten wieder und wieder durchgeblättert, nach Unstimmigkeiten gesucht, doch nichts gefunden. Da war nichts verzeichnet von einer geplanten Transplantation oder einem Eintrag

271

auf der ›Eurotransplant‹-Liste. Nur dass es aufgrund des hohen Kaliumspiegels im Blut zu einem Kammerflimmern mit anschließendem Herzstillstand gekommen war. Die Wiederbelebungsmaßnahmen waren erfolglos gewesen. Der Patient war nach etwa 40 Minuten für tot erklärt worden. Und doch wusste er, dass Heike Andresen mit ihren Vermutungen richtig gelegen haben musste. Und er war sich sicher, dass der Professor an ihrem Mord beteiligt war. Nur wie konnte er ihm das nachweisen? Er musste ihn aus der Reserve locken, ihn überrumpeln und vor allem musste er diesen Anwalt erst einmal loswerden.

Er stand auf und entschuldigte sich kurz. Auf dem Flur bat er einen Kollegen, in etwa 10 Minuten das Verhör zu unterbrechen und den Anwalt ans Telefon zu holen.

Wieder zurück in dem Raum, drückte er die Taste des Tonbandgerätes.

»Also, wo waren wir gleich stehen geblieben?«

Marlene saß an ihrem Schreibtisch und blätterte in einem Aufsatz über die Traditionen der Friesen. Das Telefon stand direkt vor ihr, sie ließ es nicht aus den Augen. Kommissar Thamsen hatte versprochen, sich zu melden, sobald es irgendwelche Neuigkeiten gab. Außer zu warten, blieb ihr nichts zu tun.

Der Vortrag, welchen sie an diesem Abend halten sollte, war so gut wie vorbereitet. Ein paar Kleinigkeiten fehlten noch, Beispiele für den friesischen Humor. Kurz war ihr der Gedanke gekommen, das Referat abzusagen, doch das konnte sie dem Institutsleiter nicht antun. Außerdem war die Arbeit eine willkommene Ablenkung.

Sie schlug das schmale Buch mit den lustigen Kurzerzählungen auf und war schon bald in die Welt von Käppen Christiansen und dem Maler Hans Holtorf versunken. Die Geschichte von Dr. Michelsen gefiel ihr mit am besten:

Ein Bauer kam ins Krankenhaus. Der Doktor fragte ihn, was er denn hätte. Daraufhin holte der Patient einen Würfelzucker aus seiner Tasche und träufelte aus einer kleinen Flasche eine Flüssigkeit darauf. Der Doktor probierte und sah ihn mit fragenden Augen an. Daraufhin holte der Bauer ein weiteres Stück Zucker aus der Tasche und wiederholte die Prozedur. Diesmal fragte der Doktor allerdings, was das denn solle. Der Patient antwortete, dass sein Hausarzt gesagt hätte, im Krankenhaus solle man seinen Urin auf Zucker überprüfen.

Sie wählte die kleine Anekdote als Beispiel für den heutigen Abend und schlug das Buch zu, als das Telefon klingelte. Es war jedoch nicht der Kommissar, sondern Heikes Mutter. Sofort meldete sich ihr schlechtes Gewissen, hatte sie doch zugesagt, den Kontakt aufrechtzuerhalten. Das Gespräch zwischen ihnen verlief schleppend. Sie erzählte von ihrem Vortrag und der Arbeit am Institut, vermied es aber, über die Geschehnisse der letzten Tage zu berichten. Sie wollte die Mutter nicht aufregen. Diese weinte viel.

»Ich vermisse sie so!«

»Ich auch«, erwiderte Marlene und versprach, sich bald wieder zu melden.

Als Tom gegen Mittag nach Hause kam, saß sie immer noch am Schreibtisch.

»Und, was Neues?«

Sie schüttelte den Kopf. Er überredete sie, einen Spaziergang zu machen. Der Regen hatte aufgehört, hin und wieder brach sogar die Sonne durch die grauen Wolken.

Sie fuhren in die Nähe von Horsbüll. Dort konnte man nach einer Sturmflut häufig Bernsteine am Strand finden. Der Wind wehte zwar noch kräftig, hatte allerdings schon beachtlich nachgelassen. Den Blick auf den Boden geheftet, gingen sie nebeneinander her.

»Meinst du, Voronin gesteht?«

»Weiß nicht.«

Zwar deuteten die gefundenen Unterlagen alle darauf hin, dass im Krankenhaus anscheinend mit Organen gehandelt worden war, aber echte Beweise gab es wohl nicht. Die Polizei versuchte momentan, einige der Patienten ausfindig zu machen, aber es war fraglich, ob sie aussagen würden. Zum einen hatte der Professor ihnen wahrscheinlich das Leben gerettet, zum anderen waren sie selbst an einer strafbaren Handlung beteiligt gewesen. Schließlich war der Kauf von Organen illegal, trotzdem gab es einen immer stärker werdenden Handel. Das hing mit den immer geringer werdenden Risiken zusammen. Außerdem führte die extreme Armut, vor allem bei den Menschen aus den osteuropäischen Ländern, dazu, dass die Geschäfte mit Transplantaten immer abscheulichere Ausmaße annahmen. So flogen einige inzwischen sogar schon bis nach Indien, um sich dort zum Beispiel eine Niere zu kaufen.

Auf der anderen Seite stellte sich natürlich auch die Frage, was man selbst in einer solchen Situation tun würde? Was, wenn Marlenes Herz morgen versagte und sie ein Spenderorgan benötigte, um weiterzuleben? Die Wartelisten waren lang, viele Patienten überlebten die

Zeit nicht, bis ein passendes Transplantat bereitstand. Wie würde er reagieren, wenn man ihm ein illegales Herz zum Kauf anböte?

Marlene blieb plötzlich stehen und bückte sich. Sie hatte unter den angeschwemmten Gräsern und sonstigem Treibgut tatsächlich einen Bernstein entdeckt. Der klare Stein aus fossilem Harz leuchtete geradezu zwischen ihren Fingern. Im Inneren war ein Insekt eingeschlossen. Wie lange es wohl in diesem Gefängnis schon eingesperrt war? Sie steckte den Fund in ihre Manteltasche.

»Wollen wir zurückgehen?«

Sie wurde unruhig. Warum meldete sich Kommissar Thamsen nicht?

Wie vereinbart, klopfte der Kollege kurze Zeit später an die Tür.

»Entschuldigung, Herr Johannsen? Sie werden am Telefon verlangt.«

Der Anwalt entschuldigte sich, bat um eine kurze Unterbrechung und folgte dem Polizisten.

»So, Voronin, und wir reden jetzt mal Klartext. Uns ist bekannt, dass Sie spielsüchtig sind und finanzielle Probleme haben. Wir gehen davon aus, dass Sie der Kopf dieses illegalen Organhändlerrings sind. Sollte das nicht der Fall sein, machen Sie besser jetzt den Mund auf und kooperieren. Ansonsten könnte es in den nächsten Jahren ziemlich ungemütlich für Sie werden.«

Kommissar Thamsen hatte sich weit über den Tisch gelehnt und blickte dem Professor tief in die Augen. Als er die Spielschulden erwähnte, glaubte er, ein überraschtes Zucken im Gesicht seines Gegenübers entdeckt zu haben. Jetzt aber war er sich nicht mehr sicher. Der

Mann hielt seinem Blick stand. Eiskalt und berechnend klang seine Stimme, als er fragte:

»Dürfen Sie mich in Abwesenheit meines Anwaltes überhaupt befragen?«

Thamsen hatte nicht mit so viel Widerstand gerechnet. Er hatte gedacht, wenn er die Spielsucht erwähnte, würde Voronins Maske fallen. Doch der schien völlig unberührt. Wieso wiegte er sich in Sicherheit?

»Befragen darf ich Sie vielleicht nicht. Aber Behauptungen äußern. Und ich behaupte, Sie haben illegale Organtransplantationen durchgeführt und Heike Andresen auf dem Gewissen.«

Der Professor grinste schlau.

»Dann beweisen Sie es doch!«

Nachdem Haie den Boden der Turnhalle gebohnert, ein Pult repariert und den Schulhof gefegt hatte, machte er Feierabend.

Er fuhr zunächst zu Elke, gab vor, sich vergewissern zu wollen, ob das Dach nach dem Sturm auch dicht geblieben war. Der wahre Grund seines Besuchs war, dass seine Exfrau immer ziemlich genau Bescheid wusste, worüber im Dorf gesprochen wurde. Er wollte hören, was man sich über die Familie Martens erzählte.

Mit fachmännischem Blick schaute er zum Giebel des Hauses hinauf, während Elke neben ihm stand.

»Hast du eigentlich schon gehört, dass Martens wegziehen wollen?«

»Gestern, bei Helene im SPAR-Laden. Angeblich soll das Klima in Bayern für Lisa besser sein.«

Sie ging nicht weiter auf das Thema ein und er nickte. Anscheinend war die Familie kein ergiebiges Gesprächsthema im Dorf.

»Bleibst du zum Essen?«

Ihr hoffnungsvoller Blick verriet, dass sie sich nichts sehnlicher wünschte. Doch er musste sie enttäuschen. Er wollte noch zu Tom und Marlene.

»Vielleicht ein anderes Mal!«

Er stieg auf sein Fahrrad.

Toms Wagen stand vor dem Haus. Haie klopfte kurz an und trat ein. Sie saßen in der Küche und unterhielten sich über Marlenes Vortrag.

»Ich weiß, wo Lisa Martens ist«, platzte er heraus.

Er erzählte von seinem Besuch bei Lisas Vater und dass er nun wüsste, dass das Mädchen nach Husum verlegt worden war.

»Nach Husum? Führen die denn da überhaupt Transplantationen durch?«

Marlene merkte an, dass Malte in der Klinik arbeitete. Vielleicht hatte er etwas damit zu tun?

»Ganz sicher!«, bestätigte Haie und berichtete von der Geheimniskrämerei, welche Lisas Eltern um die neue Niere des Mädchens machten.

»Und der plötzliche Wegzug? Da stimmt etwas nicht. Das könnt ihr mir glauben.«

Sie beschlossen, in die Klinik zu fahren und sich umzusehen. Tom blickte auf seine Armbanduhr.

»Mit etwas Glück schaffen wir es anschließend rechtzeitig zu deinem Vortrag!«

35

Erneut hatte Thamsen Voronin gehen lassen müssen.
Es gab einfach nichts, womit er ihn überführen konnte.
Die Vermutungen aus Heikes Tagebuch reichten ebenso
wenig aus wie die Spielsucht und der finanzielle Eng-
pass des Professors.

Er wählte die Nummer von Heikes Freundin, aber
es hob niemand ab.

Sein Blick wanderte zu der Wand, an welcher die
Bilder und die Landkarte der Umgebung hingen. Er
musste etwas übersehen haben. Sein Finger fuhr über
die markierten Stellen auf der Karte, doch er konnte
keinen Zusammenhang erkennen. Waren die Orte nur
zufällig gewählt oder gab es eine Verbindung zwischen
der Fundstelle und der näheren Umgebung der Soholmer Au? Und was war mit Vladimir Novosti? Er
betrachtete das Foto des Jungen. Wenn er als Spender
in Frage gekommen war, wieso hatte Andreas sterben müssen? Er suchte in Heikes Tagebuch nach einer Antwort.

Die letzten Eintragungen handelten hauptsächlich von
den Vermutungen, dass der Professor illegal Organe
verpflanzte. Er wurde wütend. Wie hatte der Kollege so
blind sein können? Hatte er das Tagebuch überhaupt gelesen? Er sprang auf und stürmte in das Büro von Klaus
Iwersen. Der saß an seinem Schreibtisch und schaute ihn

mit fiebrigem Blick erstaunt an, als er mit dem Tagebuch aufgeregt vor dessen Gesicht herumfuchtelte.

»Bist du blind? Ich denke, du hast das Buch durchgearbeitet. Hier drin sind eindeutig Hinweise auf den möglichen Täter verzeichnet. Wir könnten den Fall längst gelöst haben. So blöd kann man gar nicht sein, dass man das überliest!«

Der Kollege wurde immer blasser.

»Sie hat versucht, Beweise gegen ihn zu sammeln, falsche Akteneinträge kopiert, Listen mit Patientenverlegungen überprüft und mit den Dienstplänen von Malte und Voronin abgeglichen. Wie um alles in der Welt konntest du das übersehen?«

Sein Gegenüber war unter seinem aufgebrachten Wortschwall immer weiter auf seinem Stuhl zusammengesunken. Kleinlaut antwortete er: »Ich habe mich doch krankgemeldet!«

»Soll das etwa heißen, niemand hat das Tagebuch bisher gelesen?«

Klaus Iwersen zuckte hilflos mit den Schultern.

»Das wird Konsequenzen haben!«

Mit großen Schritten eilte er zurück in sein Büro.

20.08.1996

Manchmal überlege ich, was ich machen würde, wenn Andreas mein Kind wäre. Ich habe den Kleinen inzwischen so lieb gewonnen und natürlich wünsche ich mir nichts sehnlicher, als dass er wieder ganz gesund wird. Seine Werte sind sehr schlecht, er ist schwach. Ich vermute, deswegen hat der Professor die Transplantation noch nicht durchgeführt. Ich habe mich nicht getraut, ihn überhaupt darauf anzusprechen, obwohl ich mir inzwischen ziemlich sicher bin, ausreichend Beweise ge-

*sammelt zu haben. Natürlich ist Organhandel illegal,
aber manchmal denke ich, im Fall von Andreas könnte
ich doch mal ein Auge zudrücken. Oder?*

Sie schickten Marlene vor, um am Informationsschalter
nach Lisas Zimmernummer zu fragen. Sie würde keinen
Verdacht erregen.

Der Mann hinter dem Schalter erwiderte ihr Lächeln
und sagte: »Lisa Martens liegt auf Station drei. Zimmer
304.«

Sie klopften leise an die Tür und traten ein. Das Mädchen war in einem Einzelzimmer untergebracht. Es war
allein.

»Moin, Lisa!«

Haie trat an das Bett und überreichte ihr einen kleinen Stoffhasen, den er im Eingangsbereich am Kiosk
gekauft hatte. Das Mädchen lächelte. Sie kannte den
Hausmeister von der Schule und freute sich über seinen Besuch. Endlich einmal ein anderes Gesicht außer
dem der Eltern oder des Pflegepersonals. Freudig griff
sie nach dem Stoffhasen und bedankte sich.

»Und wie geht es dir? Besser?«

Sie nickte. Die Operation war zwar erst wenige Tage
her, aber sie hatte kaum noch Schmerzen. Bisher nahm
ihr Körper das fremde Organ sehr gut an.

»Ich habe eine neue Niere!«, berichtete sie freudestrahlend und fügte hinzu: »Von einem anderen Mädchen!«

Er nickte und fragte, woher sie das denn wüsste.

»Der Doktor hat es mir gesagt. Sie heißt Irina, du
darfst es aber keinem erzählen!« Sie legte ihren Zeigefinger auf ihre blassen Lippen. »Das ist ein Geheimnis!«

»Großes Indianerehrenwort!«

Haie spreizte seine Finger zu dem altbekannten Schwurzeichen. Mit der anderen Hand streichelte er dem Mädchen über den Kopf und erzählte ihr das Neueste aus der Schule. Von dem neuen Klettergerüst und der geplanten Schulaufführung. Als er den Schulausflug erwähnte, wurde Lisa ganz traurig. Zu gern wäre sie dabei gewesen. Haie tröstete sie damit, dass sie nächstes Mal mit Sicherheit teilnehmen konnte. Doch Lisa schüttelte nur ihren Kopf.

Als die Tür plötzlich geöffnet wurde und eine Schwester ihnen einen fragenden Blick zuwarf, verabschiedeten sie sich schnell. Sie waren sowieso schon spät dran und mussten sich beeilen. Marlenes Vortrag sollte in einer halben Stunde beginnen und der Verkehr Richtung Norden floss nur sehr langsam auf der Bundesstraße.

Gerade noch rechtzeitig erreichten sie das Institut und Marlene huschte zwischen den Stuhlreihen hindurch zum Rednerpult.

»Moin, Moin und herzlich willkommen zu einem vergnüglichen Abend rund um den friesischen Humor.«

Thamsen beschloss, nach Hause zu fahren. Die restlichen Ergebnisse aus der KTU waren noch nicht da und er konnte auch zu Hause darauf warten.

Ein letztes Mal versuchte er, Marlene Schumann zu erreichen, aber wieder hob niemand ab. Anscheinend waren sie und Tom unterwegs. Er verabschiedete sich von den Kollegen aus Flensburg und erinnerte sie daran, dass er am nächsten Tag voraussichtlich etwas später ins Büro kommen würde. Er hatte einen Termin wegen des neuen Mietvertrages.

Auf dem Heimweg holte er sich an einem Imbiss

Schaschlik mit Pommes und einer doppelten Portion Mayonnaise. Mit seinem opulenten Mahl ließ er sich am Küchentisch nieder und schlug erneut das Tagebuch auf, um endlich die letzten Einträge zu lesen.

18.09.1996

Ich habe mich nun schon so lange mit diesem Gedanken gequält, dass ich es heute nicht mehr ausgehalten und den Professor auf die Transplantationen angesprochen habe. Vor wenigen Tagen habe ich nämlich eine Reportage im Fernsehen über Organhandel gesehen. Schrecklich war das. Da werden teilweise Menschen entführt, man schneidet ihnen die Organe raus und wirft sie dann wie Müll auf die Straße. Auch Kinder wurden gezeigt. Ein Mädchen wurde von ihrer Mutter verkauft und nachdem man ihr eine Niere entnommen hatte, landete sie in den Fingern eines Pädophilen. Ich kann nicht verstehen, wie Menschen so etwas tun können. Und deshalb habe ich auch Voronin zur Rede gestellt. Er hat natürlich alles abgestritten, mich eine Lügnerin genannt. Ich solle aufpassen, was ich sage. Richtig wütend ist er geworden und hat mich schließlich aus seinem Büro geworfen. Ich glaube nicht, dass es etwas genützt hat. Aufhören wird er sicherlich nicht. Ob ich doch zur Polizei gehe?

Das hatte sie dann ja vorgehabt. Es war das einzige Mal, dass er ihre Stimme gehört hatte. Die Stimme eines Menschen, dessen Gedanken und Gefühle ihm nun so nah waren wie wahrscheinlich sonst niemandem auf der Welt. Aber was war passiert? Er schlug die nächste Seite auf. Es war der vorletzte Eintrag.

282

27.09.1996

Ich versuche, Voronin so gut wie möglich, aus dem Weg zu gehen. Er hat Andreas' Operation verschoben. Jedenfalls war letzte Woche eine Verlegung nach Kiel geplant gewesen, plötzlich ist dieses Blatt aus der Akte verschwunden. Dabei war der Junge wirklich stabil. Ich frage mich, ob ich wirklich das Richtige getan habe, denn seit vorgestern geht es Andreas wieder schlechter. Bin ich nicht schuld, dass er keine neue Niere bekommen hat, dass er nicht gesund werden darf und wie andere Kinder ein unbeschwertes Leben führen kann? Bin ich schuld, weil ich durch meine Verdächtigungen Voronin veranlasst habe, die Transplantation zu verschieben? Wahrscheinlich hat er Muffensausen bekommen, Schiss, dass ich doch mit der Polizei rede. Da wäre eine OP wirklich zu riskant gewesen. Aber Andreas tut mir so wahnsinnig leid. Ich weiß einfach nicht, was ich machen soll!

»Du warst großartig«, schwärmte Haie begeistert.

Sie befanden sich auf dem Rückweg von Marlenes Vortrag, der wirklich sehr gut angekommen war. Die Mitglieder vom Heimatverein hatten am Ende kräftig geklatscht und sie war ein wenig verlegen geworden.

Tom bestätigte Haies Lob, wechselte allerdings schnell das Thema. Nach ihrem Besuch im Krankenhaus war plötzlich alles so schnell gegangen. Er hatte gar nicht berichten können, was ihm an Lisas Bett aufgefallen war.

»Wusstet ihr eigentlich, dass Lisas neue Niere als Blinddarmoperation deklariert wird?«

»Wie kommst du darauf?«

Er erzählte, dass er auf dem Patientenblatt zum einen

darüber gestolpert war, dass Lisa angeblich Privatpatientin sei und deshalb von Chefarzt Professor Heimkens behandelt wurde.

»Außerdem stand da was von ›Appendix‹.«

36

Am nächsten Morgen war Marlene bereits wach, lange bevor der Wecker klingelte. Sie hatte kaum geschlafen, war immer wieder aufgewacht. Toms Entdeckung im Krankenhaus und Lisas Bericht von dem Mädchen namens Irina hatten sie die ganze Nacht beschäftigt.

Es war weit nach Mitternacht gewesen, als sie nach Hause gekommen waren, deshalb hatten sie verabredet, heute als Erstes mit dem Kommissar zu sprechen. Sie rüttelte Tom wach, der neben ihr schlief. Nur mühsam ließ er sich aus dem Land der Träume reißen. Sie zog an seiner Bettdecke.

»Los, nun mach schon! Raus aus den Federn!«

Im Stehen tranken sie eine Tasse Kaffee. Tom warf einen flüchtigen Blick in das ›Nordfriesland Tageblatt‹. Die Phantombildzeichnung war nun nur noch im Regionalteil abgebildet. Schon klopfte es kurz und Haie betrat die Küche.

»Seid ihr fertig?«

Auch er war zeitig auf den Beinen gewesen. Bevor er hergefahren war, hatte er einen Abstecher zum Haus der Familie Martens gemacht. Doch dort war alles ruhig gewesen. Durch das Küchenfenster hatte er die Familie frühstücken sehen.

Sie fuhren über die Bundesstraße nach Niebüll und hofften, Kommissar Thamsen um diese Zeit überhaupt schon anzutreffen.

Früh am Morgen hatte Dirk Thamsen die Kinder bei seinen Eltern abgeholt und sich mit ihnen auf den Weg zu einer Verabredung mit seinem neuen Vermieter gemacht. Herr Bendixen wartete bereits und begrüßte vor allem Anne sehr herzlich.

Nachdem auch Timo sich die Wohnung angeschaut und begeistert genickt hatte, unterzeichnete er den Mietvertrag und Herr Bendixen überreichte ihm die Schlüssel.

»Sobald der Fall gelöst ist, ziehen wir um«, versprach er den Kindern.

Enttäuschte Gesichter waren die Antwort und selbst als er ihnen versprach, den Verbrecher so schnell wie möglich zu finden, hellten sich ihre Mienen nur wenig auf.

Er setzte sie vor der Schule ab und fuhr anschließend direkt zur Dienststelle. Überrascht blickte er auf die drei Freunde, die in seinem Büro saßen und auf ihn warteten. Er versicherte, dass er gestern angerufen, aber niemand abgenommen hatte.

»Gibt es denn Neuigkeiten?«

Er verneinte. Sie hatten einfach nicht genügend Beweise, um den Professor festzunehmen. Und von den Patienten hatten sie auch noch niemanden ausfindig machen können. Seine Kollegen vermuteten, dass die Krankenakten zum Teil sogar unter Namen nicht existierender Personen geführt worden waren.

»Aber Lisa Martens, die gibt es!«, versicherte Haie und erzählte von der neuen Niere und dem Mädchen Irina, von dem falschen Patientenblatt und dem Appendix.

»Wenn man die Eltern zu einer Aussage bringen könnte!«, überlegte der Kommissar laut, doch Haie schüttelte bedauernd seinen Kopf.

»Hab ich schon versucht. Die haben höllische Angst!«

»Und wenn wir ihnen zusichern, dass wir keine Anzeige gegen sie erheben?«

Haie zuckte mit den Schultern. Er glaubte nicht wirklich, dass Mira und Peter Martens gegen den Professor aussagen würden. Für sie war er doch eine Art Gott, hatte ihrer Tochter das Leben gerettet. Man müsste sie anders überzeugen, den Nerv treffen, der bei ihnen ohnehin schon sehr empfindlich war.

»Ich habe da so eine Idee. Haben Sie vielleicht Fotos von Kindern, die Opfer eines solchen Organhandels geworden sind? Ich meine, schlimme, abscheuliche Fotos? Nicht von hier, egal woher.«

Thamsen überlegte kurz, bevor er den Telefonhörer in die Hand nahm und eine Nummer wählte.

»Moin, Karl. Hier ist Dirk. Du, sag mal, ihr hattet da neulich doch mal so Bilder, du weißt schon, welche ich meine, die ihr im Internet gefunden habt. Sind die irgendwo noch gespeichert?«

Nur wenige Minuten später befand sich in Thamsens Mailkonto eine Nachricht des Kollegen, begleitet von einem Anhang mit brutalen und widerwärtigen Fotos. Neben pornografischen Darstellungen gab es auch etliche Bilder mit verstümmelten Kindern, deren Narben und Augen nur zu deutlich zeigten, dass sie Opfer skrupelloser Geschäftemacher geworden waren. Sogar die Leiche eines Säuglings war dabei, dem man den Brustkorb geöffnet und das Herz entnommen hatte. Marlene wandte sich fassungslos ab. Was waren das für Menschen, die zu so etwas fähig waren? Sie konnte den Anblick nicht ertragen.

Haie hingegen nickte. Er war zwar auch zutiefst erschüttert über die Darstellungen auf dem Monitor, aber sie waren in seinen Augen das einzig wirksame Mittel gegen die Angst von Lisas Eltern.

»Kann ich einen Ausdruck davon haben?«

Irina erwachte. Sie war in eine Wolldecke gehüllt und lag auf der Rückbank eines Wagens. Der Mann mit dem Goldzahn saß am Steuer, daneben der andere.

Es regnete. Die Scheibenwischer bewegten sich gleichmäßig hin und her. Das Prasseln der Tropfen auf dem Dach war deutlich zu hören.

Sie lag ganz still. Durch die Scheiben konnte sie nur den grauen Himmel sehen, doch das machte ihr nichts aus. Sie befand sich auf dem Heimweg. Es konnte gar nicht anders sein, redete sie sich ein. Sie war sehr krank gewesen, die Männer hatten sie zu einer Operation gebracht, nun fuhren sie Irina wieder nach Hause. In Gedanken sah sie ihre Mutter in der Tür stehen, sie winkte. Ein wohliges Gefühl breitete sich in ihr aus, die Vorfreude auf ihre Mutter und die vertraute Umgebung jagten ihr einen warmen Schauer durch den Körper. Vergessen waren all die Angst und die Schmerzen, jetzt zählte nur noch eins: nach Hause kommen, in die Arme der Mutter flüchten und sich wieder ganz geborgen fühlen. Sie kuschelte sich, so gut es ging, in die kratzige Wolldecke, die nach Schweiß und Urin roch, und schloss die Augen.

Als sie erwachte, hatte der Regen aufgehört. Der Motor war abgestellt, die Männer verschwunden. Sie rappelte sich auf und blickte durch die Windschutzscheibe.

Wo war sie? Wo war ihre Mutter? Das war nicht ihr Zuhause.

Sie blickte auf ein Backsteinhaus, auf dessen Dach eine Leuchtreklame angebracht war. Irina kannte zwar die Buchstaben nicht, konnte aber ein blinkendes Herz erkennen. Vor dem Haus standen zwei weitere Autos.

Jetzt sah sie, wie die Männer wiederkamen. In ihrer Begleitung befand sich ein weiterer Mann. Er trug nur ein T-Shirt, seine kräftigen Arme waren komplett tätowiert. Sein schulterlanges Haar war zu einem Zopf zusammengebunden. Er wirkte bedrohlich. Irina zog die Decke über ihren Kopf. Sie hatte Angst, entsetzliche Angst. Was würde nun mit ihr passieren?

Als sie hörte, wie die Schritte auf dem knirschenden Kies näher kamen, begann sie, zu zittern. Angst ergriff sie und wieder spürte sie, wie es warm und feucht zwischen ihren Beinen wurde.

Haie holte tief Luft, bevor er klingelte. Er hörte Schritte, dann wurde geöffnet. Mira Martens war erstaunt.

»Was willst du schon wieder? Lass uns einfach in Ruhe!«

Sie wollte sofort wieder die Tür schließen, doch er stellte einfach seinen Fuß dazwischen.

»Ich muss mit euch reden. Bitte, Mira, es ist wirklich dringend!«

Sie schaute ihn misstrauisch an, trat einen Schritt aus dem Eingang heraus und ließ ihren Blick herumwandern. Anscheinend nahm sie an, dass er nicht allein gekommen war. Als sie jedoch niemanden entdecken konnte, fragte sie:

»Worum gehts?«

»Können wir das vielleicht drinnen besprechen? Die Polizei weiß von dem Organhandel.«

Nun erschien auch Peter Martens in der Tür. Mit erschrockenem Blick starrte er auf Haie.

»Komm rein!«

In der Küche spielte Sebastian. Mira schickte ihn in sein Zimmer. Sie setzten sich an den runden Küchentisch. Ungeduldig warteten sie darauf, dass er zu reden begann.

»Ich weiß, dass ihr Angst habt.«

Er versuchte zunächst, ihnen zu verstehen zu geben, dass er sich in die Situation hineinversetzen konnte.

»Wahrscheinlich hätte ich an eurer Stelle genauso gehandelt. Lisa ist eure Tochter, ihr liebt sie über alles. Trotzdem ist es gegen das Gesetz, was der Professor getan hat.«

Aus seiner Jackentasche zog er die Ausdrucke von Kommissar Thamsen.

»Von hier kommen solche Organe, wie Lisa eines erhalten hat.«

Er reichte sie ihnen. Entsetzt blickte Mira auf die Fotos und auch Peter starrte eine Weile auf das Bild mit dem toten Säugling.

»So war es nicht«, versuchte er, sich zu verteidigen. »Professor Voronin hat uns versichert, dass ausschließlich Organe legaler Spender verwendet werden.«

»Und das habt ihr geglaubt?«

»Na ja«, warf nun Mira ein, »wir wollten es halt glauben. Dass etwas nicht mit rechten Dingen zugeht, konnten wir uns schon denken. Erst die hohe Summe, die wir zahlen sollten, und dann die heimliche Verlegung.«

»Aber wir wussten ja nicht …«

Peter Martens versuchte immer noch, sein Verhalten zu rechtfertigen.

Er erzählte, dass Professor Voronin nach Lisas Reanimation auf sie zugekommen war und gesagt hatte, dass es wenig Hoffnung für ihre Tochter geben würde. Die Nieren würden so gut wie gar nicht mehr arbeiten, es sei nur eine Frage von Tagen oder Wochen, bis sie völlig versagen würden. Diese Schocks, wie Lisa gerade zuvor einen erlitten hatte, konnten immer wieder auftreten. Nicht jedes Mal hätte man so viel Glück wie an diesem Tag, hatte er gemeint und damit den nahen Tod ihres Kindes angedeutet.

Ein paar Tage später hatte er sie in sein Büro gebeten. Er hatte sie darauf hingewiesen, dass es vielleicht eine Rettung für Lisa gäbe. Und dann war er mit dem Vorschlag eines heimlichen Nierenkaufs gekommen. Es sei halt nicht ganz legal, hatte er angedeutet, aber die Aussicht darauf, dass ihre Tochter wieder gesund werden könnte, hatte sie diese Bemerkung des Professors überhören lassen. Sie hatten nicht gefragt, nur das verlangte Geld gezahlt und den Mund gehalten. Darauf hatte er bestanden. Kein Wort durften sie über die Operation verlieren. Zu niemandem. Anschließend, wenn das Kind wieder transportfähig war, sollten sie möglichst weit wegziehen und Lisa sollte einen anderen Namen erhalten. Das waren die Bedingungen gewesen.

»Wie viel musstet ihr ihm zahlen?«

»100.000 DM.«

Er konnte die Eltern überreden, mit ihm zu Kommissar Thamsen zu fahren und eine Aussage zu machen. Tom und Marlene, die eine Straße weiter im Wagen auf Haie gewartet hatten, atmeten erleichtert auf, als sie ihn mit Mira und Peter Martens um die Ecke kommen sahen.

In der Polizeidienststelle wiederholten sie, was sie bereits Haie erzählt hatten. Zusätzlich ergänzten sie noch den Zeitpunkt der Verlegung und dass ein gewisser Professor Heimkens aus Husum ebenfalls an der Transplantation beteiligt gewesen sei. Er habe anschließend auch die weiterführende Behandlung von Lisa übernommen und den Eingriff als Blinddarmoperation ausgegeben.

»Und wer war der Spender?«

Sie zuckten mit den Schultern. Den Namen Irina musste einer der Professoren ihrer Tochter genannt haben. Sie hatten keine Ahnung, ob das wirklich der Name der Spenderin war. Sie hatten, wie vereinbart, keine Fragen gestellt.

»Gibt es Unterlagen zum Kauf der Niere?«

Sie schüttelten die Köpfe. Ob denn ihre Aussage nicht reichen würde?

»Und was geschieht nun eigentlich mit Lisa?«

Die Mutter fragte es laut schluchzend.

Thamsen wählte die Nummer des Staatsanwaltes.

»Das wird sich alles finden!«, beruhigte er sie.

Vorsichtig öffnete er die Tür. Das Mädchen schlief. Er trat neben das Bett und betrachtete das kleine, blasse Gesicht und die Gestalt, die so zerbrechlich wirkte.

Der Krankenakte hatte er die neuesten Werte entnommen. Sie waren zufriedenstellend, alles entwickelte sich bestens. In ein paar Tagen würde klar sein, ob der Körper das neue Organ tatsächlich angenommen hatte, wenig später konnte sie entlassen werden.

Er strich ihr mit der Hand leicht über das Haar. Er fühlte sich erhaben. Auch wenn es laut Gesetz nicht erlaubt war, was er tat, er hatte immerhin das Leben dieses Kindes gerettet. Irina, das Mädchen, von dem die Spenderniere stammte, hätte so oder so nicht wirklich eine Zukunft gehabt. Davon war er überzeugt. In diesen Ländern herrschte eine entsetzliche Armut, vielleicht hatte sie es dort, wo sie jetzt war, sogar besser, versuchte er sein aufkeimendes schlechtes Gewissen zu beruhigen. Er konnte schließlich die Welt nicht verändern, nur für ein paar Menschen, wie dieses kleine Mädchen vor ihm, das Leben verlängern.

»Professor Heimkens?«

Eine Schwester hatte die Tür einen Spalt weit geöffnet, ohne dass er es bemerkt hatte.

»Da sind zwei Herren von der Polizei, die Sie sprechen möchten.«

Er blickte sie fragend an, doch sie zuckte mit den Schultern. Er versuchte, sich zu erinnern, ob es in der letzten Zeit einen auffälligen Todesfall auf der Station oder einen Unfall gegeben hatte. Weshalb sollte die Polizei sonst gekommen sein?

Die Tür zu seinem Büro war offen, zwei Polizisten standen mitten im Raum und betrachteten die Aktenordner in den Regalen. Er räusperte sich laut, als er das Zimmer betrat.

»Professor Heimkens?«

Er nickte freundlich.

»Wir haben einen Haftbefehl gegen Sie.«

»So schnell sieht man sich wieder.«

Thamsen konnte es sich nicht verkneifen, seinem Triumphgefühl ein wenig Ausdruck zu verleihen. So überheblich Professor Voronin beim letzten Mal auch noch gewesen war, nun saß er zusammengesunken am Tisch und starrte auf seine Finger.

»Also, was haben Sie gegen die Anschuldigungen vorzubringen?«

»Ich habe nichts damit zu tun!«

Der Mann wollte doch nicht allen Ernstes behaupten, dass er unschuldig war? Nicht nach der Aussage der Familie Martens und nicht, wo sich offensichtlich die Empfänger, welche bereits nach kurzer Zeit ein neues Organ erhielten, in seiner Klinik häuften?

»Woher kamen die Organe? Wer hat sie Ihnen besorgt? Wer war noch an den Transplantationen beteiligt? Wie viele Organe haben Sie illegal verpflanzt?«

Er bombardierte ihn mit Fragen. Sein Gegenüber wurde langsam nervös.

»Ich wurde erpresst!«

Thamsen stutzte einen Augenblick. So unwahrscheinlich war das nicht. Immerhin hatte der Professor Spielschulden. Vielleicht war er auch Mitglied eines illegalen Clubs gewesen. Von den brutalen Eintreibermethoden hatte er schon gehört. Gut möglich, dass die beiden Männer, die immer wieder in der Klinik aufgetaucht waren, ebenfalls an der ganzen Sache beteiligt waren.

»Wegen Ihrer Spielschulden?«

Kopfnicken.

»Und von wem?«

Voronin zuckte mit den Schultern. Er schien noch unentschlossen, welche Wahrheit für die Polizei in Frage kam. Deswegen brachte Thamsen ihn auf die richtige Spur.

»Von den Männern, die bei Ihnen waren? Diesen russischen Schlägertypen?«

»Ja.«

»Und die haben auch die möglichen Organspender geliefert?«

Wieder nickte der Professor und erzählte dann, dass die Typen regelmäßig bei ihm auf der Station erschienen waren, um zu schauen, ob es potenzielle Organkäufer gab. Manchmal hatte er ihnen auch mögliche Kandidaten gemeldet. Weil er nicht wollte, dass sie ständig in der Klinik aufkreuzten. Anschließend waren sie losgezogen, um einen passenden Spender aufzutreiben. Seine Aufgabe war es gewesen, den Patienten die illegale Transplantation zu verkaufen. Mit der Zeit hatten sie ein kleines Netzwerk aufgebaut. Wenn er die Daten und Werte übermittelt hatte, bekam er meist postwendend eine Art Karteikarte eines möglichen Spenders.

Thamsen dachte an das Blatt aus Andreas' Krankenakte, das Heike bei Voronin im Büro gefunden hatte.

Ein paar Mal habe er aussteigen wollen. Er kannte ja die Umstände, unter welchen die Organe in illegalen Kreisen besorgt wurden. Sie hatten ihn zusammengeschlagen, gedroht, wenn er nicht mehr mitmachen würde, auch ihn bis aufs letzte Organ auszuschlachten. Da habe er aus Angst weitergemacht.

»Und wer ist sonst noch daran beteiligt gewesen?«

Professor Werner Heimkens. Zusammen mit ihm habe er die Transplantationen durchgeführt. Heimkens Frau hatte ihnen assistiert, sie sei ausgebildete OP-Schwester. Und Malte Nielsen. Er hatte jeweils einen Krankenwagen für die Fahrten nach Husum organisiert.

»Und Heike Andresen ist Ihnen auf die Schliche gekommen und deswegen haben Sie sie umgebracht.«

Thamsen war so fest davon überzeugt, dass der Professor sie ermordet hatte, dass für ihn kein anderer

Schluss in Frage kam. Doch Voronin blickte völlig erschrocken auf und schüttelte heftig seinen Kopf.

»Nein, so war es nicht!«

»Wie war es dann?«

Schulterzucken.

»Ich weiß es nicht, aber damit haben weder ich noch Professor Heimkens etwas zu tun.«

Dirk Thamsen glaubte ihm nicht. Wer außer den vieren und den Russen sollte einen Grund dafür gehabt haben, Heike umzubringen? Malte Nielsen war es laut DNA-Test nicht gewesen, blieben also nur noch die anderen Personen übrig.

»Wenn Sie unschuldig sind, haben Sie ja auch sicherlich nichts gegen eine Speichelprobe einzuwenden.«

Er war sich sicher, dass Voronin sich dagegen wehren würde, doch der stimmte zu.

»Ich habe nichts dagegen.«

37

Tom, Haie und Marlene waren in der Zwischenzeit nach Hause gefahren. Ein Kollege von Kommissar Thamsen hatte ihnen ausgerichtet, dass das Verhör sicherlich noch dauern würde. Außerdem würden die endgültigen Beweise aus dem DNA-Test erst in mehreren Stunden vorliegen, bis dahin blieb der Professor sowieso in Untersuchungshaft. Kommissar Thamsen würde sich melden.

Sie saßen in der Küche. Tom hatte zur Feier des Tages eine Flasche Champagner geöffnet. Er hatte sie zum Abschied aus München von seinem Partner geschenkt bekommen.

»Für einen ganz besonderen Anlass«, hatte der damals gesagt und Tom fand, dass die Festnahme von Heikes Mörder durchaus ein solcher Anlass war. Sie prosteten sich zu.

»Auf den Ermittlungserfolg und die Festnahme des Mörders!«

»Ich kann immer noch nicht glauben, dass der Voronin Heike ermordet haben soll«, murmelte Marlene leise vor sich hin. »Ich dachte immer, der Hippokratische Eid verbiete es, jemanden umzubringen. Ist es nicht Aufgabe der Ärzte, Leben zu retten?«

»Noch ist ja gar nicht klar, ob der Professor der Mörder ist«, warf Haie ein.

»Ist aber doch nur eine Frage der Zeit, bis wir Ge-

297

wissheit haben. Dass das auch nicht schneller geht mit diesen Gentests!«

Sie stand auf und blätterte die Post des heutigen Tages durch. Rechnungen und ein Werbeprospekt, der zum ›Aalessen satt‹ in die Gaststätte ›Bongsiel‹ einlud.

»Habt ihr Lust?«

Sie blickte die Männer fragend an.

»Ins ›Swarte Peerd‹?«

Haie war schon lange nicht mehr in der Gastwirtschaft gewesen.

Sie nickte.

Tom fuhr über Maasbüll durch den Herrenkoog und dann Richtung Waygaard. Fast schien es, als mied er den Fundort von Heikes Leiche absichtlich, um die lockere Stimmung nicht zu trüben. Seit Langem hatte er das Gefühl, dass ihre Welt wieder einigermaßen in Ordnung war. Haie saß auf der Rückbank und erzählte die Geschichte des Bongsieler Gasthauses.

»Die Gaststätte ›Bongsiel‹ ist nach dem Höker und Kröger Erich Gustaf Bong benannt, der 1741 durch einen sogenannten ›Stavenbrief‹ das Recht erhielt, in dem Schleusenwärterhaus auch einen Gastkrug zu betreiben. Seit 1903, glaube ich, hat die Familie Thamsen die Gastwirtschaft.«

Marlene fragte, ob der Kommissar mit der Familie etwas zu tun habe, aber er schüttelte den Kopf.

»Nee, eher nicht. Soweit ich weiß, war die Familie schon immer im Gastgewerbe tätig. Dass da einer aus der Art schlägt und Polizist wird? Glaub ich nicht.«

»Und wieso heißt der Gasthof ›Dat swarte Peerd‹?«, mischte sich nun Tom in die Unterhaltung ein.

»Der Großvater, Lauritz Thamsen, meine ich, hat

so eine Geschichte erfunden. Und die Erzählung ›Dat swarte Peerd‹ hat einer aufgeschrieben und auch Bilder dazu gemalt.«

Sie erreichten die Gaststätte am Deich zum Hauke-Haien-Koog. Der Parkplatz war belegt, das Restaurant schien gut besucht. Hoffentlich bekamen sie auch ohne Reservierung noch einen Tisch.

Die Gaststube war gemütlich eingerichtet, an den Wänden hingen Bilder verschiedener Künstler. Das Aalessen war schon in vollem Gange. Die Bedienung huschte mit einem Tablett voll Brataal an ihnen vorbei.

Sie hatten Glück. Im hinteren Teil des Raumes befand sich ein freier Platz. Eine Familie, die reserviert hatte, war nicht erschienen, wie der Wirt ihnen mitteilte, und bot ihnen nun die Gelegenheit, ›Aal satt‹ zu genießen.

Neben Brataal gab es Aal in Gelee und Räucheraal. Haie kostete begeistert. Lange hatte er schon keinen Aal mehr gegessen.

»Früher war ich mit Elke einige Male hier, aber in letzter Zeit natürlich nicht.«

Marlene fragte, wie denn momentan das Verhältnis zwischen ihnen sei, aber Haie winkte ab.

»Sie begreift wohl immer noch nicht, dass es aus ist.«

Er erzählte, dass sie ihn immer wieder anriefe, zum Essen einladen und irgendwelche anderen Vorwände erfinden würde, um ihn zu sehen.

»Seit ich allerdings neulich gesagt habe, sie müsse die Polizei rufen, wenn jemand ums Haus schleicht, hat sie sich nichts Neues einfallen lassen.«

Marlene konnte schon verstehen, dass Elke um ihren Mann kämpfte. Immerhin war Haie für sein Alter ein attraktiver Mann. Kein Bauchansatz, gut gebauter Körper und seine leicht ergrauten Schläfen ließen ihn äußerst interessant wirken. Also, wenn sie nicht mit Tom zusammen wäre ... Sie musste schmunzeln.

»Was gibts denn da zu grinsen?«

Sie war völlig in Gedanken gewesen und hatte das Gespräch gar nicht richtig verfolgt.

»Bitte?«

»Na, dass ich vielleicht auch noch einmal jemanden kennenlerne.«

Haie blickte sie mit ernstem Blick an. Er konnte ja nicht ahnen, dass ihre Gedanken eigentlich genau in diese Richtung gewandert waren. Sie konnte sich sehr gut vorstellen, dass er sich wieder verliebte.

»Du findest bestimmt auch bald wieder eine nette Frau!«, versicherte sie und küsste ihn freundschaftlich auf die Wange.

Seine Kollegen hatten beinahe zeitgleich Professor Heimkens verhört. Der hatte zunächst alles abgestritten. Er kenne Voronin nur flüchtig vom Telefon. Russische Männer seien ihm keine bekannt. Und Lisa Martens? Das Mädchen war angeblich eine Patientin, die er aufgrund des Bettenmangels in Niebüll auf seiner Station aufgenommen hatte.

Nachdem man ihm jedoch zu verstehen gegeben hatte, dass der nur flüchtig bekannte Kollege aus Niebüll eben alles gestehen würde, um seine eigene Haut zu retten, war auch Professor Heimkens gesprächig geworden und hatte im Großen und Ganzen die Angaben des Professors bestätigt. Er war allerdings nicht spielsüchtig, hatte keine Ehrenschulden. Werner Heimkens hatte das Geld anders angelegt. Ein Blick auf den Ärzteparkplatz der Klinik hatte das deutlich gemacht. Von Weitem stach einem der rote Porsche 911 Turbo ins Auge.

Aber auch er blieb bei der Aussage, dass weder er noch sonst jemand aus dem Team, wie er die illegale Bande nannte, etwas mit dem Tod von Heike Andresen zu tun hatte.

»Vielleicht fragen Sie sich mal, wem außer uns Heike Andresen mit ihrem Wissen geschadet haben könnte.«

Thamsen hatte das jedoch nicht ernst genommen. Wenn es keiner der Professoren gewesen war, der die Ärztin ermordet hatte, dann wahrscheinlich einer dieser russischen Schlägertypen. Aber wo man die ausfindig machen konnte, wussten die beiden wohl nicht. Der Kontakt sei immer durch die Brüder Kamenski entstanden. Die hätten sich in regelmäßigen Abständen gemeldet. Dass sie das nach dem, was nun vorgefallen war, weiterhin tun würden, daran zweifelten nicht nur die Ärzte. Vorsichtshalber gab er die Personenbeschreibungen schon mal nach Flensburg durch. Eventuell würde man Interpol einschalten müssen. Das lag dann aber nicht mehr in seinem Zuständigkeitsbereich.

Es war bereits weit nach 22 Uhr, als er Professor Voronin in die Verwahrzelle sperrte und sich noch einen Kaffee kochte. Es würde eine lange Nacht werden. Der Häftling durfte nicht allein gelassen werden, deswegen machte Thamsen es sich in seinem Büro bequem.

Er schlug das Tagebuch auf. Die letzten Einträge hatten ihm beim gestrigen Lesen außer dem nun bestätigten Organhandel keine neuen Erkenntnisse gebracht. Trotzdem las er die Aufzeichnungen noch einmal aufmerksam durch.

30.09.1996

Heute ist Andreas gestorben. Ich fühle mich so unglaublich leer. Leer und zugleich schuldig, verhindert zu haben, dass sein Leben gerettet wurde. Wenn er eine neue Niere bekommen hätte von diesem Vladimir, wäre es nicht zu dieser Hyperkaliämie gekommen. Einmal haben wir ihn kurz reanimieren können, aber den Scheißkaliumspiegel nicht in den Griff bekommen. Beim zweiten Mal war es schließlich vorbei. Sein Herz ist einfach stehen geblieben und wollte nicht mehr schlagen. Wir waren alle fassungslos. Ich musste es dann auch noch den Eltern sagen. 20 Minuten habe ich gebraucht, bis ich mich halbwegs im Griff hatte. Die Mutter hat mich nur sprachlos angestarrt, konnte nicht glauben, dass Andreas tot ist. Aber der Vater ist richtig auf mich losgegangen. Ich weiß, dass Trauer auch wütend machen kann. Wut über den Verlust. Wut über die eigene Machtlosigkeit. Ich bin selbst wütend, mache mir Vorwürfe und die Worte des Vaters hallen wie ein Echo in meinem Kopf wieder: »Das ist alles Ihre Schuld!«

Der Abend war schön gewesen. So schön wie schon lange nicht mehr. Marlene hatte sich erleichtert gefühlt. Zwar schmerzte der Verlust der Freundin weiterhin und das würde sicherlich auch noch lange anhalten, aber die Tatsache, dass der Mörder nun mit ziemlicher Wahrscheinlichkeit gefasst war, machte es irgendwie ein wenig einfacher.

Beim Essen hatten sie noch darüber spekuliert, was denn nun mit Lisas Eltern geschehen würde. Immerhin waren sie an einem illegalen Organhandel beteiligt gewesen. Tom war der Meinung gewesen, dass mit Sicherheit bei ihrer Anklage mildernde Umstände zum Tragen kämen, schließlich war es erst durch ihre Aussage möglich gewesen, alles aufzudecken und Heikes Mörder zu fassen. Auf jeden Fall würde man Lisa die Niere nicht wieder wegnehmen, hatte Haie gemeint, und das sei für die Eltern ja der eigentliche Auslöser für den Kauf des illegalen Organs gewesen. Das Mädchen war gesund, zumindest für Lisa hatte der verbrecherische Handel ein gutes Ende genommen. Fraglich, ob das auch für das Spendermädchen der Fall war.

Nachdem sie Haie daheim abgesetzt hatten, waren sie nach Hause gefahren.

Auf dem Küchentisch standen noch die Champagnergläser, Marlene räumte sie wortlos in die Spüle. Sie war mit ihren Gedanken immer noch bei der Frage, ob Voronin tatsächlich der Mörder war.

»Ich möchte nur noch zu gerne wissen, wer denn nun der Mann auf der Beerdigung gewesen ist.«

Tom verdrehte die Augen. Konnte sie denn nicht endlich auch einmal an etwas anderes denken? Er schlang seine Arme um sie und zog sie an sich.

»Das ist doch momentan völlig unwichtig.«

Sie spürte seine warmen Lippen und erwiderte den Kuss. Als er jedoch langsam mit seiner Hand unter ihren Pullover wanderte, entzog sie sich der Umarmung.

»Ich denke, morgen können wir uns dann an die Wohnungsauflösung machen.«

Er blickte sie fragend an. Hatte er etwas falsch gemacht? Wieso lehnte sie jede Zärtlichkeit, die aus mehr als einem Kuss bestand, ab? Lag es an ihm?

Beleidigt drehte er sich um und ging ins Bad. Als er sich die Zähne putzte, huschte sie hinter ihn.

»Tut mir leid!«

Er fing ihren Blick im Spiegel auf. Ihre Augen blickten unsicher, auf ihrer Stirn glätteten sich die Sorgenfält-chen anscheinend gar nicht mehr, sie sah müde aus.

Er spuckte aus.

»Ich versteh dich ja«, beteuerte er, obwohl das nicht ganz der Wahrheit entsprach.

Er musste eingeschlafen sein, denn das schrille Läuten des Telefons ließ ihn aufschrecken.

»Ja, Thamsen?«

Er rieb sich seinen steifen Nacken.

Es war der Kollege aus Kiel. Diesmal waren die DNA-Tests legal durchgeführt und vorrangig unter-sucht worden. Doch das Ergebnis war enttäuschend. Weder die Probe von Professor Voronin noch die von Professor Heimkens zeigten eine Übereinstimmung mit den Spuren an den Handschuhen des Täters. Und dass diese wirklich vom Täter getragen worden waren, be-wiesen nicht nur die Hautpartikel, sondern zusätzlich auch Speichelspuren von Heike Andresen.

Also blieben nur die Russen. Und er hatte gedacht, den Fall endlich abschließen zu können. Er lehnte sich in seinem Stuhl zurück und schloss die Augen.

Was hatte Professor Heimkens noch gesagt? Aus de-ren Team sei es niemand gewesen. Ganz unrecht hatte er ja nicht gehabt, zumindest waren die Ärzte aus dem Schneider. Gut, der Mord an Heike kam ihnen vielleicht nicht ungelegen, aber es bedeutete wohl nicht, dass sie auch daran beteiligt gewesen waren. Was, wenn auch die anderen Verdächtigen nichts mit der Ermordung zu tun hatten? Wer konnte es dann gewesen sein? Ein Irrer? Oder war sie doch ein zufälliges Opfer gewesen? Vielleicht die Bewohner von diesem alternativen Hof im Herrenkoog, wie die Leute im Dorf behaupteten?

304

Haie Ketelsen hatte davon erzählt, als sie beim Griechen zusammen essen gewesen waren.

Er stöhnte. Mit der Hand rieb er sich seine Stirn, so, als könne er dadurch das Durcheinander, das dahinter herrschte, ordnen. Irgendetwas hatte doch dieser Heimkens noch gesagt.

»Vielleicht fragen Sie sich mal, wem außer uns Heike Andresen mit ihrem Wissen geschadet haben könnte.«

Plötzlich fiel es ihm wie Schuppen von den Augen.

38

Marlene drehte sich unter der dicken Daunenbettdecke um und tastete schlaftrunken nach Toms Körper. Doch das Bett neben ihr war leer.

Sie rappelte sich auf und blickte auf den Wecker. Es war bereits nach 10 Uhr. In der letzten Zeit hatte sie selten so lange geschlafen. Es erinnerte sie an ihre Studienzeit. Bis mittags im Bett zu liegen, hatte man sich da schon öfter gegönnt. Besonders im Herbst und im Winter, wenn es draußen stürmte und der Regen gegen die Scheiben prasselte. Sie erinnerte sich an Tage, an denen sie das Bett überhaupt nicht verlassen hatte.

Aber das erlaubt man sich heute leider auch nicht mehr, dachte sie und schwang ihre Beine über die Bettkante. Ihre nackten Füße fühlten den kratzigen Teppich unter sich, schnell schlüpfte sie in ihre Clogs. Eine Weile saß sie nachdenklich da. Jetzt, wo der Fall beinahe aufgeklärt war, sollte sie Heikes Mutter anrufen. Oder vielleicht schrieb sie ihr lieber einen Brief? Manchmal war es einfacher, seine Gedanken und Gefühle anderen schriftlich mitzuteilen. Zumal sie das letzte Telefonat als etwas schwierig empfunden hatte. Nicht, dass sie mit der Mutter der Freundin nicht reden konnte. Sie hatten immer ein sehr inniges Verhältnis zueinander gehabt. Marlene war beinahe wie eine Tochter für Frau Andresen gewesen und sie hatte sich oft gewünscht, zu ihrer eigenen Mutter eine solche Beziehung zu haben. Aber da würde es mehr als ein paar lieb gemeinte Worte brauchen, um diese Kluft, die im Laufe der Jahre zwischen ihr und Gesine entstanden war, zu überbrücken. Wenn es überhaupt möglich war. Der Tod der Freundin regte sie jedoch zum Nachdenken an und auch wenn sie momentan nicht die Kraft hatte, einen Schritt auf ihre Mutter zuzumachen, dann vielleicht später. Mit einem Seufzer erhob sie sich.

Tom saß bereits am Frühstückstisch.

»Guten Morgen, meine Hübsche«, begrüßte er sie und goss ihr eine dampfende Tasse Kaffee ein. Dann vertiefte er sich wieder in die Zeitung.

»Steht was über den Professor drin?«

Er reichte ihr das Titelblatt, welches er bereits gelesen und neben sich auf die Küchenbank gelegt hatte.

›Skandal um Organspenden! Niebüller Professor Mitglied eines Organhändlerringes‹.

Sie studierte den ausführlichen Bericht sehr aufmerksam. Darin wurde über den Organhandel, die illegalen Spender aus Osteuropa und den Fall der kleinen Lisa berichtet. Über Heike stand nichts in der Zeitung.

»Die schreiben gar nichts über den Mord.«

»Vielleicht liegen die Ergebnisse noch nicht vor.«

Tom war in einen Artikel über Mobilfunkanbieter vertieft und hörte ihr gar nicht richtig zu. Für ihn war der Fall abgeschlossen. Dass man dem Professor den Mord nachweisen konnte, war für ihn nur eine Frage der Zeit.

»Ich rufe Kommissar Thamsen an.«

»Hm«, murmelte er nur. Als er kurz darauf aufblickte, war sie aufgestanden und ins Wohnzimmer gegangen. Nach einer Weile kam sie zurück.

»Und?«

»Er ist nicht da.«

Dirk Thamsen fuhr auf der B 5 Richtung Süden. In Sande bog er links ab. Er wählte jedoch nicht den Weg über Klintum nach Leck, sondern fuhr nach Enge-Sande und folgte dann immer weiter der schmalen Straße, bis er schließlich die kleine Ortschaft Soholm erreichte.

Böse Zungen behaupteten zwar, hier gäbe es nichts außer einem Bäcker, aber er fand das Dorf, das nur aus wenigen Häusern bestand, sehr reizvoll. Alles wirkte hier so friedlich, beinahe ein wenig verschlafen.

Wenige Meter hinter dem Ortsschild bog er rechts in eine Auffahrt. Ein roter Toyota parkte unter einem Baum.

Er drückte den schwarzen Klingelknopf, nur einen kurzen Augenblick später öffnete eine Frau die Tür. Sie trug einen schwarzen Plisseerock und einen dunklen Rolli.

»Frau Lorenzen?«

Sie nickte und trat zur Seite.

An der Garderobe im Flur sah er einen beigen Mantel hängen. Hier war er richtig, es gab keinen Zweifel.

»Ist Ihr Mann da?«

Sie ging voraus, führte ihn den schmalen Flur entlang bis zum Wohnzimmer.

Albert Lorenzen saß auf dem dunkelbraunen Cordsofa. Er wirkte apathisch, hatte sich seit Tagen nicht rasiert und trug ein fleckiges T-Shirt und eine Jogginghose aus Ballonseide. Auf dem Tisch vor ihm standen etliche Flaschen Bier und Korn. Mit glasigem Blick schaute er Kommissar Thamsen durch eine beschlagene Brille an, als er seinen Namen nannte.

»Herr Lorenzen, ich bin Polizeihauptkommissar Thamsen. Ich muss Sie leider bitten, mitzukommen.«

Er wusste nicht, ob er das ›leider‹ aus Gewohnheit gebraucht hatte oder ob er nicht doch so etwas wie Mitleid für den Mann empfand. Er hatte ja selbst Kinder, konnte deshalb nachvollziehen, wie schmerzlich der Verlust seines Sohnes gewesen sein musste. Schon nach der Trennung von seiner Exfrau hatte er selbst sehr darunter gelitten, die Kinder nicht mehr jeden Tag um sich zu haben. Wie viel schlimmer musste der Schmerz erst sein, wenn man sich der Tatsache zu stellen hatte, dass man sein Kind nie wieder sehen würde? Es nicht mehr in den Arm nehmen, nicht mehr sein Lachen und nie wieder die Worte: ›Papa, ich hab dich lieb‹ aus dem kleinen Kindermund hören konnte? Doch, er konnte gut nachempfinden, wie groß der Schmerz über den Verlust von Andreas gewesen sein musste. Zumal es bis vor Kurzem so ausgesehen hatte, als gäbe es eine Rettung für ihn.

Und dann kam da einfach eine junge Ärztin und machte mit ihren neugierigen Schnüffeleien, ihren Fragen und Drohungen, dass sie der Polizei davon erzählen würde, alles zunichte. Veranlasste den Professor, einen Rückzieher vor der lebensrettenden Operation für Andreas zu machen.

Und nun war er tot. War es nicht ihre Schuld? Der Mann auf dem Cordsofa hatte es jedenfalls so gesehen.

»Herr Lorenzen?«

Der Mann stand langsam auf und nickte. Im Flur griff er nach dem hellen Trenchcoat und folgte Thamsen zum Wagen.

Zurück blieb eine Frau in einem schwarzen Plisseerock und dunklem Rolli, welche vor dem Haus stand und ihnen teilnahmslos hinterherschaute. Als er vom Hof bog, sah er im Rückspiegel, wie sie die Tür langsam schloss.

39

Der Himmel war grau und es nieselte leicht. Der Wind wehte kräftig von der See.

Dirk Thamsen stand auf der Mole und blickte nordwärts. In der Ferne sah er die drei Freunde näher kommen. Er hob den Arm und winkte.

Der Fall war nun beinahe abgeschlossen. Der Bericht lag fertig getippt in seiner Schreibtischschublade, ab morgen hatte er Urlaub. Der Umzug in die neue Wohnung stand an und dann musste noch eine Lösung wegen der Kinder gefunden werden. Er war gespannt, ob seine Exfrau den Entzug durchhalten würde. Von ihrem kriminellen Freund hatte er auf jeden Fall bis heute nichts mehr gehört. Das war sicherlich ein gutes Zeichen.

Ohne die Mithilfe der drei Freunde würde er sich jedoch höchstwahrscheinlich immer noch auf Beweislastsuche für Voronin befinden. Zwar war durch die Festnahme des Professors und seiner Komplizen nicht jeglicher Organhandel bekämpft, aber auf jeden Fall ein enormer Schritt in die richtige Richtung getan, ganz besonders hier in Nordfriesland. Die Brüder Kamenski befanden sich zwar weiterhin auf freiem Fuß, nach ihnen wurde gefahndet und auch nach dem Spendermädchen Irina wurde fieberhaft gesucht. Man hatte Hinweise aus dem Rotlichtmilieu erhalten und vermutete, dass das Mädchen in einen illegalen Club in der Nähe von Hamburg gebracht worden war. Er hoffte inständig, dass man sie rechtzeitig fand, aber all das fiel nun nicht mehr in seinen Zuständigkeitsbereich.

Er hatte den Mord an Heike Andresen aufgeklärt, der Mörder saß in Haft. Obwohl er nachempfinden konnte, was in dem Vater vorgegangen war, einen Mord hatte es ganz sicher nicht gerechtfertigt. Die junge Ärztin hatte sich ja selbst Vorwürfe gemacht, hatte Wut und Trauer über den Verlust von Andreas empfunden. Durch die Tagebuchaufzeichnungen war sie ihm so nah gekommen wie schon lange kein Mensch mehr. Ihre Gedanken, Gefühle, Sorgen und Ängste – er kannte ihre Welt wahrscheinlich besser als sonst jemand.

Aber er hatte nicht dazugehört, er war nur ein Gast gewesen. In Heike Andresens Welt hatte es nur eine beste Freundin gegeben, das war ihm beim Lesen des Tagebuches deutlich geworden.

Tom, Haie und Marlene hatten die Mole erreicht. Die Männer hatten die blonde Frau in ihre Mitte genommen, sie hatte sich bei ihnen untergehakt.

Er begrüßte die Drei und erzählte ihnen die letzten Neuigkeiten. Von dem Geständnis der Professoren bezüglich des Organhandels, von den DNA-Tests, die bestätigten, dass die Ärzte wirklich nichts mit dem Tod von Heike Andresen zu tun hatten und wer der wahre Täter war. Als er nach einer guten halben Stunde mit den Worten »Tja, man steckt da nun mal nicht immer drin« seine Ausführungen beendete, schaute Marlene ihn ungläubig an.

»Der Vater eines Patienten?«

»Er hat bereits gestanden.«

Thamsen bedankte sich bei ihnen für die ambitionierte Unterstützung bei der Aufklärung des Mordes, dann griff er in die Innentasche seiner Jacke und holte das Tagebuch heraus. Kurz strich er über den dunkelblauen Ledereinband, bevor er es Marlene reichte.

»Ich denke, sie hätte gewollt, dass Sie es bekommen.«

»Danke!«, sagte sie leicht irritiert und schlug zögernd das Buch auf.

Als sie Heikes Schrift erkannte, schossen ihr die Tränen in die Augen.

Er räusperte sich und sagte: »Ich muss dann mal los.«

»Wollen Sie nicht vielleicht einen Kaffee mit uns trinken?«

Haie verstand den plötzlichen Aufbruch des Kommissars nicht.

»Vielleicht ein anderes Mal«, antwortete Dirk Thamsen und drehte sich um.

ENDE

Glossar

Döntjes: Plattdeutsche Bezeichnung für kurze, meist heitere fiktive Erzählungen oder Anekdoten aus dem wahren Leben. Traditionell im niederdeutschen Sprachraum mündlich überliefert, ähneln Döntjes dem Witz, da sie ebenfalls auf eine Pointe zusteuern.

Heinrich Brandt betont jedoch: »Wi plattdüütschen Minschen kennt eegentlich keenen Witz. Wi kennt blots Döntjes. Dat sünd de lütten Geschichten, wo wi nich luuthals bi to lachen, aber schmustergrienen möt.« – ›Wir plattdeutschen Menschen kennen eigentlich keinen Witz. Wir kennen nur Döntjes. Das sind kleine Geschichten, bei denen wir nicht lauthals lachen, aber schmunzeln müssen.‹
(Quelle: Brandt, Heinrich: Döntjes ut Nordfreesland. Husum 1979)

Gonger: Untote, welche in die Welt der Lebenden zurückkehren. Ein Gonger ist zum Beispiel jemand, der zu Lebzeiten Unrechtes getan hat und nun im Grabe keine Ruhe findet. Der Sage nach müssen zum Beispiel Gotteslästerer, Selbstmörder, aber auch unschuldig Ermordete wieder gehen, d. h. die Toten kehren in ihrer körperlichen Erscheinung in die Welt der Lebenden zurück.

Hauptverbreitungsgebiet der Sage von den Gongers sind die nordfriesischen Inseln. Dort erzählt man sich unter anderem, dass Verwandte, die im Meer ertrunken sind, sich anschließend bei den Familienangehörigen

melden, jedoch nicht bei den nächsten Blutsverwandten,
sondern bei denen des dritten oder vierten Grades. Diese
Gongers erscheinen in der Abenddämmerung oder bei
Nacht in der Kleidung, in welcher sie ertrunken sind.
Sie gehen im Haus um, löschen das Licht und legen sich
zu den Schlafenden auf die Decke. Ein kleiner salziger
Wasserstrom in der Stube, welcher sich aus Tropfen von
der Kleidung des Ertrunkenen gebildet hat, zeugt an-
geblich von dem Besuch des Gongers. Es gibt aber eine
Vielzahl unterschiedlicher Variationen dieser Sage.
*(Quelle: Hubrich-Messow, Gundula: Sagen und Mär-
chen aus Nordfriesland. Husum 1994)*

Klabautermann: Gestalt des seemännischen Aberglau-
bens. Guter Geist oder Kobold, der mit seinem Kalfathammer (Kalfathammer und -eisen sind spezielle Werk-
zeuge des Schiffbaus, mit denen die Fugen von Schiffs-
wänden zum Beispiel mit Teer oder Kitt abgedichtet
werden.) auf Schäden am Schiff hinweist oder sie selbst
ausbessert. Zwar von Natur aus freundlich, treibt er so
allerhand Schabernack, neckt und stört die Schiffsbe-
satzung. An Bord macht er sich durch das Klopfen mit
seinem Hammer bemerkbar. Es wird gesagt: ›Wenn er
klopft, bleibt er, wenn er hobelt, geht er. Und wenn er
das Schiff verlässt, ist es dem Untergang geweiht.‹ Und
schon wenn der Klabautermann sich zeigt, ist dies ein
schlechtes Zeichen. Vom Aussehen her ähnelt er einem
Matrosen mit Hammer und Pfeife, manches Mal auch
mit Seemannskiste, roten Haaren und grünen Zähnen.
Es gibt jede Menge verschiedener Geschichten über diesen kleinen Seemannsgeist.
*(Quelle: Muuß, Rudolf: Nordfriesische Sagen. Husum
1933)*

<u>Mandränke:</u> Auch ›Mandrenke‹ oder ›grote Mandrenke‹ sind Beinamen der beiden großen Sturmfluten aus den Jahren 1362 und 1634, welche die Nordseeküste mit verheerendem Ausmaß verwüsteten und einschneidende Änderungen des Küstenverlaufes hinterließen. Die zweite Marcellusflut am 16. Januar 1362 brachte unzähligen Menschen den Tod. Viel Land ging verloren, große Buchten entstanden, die sagenumwobene Insel Rungholt versank für immer im Meer. Noch heute finden sich im Wattenmeer gelegentlich Spuren des untergegangenen Landes: Knochen, Scherben und andere Funde zeugen von der Existenz der versunkenen Insel.

Die zweite ›grote Mandrenke‹, die Burchadiflut am 11. Oktober 1634, hatte ähnliche Folgen wie die Flut von 1362. Viele Tote, viel Landverlust. Die Insel Strand wurde in die Inseln Nordstrand und Pellworm und die Hallig Nordstrandischmoor auseinander gerissen. Der sogenannte ›Goldene Ring‹ – ein gewaltiger Ringdeich, den die Nordstrander mit Unterstützung der Niederländer gebaut hatten und den man für alle Zeit für uneinnehmbar hielt – brach an 44 Stellen und ließ dadurch 19 Dörfer und 18 Kirchen versinken. Gründe für die unbeschreiblichen Folgen dieser Fluten waren vermutlich nicht die von den Küstenbewohnern zur damaligen Zeit angenommenen Gottesstrafen infolge eines lasterhaften Lebens oder Übermuts, sondern die viel zu niedrigen Deiche und ihr teilweise katastrophaler Zustand. Häufig waren die Schutzwälle falsch angelegt, sodass sie die Gewalt des Meeres nicht bremsen konnten oder die Deichpflege war derart vernachlässigt worden, dass es durch die Schäden schnell zum Bruch kam. Es gibt und gab schon immer schwere Sturmfluten an der Nordseeküste, doch die zweite Marcellusflut und die

Burchadiflut waren vermutlich die beiden schwersten. Durch den Beinamen ›Mandränke‹ sind sie bis in die heutige Zeit präsent geblieben.

(Quelle: Moseberg, Jochen und Sönnichsen, Uwe: Wenn die Deiche brechen. Husum 1997)

Nordfriisk Instituut: Zentrale wissenschaftliche Einrichtung mit Sitz in Bredstedt. Zu den Aufgaben des Instituts gehören die Pflege, Förderung und Erforschung der friesischen Sprache, Geschichte sowie der Kultur. Es ist zugleich Anlaufstelle für alle, die sich für jegliche Themen rund um Nordfriesland interessieren. Mit Rat und Tat unterstützt es ehrenamtliche Kräfte in den friesischen Vereinen, Studierende, Lehrer/-innen und Regionalforscher/-innen. Durch diese Zusammenarbeit soll eine Brücke zwischen Theorie und Praxis, zwischen Wissenschaft und Laienforschung geschlagen werden. Das ›Nordfriisk Instituut‹ ist zwar wissenschaftlich tätig, hat sich aber auch die Unterstützung, Hilfestellung und Anregung der eigenen kulturellen Identität der Menschen in der Region zur Aufgabe gemacht. Die unabhängige, staatlich geförderte Einrichtung unterhält eine Fachbibliothek und ein Archiv. Ein Besuch lohnt sich.

(Quelle: Steensen, Thomas: Friesen-Friesisch-Nordfriisk Instituut. Informationsblatt. Bredstedt 1998)

Pappes Hamburger Lesefrüchtchen: Gilt als mögliche Quellenangabe Storms für die Vorlage zu seinem ›Schimmelreiter‹. Der Dichter selbst gibt uns in der Novelle den Hinweis auf diese Vorlage für den Stoff, welchen er zu erzählen beabsichtigt. Der anonyme Ich-Erzähler im Anfangsrahmen erzählt, er habe vor ›einem halben Jahrhundert‹ im Hause seiner Urgroßmutter eine ›in blaue

Pappe‹ eingebundene Zeitschrift gelesen, er vermag sich aber nicht mehr zu erinnern, ›ob von den ›Leipziger‹ oder von ›Pappes Hamburger Lesefrüchten‹. Nachforschungen haben ergeben, dass hier auch wirklich für Theodor Storm die Quelle für die ›Schimmelreiter‹-Sage liegt. 1838 erschienen in Hamburg die ›Lesefrüchte vom Felde der neuesten Literatur des In- und Auslandes‹, die von J. J. C. Pappe herausgegeben wurden. Der zweite Band enthält den Nachdruck einer gespenstischen Sage aus der Zeitschrift ›Danziger Dampfboot‹ Nr. 45 vom 14.04.1838 und trägt den Titel ›Der gespenstige Reiter. Ein Reiseabentheuer‹. In dieser Sage wird von einem Mann berichtet, der 1829 von Danzig nach Marienburg reitet und wegen des nasskalten Wetters und der einsetzenden Dunkelheit in Dirschau in einem Gasthof einkehrt. Der Wirt berichtet ihm, dass das Übersetzen über den nahen Weichsel-Fluss in der Dunkelheit nicht nur beschwerlich, sondern auch gefährlich sei. Der Reiter will es trotzdem versuchen. An der Fähre angekommen, weigern sich jedoch die Fährknechte, den Fluss zu überqueren. Der Reiter macht sich deshalb auf den Weg zur nächsten Fährstation. Sein Ritt den Deich entlang erweist sich als sehr abenteuerlich, denn es dunkelt immer mehr, es ist neblig und weit und breit ist keine Menschenseele zu erblicken. Der Sturm tost. In dieser unheimlichen Stimmung hört er auf einmal Pferdegetrappel. Er spürt etwas vorüberreiten, sieht aber nichts. Dann scheint es, als käme es zurück, und der Reiter glaubt, eine schwarze, menschenähnliche Gestalt auf einem weißen Pferd zu erkennen. Zitternd vor Angst erreicht er die nächste Wachbude, wo Leute Eiswacht halten und er Obdach findet. Wieder scheint etwas am Fenster vorbeizureiten. Die Leute reagieren entsetzt und vermuten eine große Gefahr, da der Schimmel sich zeigt.

Die Wachtleute gehen hinaus, um nachzusehen und ein zurückbleibender alter Mann erzählt dem Fremden die Geschichte des Schimmelreiters, in der ein hervorragender Deichgeschworener sich einst mit seinem Pferd in eine Bruchstelle des Weichseldeiches gestürzt hatte, da er sich aufgrund vernachlässigter Kontrollen für den Bruch verantwortlich fühlte. Und nun erscheint der Schimmelreiter jedes Mal, sobald am Deich eine Gefahr droht.

Hinsichtlich des Inhaltes und der Erzählstruktur besteht mit Storms Novelle so viel Ähnlichkeit, dass es kaum Zweifel gibt, dass Storm diese Erzählung als Vorlage nutzte.

(Quelle: Holander, Reimer Kay: Der Schimmelreiter – Dichtung und Wahrheit. Bredstedt 2003)

Pharisäer: Nationalgetränk der Nordfriesen, bestehend aus Kaffee, Rum und Sahne. Die Zubereitung erfordert ebenso wie das Trinken einige wichtige Grundkenntnisse. Der starke Kaffee wird mit Würfelzucker gesüßt und anschließend werden vier cl Rum hinzugefügt. Eine Schlagsahnenhaube vervollständigt das beliebte Heißgetränk. Wichtig: Der Pharisäer wird nicht gerührt (und auch nicht geschüttelt), sondern durch die Sahne getrunken. Wer sich nicht an diese Tradition hält, für den kann es teuer werden: auf Missachtung des Brauchs steht das ›Schmeißen‹ einer Lokalrunde. Und wie kam der Pharisäer nun zu seinen Namen? Der Überlieferung nach ist das Getränk im 19. Jahrhundert auf der Insel Nordstrand entstanden. Dort lebte zu jener Zeit ein besonders strenger Pastor namens Georg Bleyer. Nun war es bei den Friesen Brauch, in Gegenwart eines Gottesmannes nur Kaffee zu trinken. Bei der Taufe eines Kindes des Bauern Peter Johannsen wollten einige Gäste jedoch

nicht auf Alkohol verzichten und bereiteten sich das beschriebene Mischgetränk zu. Die Sahne verhinderte dabei das Verdunsten des Rums und den Alkoholgeruch. Dem Pastor servierte man selbstverständlich immer nur Kaffee mit Sahne. Ob die steigende ausgelassene Stimmung oder ein versehentlicher Griff zu einer Tasse Pharisäer ihn misstrauisch machten, ist nicht überliefert. Sein spontaner Ausruf: »Oh, ihr Pharisäer«, beim Erkennen des Schwindels, mit welchem er einen Vergleich zu den Scheinheiligen aus der Bibel anstellte, brachte dem Getränk schließlich seinen Namen ein.
(Quelle: Quedens, Georg: Die Halligen, Nordstrand und Pellworm erzählen. Hamburg 2002)

Selbstbinder: Ein im 19. Jahrhundert aufgekommenes landwirtschaftliches Gerät, meist von einem oder mehreren Pferden (manchmal auch Kühen) gezogen. Der Selbstbinder mähte und band gleichzeitig Garben. Er gilt als Vorläufer des Mähdreschers.
(Quelle: Albers, Helene: Die stille Revolution auf dem Lande. Münster-Hiltrup 1999)

Sesam, öffne dich: Nordfriesisches Märchen, angelehnt an das Märchen von Ali Baba aus ›Tausendundeine Nacht‹ und angewandt auf die Überlieferung der zwei ungleichen Brüder aus der Gegend von Husum. Dem Märchen zufolge war der eine der Brüder sehr arm und trug den Namen ›Kleiner Hans‹. Der andere hingegen war reich und hieß ›Großer Hans‹. Der ›Kleine Hans‹ besaß nichts außer einem Esel, mit welchem er jeden Tag in den Wald ritt, um Holz zu holen. Eines Tages nun sah er im Wald Räuber ›Sesam, tue dich auf!‹ zu einer Klippe sprechen. ›Kleiner Hans‹ sah, dass die

Klippe sich öffnete und die Räuber darin verschwanden. Er bekam es mit der Angst zu tun, band seinen Esel an und kletterte auf einen Baum. Als die Räuber wieder aus der verborgenen Höhle herausgekommen waren, nahm er seinen Esel und begab sich selbst zu der Klippe. ›Sesam, tue dich auf!‹, sprach er den Räubern gleich. Im Inneren füllte er seinen Sack mit so viel Geld, dass er es nicht zählen konnte.

Bei seinem Bruder lieh er sich einen Scheffel, um seine Schätze zu wiegen. Als er den Scheffel jedoch zurückbrachte, lag noch etwas Geld darin und die Frau vom ›Großen Hans‹ fragte ihn, wie er denn zu solch einem Reichtum gekommen wäre. Er erzählte ihr von der Klippe im Wald. Da sagte sein Bruder, dass auch er sich etwas von dem Schatz holen wollte, nahm sechs seiner Esel mit sich und machte sich auf den Weg. ›Kleiner Hans‹ fragte ihn noch, ob er ihm nicht besser aufschreiben sollte, welche Worte er genau benutzen müsse. Doch der Bruder winkte ab, sagte, er könne sich das schon merken, und ritt davon.

Als er nun zu der genannten Stelle im Wald kam, sprach er: ›Sesam, öffne dich!‹. Die Klippe tat sich auf und ›Großer Hans‹ füllte seine Säcke mit Geld. Als er nun jedoch wieder herausgehen wollte, hatte er vergessen, was er sagen sollte, um wieder ins Freie zu gelangen und blieb gefangen. Als die Räuber zurückkamen und den ›Großen Hans‹ entdeckten, ermordeten sie ihn.

Dieses Märchen soll als lehrreiches Beispiel dienen. Vermessenheit und Habsucht sind demnach keine erstrebenswerten Eigenschaften. Jeder hüte sich davor, sonst kann es ihm wie dem ›Großen Hans‹ ergehen!
(Quelle: Hubrich-Messow, Gundula: Sagen und Märchen aus Nordfriesland. Husum 1994)

<u>Wappen Nordfrieslands:</u> Das Wappen des Kreises Nordfriesland entstand 1970 bei der Zusammenlegung der drei Kreise Husum, Südtondern und Eiderstedt. Vom 1847 erstmals gedruckten Wappen Nordfrieslands (jenes mit dem Grütztopf) wurden jedoch lediglich die Friesenfarben gold-rot-blau übernommen. Der Aufbau des Wappens von 1970 wurde dem Eiderstedter Wappen nachempfunden. Die Motive in den Segeln der drei Schiffe, welche die friesische Einheit und die Bedeutung des Meeres und der Schifffahrt für den Kreis symbolisieren sollen, entsprechen den Alt-Kreisen. Dabei stammt der Hering aus dem Sylter Wappen und steht als Zeichen für den Fischfang, während Pflug und Ochse die Landwirtschaft sinnbildlich darstellen sollen. Diese beiden Elemente wurden dem Eiderstedter Wappen entlehnt, aber auch im ehemaligen Husumer Wappen fand sich ein Pflug.

Und was hat es nun mit dem Grütztopf auf sich? Einst, so erzählt die Geschichte, kämpften friesische Männer gegen die sogenannten Nordmänner Dänemarks. Diese gewannen eine Übermacht und drängten die stolzen, wackeren Friesen zurück. Mutlosigkeit und Resignation schienen sich anzubahnen, Erschöpfung machte sich breit. Das sahen die friesischen Frauen – nicht unbeteiligt, sondern voller Zorn. Da griffen sie zu den über den offenen Herden hängenden Töpfen und jagten den Feind mit den heißen Wurfgeschossen der nationaltypischen Grütze in die Flucht. Die Männer vergaßen diese Heldentat ihrer Frauen nie und setzten ihnen ein Denkmal in ihrem Wappen.

(Quelle: Steensen, Thomas (Hrsg.): Das große Nordfriesland-Buch. Hamburg 2000)

<u>Widderich, Cord:</u> Seeräuber, der zum Anfang des 15. Jahrhunderts – also zur selben Zeit wie Klaus Störtebecker – sein Unwesen trieb. Der Überlieferung nach soll er ein herrschsüchtiger Kraftmensch und Abenteurer gewesen sein. In seiner Glanzzeit besetzte er den Pellwormer Kirchturm, von wo aus er einen hervorragenden Blick auf die vorbeifahrenden Schiffe hatte. Am Tage nutzte er die Kirchturmglocken, um seine Gefolgsleute zusammenzurufen, wenn zu kapernde Schiffe sich näherten. Hin und wieder soll es sich sogar zugetragen haben, dass die Kirchbesucher aus dem Gottesdienst davonliefen, um in ihre Boote zu steigen und sich an den Beutezügen zu beteiligen. Des Nachts wandten Widderich und seine Leute falsche Feuersignale an, mit denen sie die Schiffe anlockten. So mancher Kapitän verlor aufgrund dessen wohl die Orientierung und lief mit seinem Schiff auf einer Sandbank auf. Die Feuersignale waren Widderichs liebste Methode, denn nach damaligem Recht gehörte jegliches Strandgut dem Finder. Trotz seines Ganovendaseins – getötet hat Cord Widderich angeblich nie. Die Besatzung der gestrandeten und gekaperten Schiffe ließ er von Angehörigen oder der Reederei freikaufen. Etwa 1412 verschlug es ihn nach Büsum, wo er sich als Kaufmann niederlassen wollte. Man munkelt, dass er mit Teilen seiner Beute, die er dorthin mitbrachte, sein Seelenheil retten wollte. So erinnert noch heute das von Pellworm geraubte Taufbecken, welches sich in der St.-Clemens-Kirche in Büsum befindet, an seine Raubzüge an der Nordseeküste. Sein Leben endete 1447, als er auf Reisen von einem Vogt erkannt wurde. Man hängte ihn ohne Gerichtsurteil.
(Quelle: Homepage des Erlebnisbades ›Piratenmeer‹ in Büsum: http://www.piratenmeer.de/impiratenmeer/ wissenswertes/index.html)

<u>Wodan:</u> Häufig auch ›Wotan‹ oder ›Odin‹. Als vielschichtige Göttergestalt in der germanischen Mythologie gilt er als Hauptgott und zählt neben seinen beiden Brüdern Vili und Vé zu den ersten Göttern überhaupt. Wichtige Attribute sind außer seinem Speer und Ring noch die beiden Raben Hugin (Gedanke) und Munin (Erinnerung).

Und wieso verlassen nun jeden Abend die Vögel scharenweise die Insel Amrum?

Diese Amrumer Überlieferung ist eine Abwandlung einer Sage aus Dithmarschen, bekannt unter dem Namen ›Wilde Jäger‹. Vor vielen Jahren, als der christliche Gott mit den Amrumern zürnte, soll es sich folgendermaßen zugetragen haben: Zu jener Zeit lebte ein Prediger auf der Insel, der nicht müde wurde, sich gegen den Erbfehler des Strandraubes auszusprechen. Heimlich verging er sich jedoch selbst gegen die gute Sitte. Das Handeln gegen seine eigene Predigt brachte ihm viele Feinde ein und er wurde zum Verlassen der Insel gezwungen. Bei seiner Abreise bat er Gott, den Amrumern ein Zeichen seiner Ungnade zu senden. Von da an, so heißt es, verlassen die schwarzen Krähen nun jeden Abend die Insel und fliegen nach Föhr oder Sylt. Die Amrumer erkannten darin zwar Gottes Missfallen – den Strandraub aber ließen sie nicht sein.

(Quelle: Muuß, Rudolf: Nordfriesische Sagen. Husum 1933)

*Weitere Krimis finden Sie auf den
folgenden Seiten und im Internet:
www.gmeiner-verlag.de*

Sandra Dünschede
Deichgrab

....

*373 Seiten, 11 x 18 cm, Paperback.
ISBN 978-3-89977-688-1. € 9,90.*

Nach dem Tod seines Onkels kehrt Tom Meissner in das kleine Dorf in Nordfriesland zurück, in dem er selbst einige Jahre seiner Kindheit verbracht hatte. Als er erfährt, dass sein Onkel ein Mörder gewesen sein soll, will er herausfinden, was wirklich geschehen ist. Dabei stößt er nicht nur auf den Widerstand sondern auch auf die dunkle Vergangenheit einiger Dorfbewohner ...

Monika Detering
Puppenmann

....

*276 Seiten, 11 x 18 cm, Paperback.
ISBN 978-3-89977-724-6. € 9,90.*

Die 65-jährige Eva-Maria Sauer verabschiedet sich am 1. Juni 2004 von ihrem Sohn Timothius, dem »Puppenmann«, um zu ihrer Freundin an die Nordsee zu fahren. Von dieser erfährt er, dass seine Mutter dort nie angekommen ist. Verspätet erst gibt er eine Vermisstenanzeige auf, doch Eva-Maria bleibt verschwunden.
Mutter und Sohn waren wie ein Paar, das untrennbar schien – seit ihrem spurlosen Verschwinden ist sie nur noch eine Stimme in Timothius' Kopf. Auf der Suche nach der Vermissten muss sich Kommissar Viktor Weinbrenner in Thimotius' psychische Abgründe begeben. Eines Sohnes, der nie Mann werden durfte. Hat er seine Mutter getötet, um sich aus der übermächtigen Bindung befreien zu können?

Wir machen's spannend

A. Thadewald/C. Bauer
Blutblume
....
372 Seiten, 11 x 18 cm, Paperback.
ISBN 978-3-89977-741-3. € 9,90.

Der Gärtner ist immer der Mörder – dumm nur, wenn alle Verdächtigen Gärtner sind …
In der Regentonne seiner Itzehoer Kleingartenparzelle wird Peter Winkler mit eingeschlagenem Schädel gefunden. Die bereits mit Maden übersäte Leiche wurde offensichtlich mit enormer Gewalt dort hineingepresst. Für Hauptkommissar Frithjof Arndt und sein Team beginnt eine wahre Puzzelarbeit. Es scheint, als hätte jeder, der Peter Winkler näher kannte, einen Grund gehabt ihn umzubringen.

Anke Clausen
Ostseegrab
....
370 Seiten, 11 x 18 cm, Paperback.
ISBN 978-3-89977-739-0. € 9,90.

Sophie Sturm, Klatschreporterin eines Hamburger Hochglanzmagazins, macht Urlaub auf Fehmarn. Statt jedoch die gewünschte Erholung zu finden, entdeckt sie am Strand eine tote Frau im Neoprenanzug. Schon die zweite ertrunkene Kitesportlerin innerhalb einer Woche.
Entgegen der Polizei glaubt Sophie nicht an einen Zufall. Sie macht einen Kitekurs und schnüffelt in der Szene herum. Doch sie schenkt dem Falschen ihr Vertrauen und bringt sich damit selbst in tödliche Gefahr.

Wir machen's spannend

G. Bode-Hoffmann/M. Hoffmann
Infantizid

420 Seiten, 11 x 18 cm, Paperback.
ISBN 978-3-89977-723-9 . € 9,90.

Im thüringischen Weimar wird ein brutaler Raubüberfall auf einen Geldtransporter verübt, bei dem die Sicherheitsleute getötet werden. Der Täter kann entkommen, verursacht jedoch auf seiner Flucht einen schweren Verkehrsunfall. Als er im Sterben liegt, lässt er den ehemaligen Kriminalpolizisten Matti Klatt zu sich rufen. Er berichtet ihm von einem geheimen Projekt namens »Infantizid«. Mit dem geraubten Geld sollte Klatt bestochen werden, daran teilzunehmen.
Der Ex-Polizist lässt sich auf ein gefährliches Doppelspiel ein und begibt sich mitten unter die Drahtzieher einer Verschwörung ungeahnten Ausmaßes.

Klaus Erfmeyer
Todeserklärung

274 Seiten, 11 x 18 cm, Paperback.
ISBN 978-3-89977-735-2. € 9,90.

Als der Dortmunder Rechtsanwalt Stephan Knobel von seinem neuen Mandanten Gregor Pakulla den Auftrag erhält, dessen verschwundenen Bruder Sebastian zu suchen, wundert er sich zunächst, warum Pakulla hierfür einen Anwalt benötigt. Aber der Fall klingt interessant: Die Geschwister sind die alleinigen Erben eines großen Vermögens. Doch ohne Sebastian kann Gregor seinen Anteil nicht kassieren – wird sein Bruder hingegen tot aufgefunden, erhält er sogar alles.
Schnell wird klar, dass Gregor mehr weiß, als er zugibt. Knobel folgt Sebastians Spuren bis nach Mallorca, wo sich ihm ein bis ins Detail durchdachtes teuflisches Spiel offenbart.

Wir machen's spannend

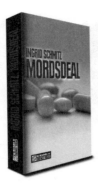

Ingrid Schmitz
Mordsdeal
....

275 Seiten, 11 x 18 cm, Paperback.
ISBN 978-3-89977-738-3. € 9,90.

Wie so oft verkauft die Künstlerin und Trödelmarkthändlerin Mia Magaloff ihre Schätze in den Markthallen in Rheinberg. Doch dieses Mal ist alles anders: Mia muss mit ansehen, wie Heiner Bröckskes, der Mann ihrer Freundin Gitti, unter Krämpfen zusammenbricht. Noch im Notarztwagen stirbt er. Im Gegensatz zu den Ärzten, glaubt Heiners Sohn Romeo nicht an einen natürlichen Tod. Sein Vater hatte als Vertreter viele Feinde. Als Mia entdeckt, womit er gehandelt hat, bleibt ihr keine Wahl: Sie m u s s sich um den Fall kümmern!

Susanne Kronenberg
Weinrache
....

275 Seiten, 11 x 18 cm, Paperback.
ISBN 978-3-89977-726-0. € 9,90.

Wiesbadens historisches Stadtbild kann mit einem weiteren Baudenkmal aufwarten. Eine heruntergekommene Stadtvilla wurde als Entwurf eines berühmten Bauhaus-Architekten identifiziert. Doch der Entdecker, Architekt Moritz Fischer, kann sich nicht lange an seinem Ruhm freuen: Inmitten des Treibens auf der Rheingauer Weinwoche wird er kaltblütig erschossen. Norma Tann, frühere Kriminalhauptkommissarin und seit kurzem Private Ermittlerin, wird Augenzeugin des Verbrechens. Dabei hat sie schon andere Sorgen: Ihr Noch-Ehemann Arthur ist nach einem Streit mitten im nächtlichen Wald aus dem Wagen gestiegen. Seitdem fehlt von ihm jede Spur.

Wir machen's spannend

Matthias P. Gibert
Nervenflattern

323 Seiten, 11 x 18 cm, Paperback.
ISBN 978-3-89977-728-4. € 9,90.

In Kassel geschehen kurz hintereinander zwei tragische Unfälle – jedenfalls scheint es zunächst so. Ein anonymer Brief an den Oberbürgermeister der Stadt lässt jedoch erhebliche Zweifel an der Zufälligkeit der Ereignisse aufkommen – und urplötzlich steckt Kommissar Paul Lenz mitten in einem brisanten Fall: Die *Documenta*, bedeutendste Ausstellung für zeitgenössische Kunst der Welt, wird durch einen Anschlag mit einem hochgiftigen Nervenkampfstoff bedroht. Und mit ihr die Einwohner der Nordhessischen Metropole und die zahlreichen Ausstellungsbesucher

Marcus Imbsweiler
Bergfriedhof

419 Seiten, 11 x 18 cm, Paperback.
ISBN 978-3-89977-742-0. € 9,90.

Der Heidelberger Bergfriedhof. Auf dem Grab eines Kriegsopfers liegt eine Leiche. Privatdetektiv Max Koller steht vor einem Rätsel. Sein geheimnisvoller Auftraggeber, der ihn mitten in der Nacht an diesen Ort beordert hat, will ihn plötzlich mit allen Mitteln von weiteren Nachforschungen abhalten. Und auch der Tote ist am nächsten Morgen spurlos verschwunden.
Die Neugier des Ermittlers ist geweckt. Kollers Spur führt in die Heidelberger High Society. Und allmählich wird ihm klar, dass sein Gegenspieler viel mehr zu verbergen hat, als nur eine Leiche.

Wir machen's spannend

Ihre Meinung ist gefragt!

Mitmachen und gewinnen

Als der Spezialist für Themen-Krimis mit Lokalkolorit möchten wir Ihnen immer beste Unterhaltung bieten. Sie können uns dabei unterstützen, indem Sie uns Ihre Meinung zu den Gmeiner-Krimis sagen!

....

Senden Sie eine E-Mail an gewinnspiel@gmeiner-verlag.de und teilen Sie uns mit, welchen Krimi Sie gelesen haben und wie er Ihnen gefallen hat. Alle Einsendungen nehmen automatisch am großen Jahresgewinnspiel teil. Es warten ›spannende‹ Buchpreise aus der Gmeiner- Krimi-Bibliothek auf Sie

Die Gmeiner-Krimi-Bibliothek

Wir machen's spannend

Das neue Krimijournal ist da!
2 x jährlich das Neueste aus der Gmeiner-Krimi-Bibliothek

ISBN 978-3-89977-950-9
kostenlos

In jeder Ausgabe:

- Vorstellung der Neuerscheinungen
- Hintergrundinformationen zu den Themen der Krimis
- Interviews mit den Autoren und Porträts
- Allgemeine Krimi-Infos (aktuelle Krimi-Trends, Krimi-Portale im Internet, Veranstaltungen etc.)
- Die Gmeiner-Krimi-Bibliothek (Gesamtverzeichnis der Gmeiner-Krimis)
- Großes Gewinnspiel mit ›spannenden‹ Buchpreisen

Erhältlich in jeder Buchhandlung oder direkt beim:

 GMEINER-VERLAG

Im Ehnried 5
88605 Meßkirch
Tel. 07575/2095-0
Fax 07575/2095-29
info@gmeiner-verlag.de
www.gmeiner-verlag.de

Alle Gmeiner-Autoren und ihre Krimis auf einen Blick

Anthologien: Tod am Bodensee • Mords-Sachsen (2007) • Grenzfälle (2005) • Spekulatius • Streifschüsse (2003)
Artmeier, H.: Feuerross (2006) • Katzenhöhle (2005) • Schlangentanz • Drachenfrau (2004)
Baecker, H-P.: Rachegelüste (2005)
Beck, S.: Duftspur (2006) • Einzelkämpfer (2005)
Bode-Hoffmann G./Hoffmann M.: Infantizid (2007)
Bomm, M.: Schattennetz • Beweislast (2007) • Schusslinie (2006) • Mordloch • Trugschluss (2005) • Irrflug • Himmelsfelsen (2004)
Bosch van den, J.: Wassertod • Wintertod (2005)
Buttler, M.: Dunkelzeit (2006) • Abendfrieden (2005) • Herzraub (2004)
Clausen, A.: Ostseegrab (2007)
Danz, E.: Steilufer (2007) • Osterfeuer (2006)
Detering, M.: Puppenmann • Herzfrauen (2007)
Dünschede, S.: Nordmord (2007) • Deichgrab (2006)
Emme, P.: Tortenkomplott • Killerspiele (2007) • Würstelmassaker • Heurigenpassion (2006) • Schnitzelfarce • Pastetenlust (2005)
Enderle, M.: Nachtwanderer (2006)
Erfmeyer, K.: Todeserklärung (2007) • Karrieresprung (2006)
Franzinger, B.: Jammerhalde (2007) • Bombenstimmung (2006) • Wolfsfalle • Dinotod (2005) • Ohnmacht (2004) • Goldrausch (2004) • Pilzsaison (2003)
Gardener, E.: Lebenshunger (2005)
Gibert, M.: Nervenflattern (2007)
Graf, E.: Elefantengold (2006) • Löwenriss • Nashornfieber (2005)
Gude, E.: Mosquito (2007)
Haug, G.: Gössenjagd (2004) • Hüttenzauber (2003) • Tauberschwarz • Riffhaie • Tiefenrausch (2002) • Höllenfahrt (2001) • Sturmwarnung (2000)
Heim, U.-M.: Totschweigen (2007) • Dreckskind (2006)
Heinzlmeier, A.: Bankrott (2006) • Todessturz (2005)
Imbsweiler, M.: Bergfriedhof (2007)
Karnani, F.: Turnaround (2007) • Takeover (2006)
Keiser, G.: Apollofalter (2006)
Keiser, G./Polifka, W.: Puppenjäger (2006)
Klausner, U.: Die Pforten der Hölle (2007)
Klewe, S.: Wintermärchen (2007) • Kinderspiel (2005) • Schattenriss (2004)

Klingler, E.: Königsdrama (2006)
Klugmann, N.: Die Tochter des Salzhändlers (2007) • Kabinettstück (2006) • Schlüsselgewalt (2004) • Rebenblut (2003)
Kohl, E.: Flatline (2007) • Grabtanz • Zugzwang (2006)
Köhler, M.: Tiefpunkt • Schreckensgletscher (2007)
Koppitz, R. C.: Machtrausch (2005)
Kramer, V.: Todesgeheimnis (2006) • Rachesommer (2005)
Kronenberg, S.: Weinrache (2007) • Kulopfer (2006) • Flammenpferd • Pferdemörder (2005)
Kurella, F.: Das Pergament des Todes (2007)
Lebek, H.: Schattensieger • Karteileichen (2006) • Todesschläger (2005)
Leix, B.: Waldstadt (2007) • Hackschnitze (2006) • Zuckerblut • Buchecken (2005)
Mainka, M.: Satanszeichen (2005)
Matt, G./Nimmerrichter, K.: Schmerzgrenze (2004) • Maiblut (2003)
Misko, M.: Winzertochter • Kindsblut (2005)
Puhlfürst, C.: Rachegöttin (2007) • Dunkelhaft (2006) • Eiseskälte • Leichenstarr (2005)
Senf, J.: Nichtwisser (2007)
Seyerle, G.: Schweinekrieg (2007)
Schmitz, I. G.: Mordsdeal (2007) • Sündenfälle (2006)
Schmöe, F.: Januskopf • Schockstarre (2007) • Käfersterben • Fratzenmond (2006) • Kirchweihmord • Maskenspiel (2005)
Schröder, A.: Mordsgier (2006) • Mordswut (2005) • Mordsliebe (2004)
Schuker, K.: Brudernacht (2007) • Wasserpilz (2006)
Schulze, G.: Sintflut (2007)
Schwab, E.: Angstfalle (2006) • Großeinsatz (2005)
Schwarz, M.: Zwiespalt (2007) • Maienfros • Dämonenspiel (2005) • Grabeskälte (2004)
Steinhauer, F.: Narrenspiel (2007) • Seelenqual • Racheakt (2006)
Thadewaldt, A./Bauer, C.: Blutblume (2007) • Kreuzkönig (2006)
Valdorf, L.: Großstadtsumpf (2006)
Vertacnik, H-P.: Abfangjäger (2007)
Wark, P.: Epizentrum (2006) • Ballonglü hen (2003) • Albtraum (2001)
Wilkenloh, W.: Feuermal (2006) • Hätschelkind (2005)

Wir machen's spannend